LE PLAN DE COMMUNICATION

Du même auteur

Le communiqué ou l'art de faire parler de soi,
1ʳᵉ édition, Montréal, VLB éditeur, 1990, 168 p.,
2ᵉ édition, Québec, Presses de l'Université Laval, 1997, 160 p.

La crise d'octobre 1970 et les médias : le miroir à dix faces,
VLB éditeur, 1990, 278 p.

La conférence de presse ou l'art de faire parler les autres,
Québec, Presses de l'Université Laval, 1996, 242 p.

Le métier de relationniste,
Québec, Presses de l'Université Laval, 1999, 252 p.

Media, Crisis and Democracy,
Londres, Sage, 1992, 200 p.
(en collaboration avec Marc Raboy).

Bernard Dagenais

LE PLAN DE COMMUNICATION
L'art de séduire ou de convaincre les autres

Les Presses de l'Université Laval
Sainte-Foy, 1998

Les Presses de l'Université Laval reçoivent chaque année du Conseil des Arts du Canada et de la Société de développement des entreprises culturelles du Québec une aide financière pour l'ensemble de leur programme de publication.

Nous reconnaissons l'aide financière du gouvernement du Canada par l'entremise de son Programme d'aide au développement de l'industrie de l'édition pour nos activités d'édition.

Données de catalogage avant publication (Canada)
Dagenais, Bernard
Le plan de communication : l'art de séduire ou de convaincre les autres
Comprend des réf. bibliogr.
ISBN 2-7637-7599-3
1. Communication – Planification. 2. Communication dans les organisations.
3. Communication dans l'entreprise. 4. Communication en marketing.
5. Campagnes publicitaires. I. Titre.
HD30.3.D32 1998   658.4'5   C98-941107-9

Infographie : Diane Trottier
Conception graphique : Chantal Santerre

13ᵉ tirage : 2011

Dans cet ouvrage, le masculin est utilisé comme représentant des deux sexes, sans discrimination à l'égard des hommes et des femmes et dans le seul but d'alléger le texte.

Les Presses de l'Université Laval
Pavillon Pollack, bureau 3103
2305, rue de l'Université
Université Laval, Québec
Canada, G1V 0A6
www.pulaval.com

INTRODUCTION

Toute entreprise, comme toute personne, doit chaque jour, chaque semaine, chaque mois, affronter de nouveaux défis, faire face à de nouveaux problèmes, prendre des décisions qui assurent son développement ou précipitent son déclin. Il en est ainsi des causes, des idées, des choix de société qui naissent, se développent et meurent.

Pour s'imposer à leur environnement, les entreprises, les individus, les idées doivent s'appuyer sur des stratégies de toute nature. Et celles-ci sont élaborées par des conseillers divers, spécialistes d'une activité particulière. Avocat, comptable, fiscaliste, ingénieur, psychologue, conseiller en relations de travail, chacun avec ses connaissances essaie d'apporter des solutions pour faire face aux enjeux qui se posent.

Or, de plus en plus, les communications se révèlent un outil original et efficace pour soutenir les défis auxquels chacun souscrit. Les communications peuvent aider à résoudre un problème, à lancer une idée, à freiner une débâcle. Elles se marient aux autres approches, juridique, financière, humaine et même spirituelle, pour faire face aux impératifs de la vie.

Chacune de ces approches est complémentaire aux autres. Il faut toutefois constater que l'on oublie trop souvent d'intégrer les communications dans l'ensemble des outils dont dispose une entreprise[1] pour

---

1. Nous utiliserons, dans ce livre, le terme générique « *entreprise* » pour inclure tout genre d'entreprise, publique ou privée, à but lucratif ou non, à caractère social, culturel, syndical, religieux, constituée d'un seul ou de plusieurs individus, visant à générer des produits, offrir des services ou défendre des causes. Une entreprise peut être un gouvernement, une association, une industrie, une organisation, une personne, une cause.

mieux se gérer. On comprend mal le rôle qu'elles peuvent jouer. On attend d'elles des miracles qu'elles ne peuvent réaliser et on néglige, par ailleurs, l'importance des grands services qu'elles savent rendre.

Réaliser un plan de communication, c'est donc adopter une méthode de travail qui va permettre d'utiliser une approche différente, soit celle des communications, pour gérer les préoccupations des entreprises. Augmenter son chiffre d'affaires, refaire son image, diffuser ses idées, faire face à une crise, créer un climat favorable au sein de l'entreprise, amener les gens à changer de comportement, se défendre contre ses adversaires ou les attaquer constituent des préoccupations continuellement présentes à divers degrés.

Pour faire connaître ses idées, un groupe peut créer un mouvement de protestation et organiser une manifestation dans les rues, réserver de la publicité dans les médias ou trouver un porte-parole crédible qui fera avancer la cause. Encore ici, comment choisir le bon moyen pour réussir ?

Que ce soit une multinationale ou un petit regroupement, l'un et l'autre peut tirer profit de l'utilisation d'un plan de communication pour affirmer son point de vue sur la place publique ou pour lutter contre un adversaire, un compétiteur ou un regroupement concurrent. Le plan de communication a alors pour fonction essentielle de bien cerner une situation donnée de façon à pouvoir intervenir sur son développement.

L'élaboration du plan de communication correspond à un stade d'évolution d'une entreprise qui a compris qu'elle doit s'adapter au public ou chercher à l'influencer. Dans un cas comme dans l'autre, l'entreprise veut séduire ou convaincre le public qu'elle vise, lui démontrer le bien-fondé de ses décisions, l'inciter à acheter son produit, à adhérer à son idée, à partager ses objectifs. C'est donc une démarche de séduction, un processus d'influence. Lorsqu'une entreprise dépend du nombre d'unités qu'elle vend, du nombre d'adhérents qu'elle recrute, la communication n'est plus seulement un outil de gestion, elle devient un instrument de survie.

Le plan de communication permet de répondre aux quatre questions suivantes :

— quelle est la situation actuelle ?
— quels changements sont désirables et possibles ?
— comment provoquer ces changements ?
— comment savoir si nous avons atteint nos objectifs ?

1. LA DÉMARCHE PROPOSÉE

Cet ouvrage se veut donc un outil pour mieux gérer la communication de chacun. Il s'agit moins d'un ensemble de recettes que de l'explication de la démarche rationnelle et logique requise pour construire un plan de communication.

Cette démarche n'est pas propre aux communications. C'est celle qui est utilisée dans toute action de résolution de problèmes. Sa rigueur et son utilité ont été démontrées ailleurs.

Certains communicateurs pourront croire qu'ils n'ont jamais emprunté de méthode particulière et qu'ils ont toujours bien réussi à faire des communications. Il y a, en effet, des personnes qui possèdent un sixième sens extraordinaire pour gérer, par intuition, les communications. Il est vrai, par exemple, qu'Olivieri Toscani a fait des campagnes de Benetton un succès extraordinaire en se basant sur son flair et son goût de la provocation. Mais il a pu le faire parce qu'il vendait un produit n'exigeant que peu d'implication de la part des consommateurs. Acheter un *pull* Calvin Klein ou Benetton n'impose pas de réflexion profonde de la part de l'acheteur. C'est une question de goût et celui-ci fluctue rapidement. Une excellente créativité suffit alors pour attirer l'attention de l'acheteur sur le produit. Mais, lorsque l'on demande au consommateur de réfléchir avant d'agir, une belle image ne suffit plus. Il en est ainsi lorsque l'on exige un changement de comportement de la part de sa clientèle cible, car on n'amène pas les gens à cesser de fumer, de boire ou d'avoir des pratiques sexuelles non protégées, de la même façon qu'on leur fait acheter, à grand prix, un polo pour faire la publicité d'une marque donnée. Hard Rock Café, Vuarnet et Benetton vendent des polos pour faire mousser la publicité de leurs propres produits et les gens sont prêts à en payer le prix demandé.

Il y a toutefois des groupes qui n'arrivent pas à diffuser leurs idées, des campagnes d'information qui ne fonctionnent pas et des produits qui ne se vendent pas, alors que de savantes stratégies de communication ont été mises sur pied. Par exemple, malgré toutes les ressources qu'elle possédait, la firme Coca-Cola a subi un revers cuisant en tentant de lancer une nouvelle recette de Coca-Cola en 1986. Pourquoi cet échec ?

2. LA COMMUNICATION : UN PHÉNOMÈNE COMPLEXE

La communication est un processus délicat par lequel un émetteur veut faire accepter son message par le récepteur. Il peut s'agir de faire connaître un nouveau produit ou une valeur traditionnelle (c'est le volet information), de les faire accepter (c'est le volet attitude) ou de les faire adopter (c'est le volet comportement). Ainsi, avant d'acheter un nouveau produit, encore faut-il le connaître, ensuite en avoir envie et enfin décider de l'acheter.

Or, pour ce faire, il faut que le récepteur du message reconnaisse la compétence de l'émetteur dans le champ d'action visé et lui prête assez de crédibilité pour écouter et accepter son message. Sinon, par le phénomène de l'exposition sélective, il évitera le message. Ainsi, tout le monde n'accorde pas le même intérêt ni la même crédibilité au journal *Allô Police* ou au *Devoir*. En effet, certaines personnes n'achèteront jamais l'un ou l'autre journal et ne seront donc jamais exposées aux messages émis par ceux-ci. D'autres reçoivent bien le message, mais ne s'en préoccupent pas : c'est le phénomène de la perception sélective. Par exemple, deux individus qui lisent le même journal ne retiendront pas nécessairement les mêmes nouvelles, deux personnes qui entrent ensemble dans une boutique ne seront pas nécessairement séduites par les mêmes vêtements. Le récepteur peut donc aussi choisir les informations qu'il veut recevoir.

De plus, le récepteur est soumis tous les jours à de multiples messages souvent contradictoires. Et il ne se laisse pas facilement influencer, même s'il est d'accord avec le récepteur et avec le message. Ainsi, un individu peut être convaincu que fumer est désastreux pour sa santé et continuer de fumer. Un individu peut rêver d'acheter une voiture de grande renommée mais ne pas avoir les revenus pour ce faire et se contenter d'une petite cylindrée.

Lorsque l'on veut vendre un produit ou faire adopter un comportement ou une idée, on se trouve à plonger dans l'univers mystérieux de la nature humaine. L'individu réagit alors parfois en fonction de sa raison, mais le plus souvent en fonction de ses émotions et de ses impulsions.

Faire un plan de communication, c'est essayer de mettre en relation chacun de ces éléments pour cerner le mieux possible les solutions réalistes et réalisables qui auront la possibilité de fonctionner.

3. QU'EST-CE QUE CE LIVRE ?

Ce livre rassemble les principes qui doivent guider toute démarche visant à réaliser un plan de communication et présente les étapes à suivre pour concevoir un tel plan.

Dans un premier chapitre, nous présenterons quelques notions de base qui permettront de mieux comprendre ce qu'est la communication et la façon dont elle s'organise dans une entreprise.

Le chapitre 2 cerne le mandat qui doit constituer le point de départ d'un plan.

Les chapitres 3 à 11 présentent chacune des étapes à suivre pour concevoir un plan de communication, soit :

- l'analyse de la situation et le diagnostic ;
- les objectifs ;
- le public cible ;
- la définition de l'axe de communication ;
- l'exploration et le choix des stratégies de communication ;
- le choix des techniques, médias et supports ;
- la conception des messages ;
- le budget et le calendrier ;
- l'évaluation.

Enfin, le chapitre 12 explique la façon de présenter le plan de communication à celui qui l'a commandé.

Il n'est toutefois pas de notre prétention de croire qu'après avoir pris connaissance de ce livre vous serez passé maître dans l'art de préparer un plan de communication. Mais, à tout le moins, vous en aurez saisi le processus et compris la difficulté de trouver les solutions justes aux questions que l'on se pose.

Un bon plan de communication doit être réaliste et mesurable. C'est ce que nous allons tenter de vous démontrer.

1

QUELQUES NOTIONS DE BASE

Avant d'aborder la réalisation d'un plan de communication, il est utile de préciser quelques notions de base préalables. Ainsi, avant de savoir comment faire un plan de communication, il n'est peut-être pas superflu d'expliquer pourquoi il est parfois essentiel de communiquer, comment on décide de faire un plan, quelles sont les implications d'un tel choix et comment le plan s'intègre aux autres activités de l'entreprise.

1. LA NÉCESSITÉ DE FAIRE DES COMMUNICATIONS

1.1 Pas de réalité sans communication

Pour donner une existence publique à une activité, à une idée, à un produit, il ne suffit plus que ces éléments *existent*, il faut qu'ils soient *connus*. Le médicament le plus miraculeux n'existe pas s'il n'est pas connu et distribué. Une idée qui n'est pas partagée n'a pas de réalité.

Par ailleurs, les communications sont devenues, pour nombre d'activités humaines, le mode d'expression le plus articulé. La politique, c'est essentiellement l'art de communiquer ses idées. L'économique, par la publicité, c'est l'art de vendre son produit. La culture, c'est l'art d'amener les gens à fréquenter les musées et les spectacles, à acheter des livres, des revues, des disques, des films. La religion, c'est l'art de convaincre les adhérents de la force de la foi. La médecine, c'est la prévention par la communication : moins boire, mieux manger, faire plus d'exercice, etc.

Dès lors, toute entreprise est tenue aujourd'hui de faire des communications. Autrement, comment ses produits seraient-ils connus, comment ses idées seraient-elles partagées ? Vouloir n'en faire qu'un processus peu important auquel on peut avoir recours en certaines circonstances seulement, c'est sous-estimer l'utilité et la force des communications.

Dans le domaine du cinéma, par exemple, on peut penser à la production comme étant l'étape centrale du processus de création du film. Or, il ne faut pas perdre de vue que le film ne devient une œuvre qu'au moment de sa projection et de sa reconstruction par des publics. C'est en étant distribué, connu et vu qu'il prend sa véritable dimension.

1.2 Pas de répit sans communication

Au-delà des préoccupations premières de l'entreprise, celle-ci évolue dans un milieu qui ne lui laisse guère de répit. Il ne s'agit plus pour l'entreprise de vendre ses produits, ses services ou ses idées, il lui faut se positionner par rapport aux autres partenaires sociaux et économiques qui vont l'obliger à se prononcer, se justifier, se défendre et attaquer. Dès lors, développer des stratégies de communication devient aussi une obligation défensive.

Qu'on le veuille ou non, toute entreprise doit se faire entendre pour rivaliser avec un certain nombre d'acteurs qui se dresseront sur son chemin, dont les principaux sont les suivants :

> — le *législateur* va nécessairement intervenir puisqu'il se manifeste dans l'ensemble des activités humaines. Le fédéral fixe les règles de la concurrence. Le provincial fixe le salaire minimum, les normes d'affichage, les heures d'ouverture. Pour protéger le consommateur, il impose des règles sur le contenu des produits, sur les modalités de crédit, sur la publicité adressée aux

enfants. Pour protéger les citoyens contre certains abus, il crée la Commission des droits de la personne, la Régie du logement, la cour des petites créances. Le municipal intervient dès qu'il s'agit de la construction d'un édifice par exemple. En fait, il y a toujours un niveau de gouvernement qui impose des consignes. La langue du commerce, les propos jugés haineux, la pratique du culte, les images osées sont des éléments réglementés par les gouvernements. Or, ces éléments sont débattus avant d'être acceptés. L'entreprise qui se tait subit donc ces décisions sans avoir choisi de s'exprimer ;

— les *concurrents* se livrent une guerre sans merci. Une guerre des prix et une guerre de marché certes, mais aussi une guerre des mots. Coca-Cola et Pepsi-Cola s'attaquent et se comparent dans leur publicité. Le groupe Pro-Vie et le groupe Pro-Choix s'entre-déchirent pour imposer leur point de vue. Le Parti libéral et le Parti québécois ont des vues diamétralement opposées sur presque tout. Molson poursuit Labatt pour étiquetage trompeur. Heinz et Campbell se sont livrés une guerre sournoise pour publicité mensongère. Procter & Gamble fait savoir à Unilever qu'un de ses savons brûlait les vêtements. Les autochtones bloquent le projet Grande Baleine d'Hydro-Québec. Il faut donc être prêt à se frotter à ses concurrents ;

— les *voisins* n'ont pas toujours bon caractère. Un matin, ils s'insurgent contre l'implantation dans leur quartier d'une usine, d'un commerce, d'un édifice à bureaux ; le lendemain, ils se battent contre la démolition dans leur quartier d'une usine, d'un commerce, d'un édifice à bureaux. Ils se plaignent du bruit, de la pollution et n'hésitent pas à empêcher l'implantation des maisons de transition pour sidéens, pour malades mentaux ou pour prisonniers dans leur quartier. Celui-ci leur appartient et ils le font savoir. Le temps est maintenant révolu où une entreprise pouvait faire fi de la volonté populaire sans en payer le prix ;

— les *médias* sont à la recherche constante de la controverse, du scandale, de l'erreur, de l'écart à la norme. Ils diffusent les propos agressifs des compétiteurs. Ils surveillent et font connaître les bonnes et les mauvaises décisions. Ils diffusent les exploits et les difficultés que l'entreprise aimerait bien taire et taisent ceux que l'entreprise souhaiterait faire connaître.

Tous ces débats entre acteurs sociaux peuvent se régler avec des avocats qui se servent des tribunaux pour trancher la question, ou avec des financiers qui sont prêts à payer le prix qu'il faut pour acheter la paix. L'apport des communicateurs, par ailleurs, permet de créer un climat favorable à l'entreprise, d'exposer ses points de vue, de se mettre en valeur et de se défendre s'il y a lieu.

Tout refus de se prononcer sur la place publique, dans ces circonstances, est considéré comme un aveu de culpabilité.

1.3 Pas d'avenir sans communication

Toute entreprise, pour survivre dans la concurrence qui l'entoure, doit s'affirmer, se développer, protéger ses parts de marché, conserver le pouvoir qu'elle détient. Pour vendre, pour se faire accepter, pour se faire aimer, il faut communiquer.

◆ Pour vendre

Personne n'achète un produit, un service, une idée s'il ne les connaît pas. Pour les faire connaître, il faut avoir recours aux diverses techniques de communication. Ce volet des communications paraît tout à fait normal. La communication peut alors se résumer à annoncer un produit, une nouvelle gamme de services, une nouvelle orientation, etc.

◆ Pour gérer un problème

Il semble moins évident que l'on puisse gérer un problème avec les communications. Pourtant, tout conflit de travail se gère avec des communiqués de presse, des pages de publicité, des manifestations organisées pour les médias.

Il y a des situations où différentes avenues s'offrent pour gérer un problème. Ainsi, pendant des années, Mme Andrée Boucher, la mairesse de Sainte-Foy, a subi les foudres du *morning man* André Arthur. Elle aurait pu avoir recours à des avocats pour régler son différend avec l'animateur, comme d'autres personnalités l'ont fait, mais elle a choisi la voie des médias (voir l'exemple 1).

Il y a quelques années, un restaurant réputé a reçu une condamnation des services d'hygiène de la Ville de Montréal parce que ses cuisines ne répondaient pas aux normes de salubrité. Le lendemain de cette accusation, le restaurant annonçait à la radio qu'on lui avait rappelé que ses cuisines n'étaient pas impeccables, qu'il avait fait le nécessaire pour remédier à cette situation, qu'il invitait toute la population à venir vérifier d'elle-même, pendant la journée, la propreté de ses cuisines et qu'il offrait gratuitement le repas aux clients cette journée-là.

Il existe de nombreux exemples où la communication est utilisée comme outil de gestion et non plus seulement comme outil de diffusion pour faire connaître un produit, un service ou une idée. Ainsi la communication peut servir aussi à gérer une crise, à faire face à une grève, à faciliter une fusion. Nous expliciterons cette notion au point 2.4 de ce chapitre.

◆ Pour conserver son image

Une réputation se construit, se gagne, se développe et se perd. L'image d'une entreprise, sa notoriété, ne peut être laissée au gré de la fantaisie ou des intérêts des autres. Il faut la surveiller, la protéger et la renforcer.

Prenons l'exemple le plus classique des stratégies de communication. Toutes les entreprises, privées ou publiques, veulent avoir une meilleure image auprès de la population. Et, quand elles le peuvent, elles engagent des spécialistes pour mettre en valeur une telle image. Procter & Gamble avait été accusé, il y a quelques années, de cacher dans son logo des signes cabalistiques diaboliques. La firme a donc dû entreprendre de coûteuses démarches judiciaires pour traquer les artisans de cette rumeur et a choisi de refaire son logo pour éliminer toute ambiguïté.

Exemple 1   *Le Soleil, 7 juin 1991, p. 88.*

Mme Boucher sollicite d'Arthur un cours de personnalité

C'est parce que « l'honneur ça ne s'achète pas, ça se défend », que « la voie des tribunaux est trop longue et pas assez efficace » et qu'elle a décidé que « ça fera, le chapelet d'injures », que la mairesse de Sainte-Foy, Mme Andrée-P. Boucher, a décidé d'écrire une lettre à l'animateur André Arthur du poste de radio CHRC.

Ce sont « les abus verbaux » de l'animateur à son égard depuis plusieurs semaines qui ont décidé la mairesse à commettre cette lettre que M. Arthur aurait reçu mercredi après-midi.

C'est une lettre que Mme Boucher qualifie elle-même de « pointue et sarcastique » (« ses virgules sont comme des poignards » selon M. Arthur) et elle l'a écrite parce que, en tant que femme, elle croit qu'elle n'a pas le droit de se laisser faire. Se faire insulter de la sorte sur les ondes, dit-elle, « c'est pire que se faire battre physiquement ».

Voici le texte intégral de cette lettre :

Monsieur André Arthur
Poste CHRC
2136, chemin Sainte-Foy
Sainte-Foy (Québec)
G1V 1R8

Cher ami, (1)

Je m'en voudrais de ne pas prendre quelques minutes pour vous dire à quel point j'ai apprécié vos commentaires à mon sujet, le 31 mai dernier, lors de cette émission matinale que vous animez toujours avec tant d'esprit et de subtilité.

À vrai dire, rien ne me laissait espérer ce concert d'éloges, mais comme je devine, depuis un temps, être la chérie de votre coeur, vous ne m'en voyez pas autrement surprise et j'enfile donc, avec joie, ces quelques perles de plus au collier que vous m'aviez déjà offert, mais que, si gentiment, vous continuez d'allonger.

La « clown », la « grébiche » et la « sotte » iront donc garnir l'écrin où, dernièrement, j'avais soigneusement rangé la « dinde », la « salope », la « capotée », la « stupide » et la « zoune », en attente, faut-il l'avouer, d'autres précieuses petites bricoles dont, seul, vous savez me combler.

Face à ce témoignage d'estime, vous admettrez peut-être aussi que j'ose quêter de vous ce que je n'ai jamais revendiqué de personne et je profite de l'occasion pour vous demander si vous n'accepteriez pas, durant vos heures de loisirs, de me donner ce dont, manifestement à vous entendre, je ne peux plus me passer, c'est-à-dire un cours de personnalité.

Nul doute que vous comprendrez que je veuille profiter de vos avis en art vestimentaire quand vous saurez que, depuis fort longtemps, je me pâme sur l'élégance qui vous caractérise, et que je vous admire, sans pouvoir vous le dire, vêtu d'un magnifique chandail en polyester de teinte bleu nordique, moulé dans une chemise à carreaux qui met en relief la sveltesse de vos formes, chaussé de « tracteurs » acquis, de toute évidence, aux puces ou aux surplus de guerre, et drapé de culottes dont la couleur et les plis n'ont aucune difficulté à témoigner de vos nombreuses expériences.

Je sais qu'en vous demandant de me donner ce cours de personnalité je vous impose un lourd contrat, mais je le fais avec la conviction que la force de l'exemple peut venir à bout de n'importe quoi.

C'est, dans cet esprit, d'ailleurs, que je me permets de vivre d'espérance et que j'ose croire qu'un jour, — si j'ai d'abord eu la chance de vous côtoyer, — je finirai par être moi-même dotée de ce raffinement, de ce discernement et de ce jugement sans faille qui font votre charisme et votre charme.

La mairesse de Sainte-Foy,

Andrée P. Boucher.

Le 3 juin 1991.

(1) Expression de politesse utilisée, ici, dans un sens un peu exagéré.

c.c. M. Jacques Duhamel, Poste CHRC
M. Paul Ouellet, Poste CHRC.

2. LA FORCE DE LA COMMUNICATION

2.1 La communication n'est jamais neutre

La météo peut être considérée comme un objet neutre. Pourtant, elle est un outil de travail : elle nous est répétée toutes les dix minutes entre 6 h et 9 h les matins de semaine, mais seulement une fois par heure la fin de semaine. On nous fait part de la météo pour nous dire comment nous habiller pour aller travailler et à quelle heure partir. Mais, la fin de semaine, la météo perd de son importance.

S'habiller constitue d'abord une protection contre les intempéries. Pourtant, la façon dont chacun s'habille traduit sa personnalité. C'est alors plus qu'un vêtement, c'est un message. Devant son miroir le matin, chaque individu se renvoie une image qu'il interprète. Il se sent en forme, fatigué, il aime sa tête ou est découragé du bouton qui s'accroche au menton. Toutefois, l'émetteur, le message et le récepteur est le même individu.

Il ne faut donc pas s'étonner que les communications construites dans le but de séduire ou de convaincre soient essentiellement des objets d'influence, car elles forcent à agir et à réagir.

Il y a des circonstances où il est toutefois difficile d'interpréter la véritable valeur d'une information. Pourquoi tous les dimanches soir et lundis matin dans les médias électroniques et écrits se complaît-on à montrer l'accident le plus tragique et le plus sanglant de la fin de semaine ? Pour dissuader le public de commettre des imprudences sur la route ? Lorsqu'il s'agit d'un avion qui s'écrase, veut-on le faire réfléchir à la mort ? Mais qui s'offre quelques moments de réflexion sur la mort après avoir vu ces images douloureuses ? Il existe certes quelques essais d'explication sur la structure et les fonctions de la chronique des faits divers (Auclair, 1970) ou sur le sens à donner à la mort (Morin, 1970), mais ils ne donnent pas réponse à tout. Ce qui est sûr, c'est que ce type de nouvelles revient chaque semaine parce que ces dernières portent une certaine signification. Il n'est pas de notre propos d'en formuler une interprétation, mais bien de dire que ces informations ne sont pas neutres.

Par ailleurs, le langage que l'on utilise n'est pas neutre non plus. Les mots choisis pour expliquer une situation sont déjà remplis de sens. Une nouvelle qui relate qu'un individu a commis un crime change de sens si, au lieu d'écrire un individu, on écrit, un ministre ou un évêque… Pourtant le crime est le même.

Il ne faut pas oublier que «le langage demeure un substitut de la réalité et rend possible toute distorsion de cette même réalité» (Dumas, 1971, p. 154).

2.2 Agir, c'est aussi communiquer

De multiples sphères de la réalité sont construites autour de la communication. Que fait un avocat lorsqu'il défend une cause? Il agit par la parole. Que fait un architecte lorsqu'il construit une maison? Il communique l'expertise qu'il possède. Que fait l'ingénieur lorsqu'il construit un pont? Il vend ses connaissances. Les groupes religieux, syndicaux ou de pression n'agissent, eux aussi, qu'en communiquant. Une «décision politique ne prend sa pleine dimension que lorsqu'elle est connue, comprise et acceptée» (SID, 1986).

Dès lors, on réalise que la communication devient la raison d'être et d'agir de très nombreux partenaires sociaux.

2.3 La communication est plus qu'un outil de diffusion

Trop souvent, les communications sont utilisées comme outil de diffusion, c'est-à-dire qu'une entreprise étudie un problème, envisage différentes solutions, puis prend une décision. Lorsque cette décision est arrêtée, elle demande aux communications de la faire connaître. C'est ce qu'on appelle utiliser les communications comme outil de diffusion.

Or, quel est l'intérêt de *faire connaître* une décision si les gens ne sont pas prêts à l'accepter, ne sont pas disposés à l'adopter et sont même plutôt enclins à la rejeter? Quel est l'intérêt de *prendre* une décision, si l'on ne tient pas compte du milieu qui la recevra? Une décision n'est utile qu'en autant qu'elle sera *suivie* et non pas uniquement *connue*.

«Dans l'élaboration d'un dossier, dans le calendrier de sa préparation, dans la manière de le présenter, il est trop courant que l'on pense à la communication de ce dossier au tout dernier moment, quand les décisions sont prises, quand s'échappent déjà les premières fuites: l'improvisation dans ce domaine est un adversaire redoutable» (SID, 1986).

2.4 La communication est un outil de gestion

La communication dans l'entreprise exerce une fonction aussi importante que les ressources financières, matérielles, humaines, informatiques. Ceci veut dire, d'une part, qu'elle doit être traitée avec ses techniques propres et, d'autre part, qu'elle doit être prise en compte de façon permanente.

Le plan de communication permet de gérer un problème ou un défi dans une entreprise et non plus seulement de claironner la solution envisagée. En ce sens, il est un véritable outil de gestion. Ceci ne veut pas dire que les communications constituent une solution magique aux problèmes d'une entreprise. Mais elles sont un outil qui s'ajoute aux autres pour une meilleure gestion.

La théorie du marketing est basée sur le fait qu'une entreprise doit s'adapter, se plier aux besoins de la clientèle. Or, dans les faits, toute entreprise essaie d'adapter la clientèle à ses propres besoins et à des buts qui lui sont propres comme durer, prospérer, faire plus d'argent, s'imposer davantage, obtenir du pouvoir.

Pour atteindre ces buts, l'entreprise a besoin du public. Sur le plan des principes, faire un plan de communication, c'est surtout faire concorder les besoins (qui ne sont pas toujours explicites) de l'entreprise et les comportements (souvent imprévisibles) de la clientèle. Sur le plan pratique, c'est utiliser tous les moyens de communication utiles, dans les limites d'un budget connu, pour atteindre les effets recherchés. C'est, en somme, déterminer quel est le meilleur message pour atteindre ses objectifs auprès d'une clientèle donnée. Un plan de communication, c'est une vue d'ensemble, c'est la clef de voûte de toute initiative de communication.

Donc, pour gérer véritablement un problème ou un défi, une entreprise ne peut plus se contenter de diffuser l'information, il lui faut préparer le terrain où va atterrir cette information.

- Pour ce faire, elle doit d'abord *parler du problème* à régler avant d'aborder les solutions; ainsi le public sera davantage familier avec l'objet de la discussion. Avant d'amener les gens à changer d'habitude alimentaire parce que l'entreprise a un nouveau produit à vendre, il faut leur mettre dans la tête qu'ils ont de mauvaises habitudes alimentaires. Autrement, ils ne changeront pas.

- Après avoir fait connaître le problème, elle doit *présenter les diverses solutions* qui seraient acceptables sans parler de la décision prise. La préoccupation de l'entreprise chemine ainsi dans la tête de la cible et ceci permet d'éliminer peu à peu les résistances.

- Il lui faut ensuite *présenter la décision* prise de façon à ce qu'elle soit acceptable et acceptée par la population.

- Elle doit enfin construire le message de façon à rencontrer le moins de résistance possible de la part du groupe visé.

C'est ce qu'on entend par utiliser la communication comme outil de gestion. Pour faire une campagne de communication, il faut donc établir une stratégie d'occupation de l'espace public en tenant compte du milieu, de la réalité sociale et des attentes de la population.

Cette façon de faire relève, en fait, d'une logique assez simple. Tellement simple et évidente que certaines entreprises oublient de suivre bien soigneusement toutes les étapes requises pour mettre en place une bonne stratégie. Trop souvent, tout se passe comme si les gens pensent à produire le message avant de savoir quoi dire. Ce phénomène s'explique par le fait que la communication est un champ d'activité accessible à tout le monde. Il suffit un jour d'avoir réalisé une stratégie de communication dans une entreprise pour se rendre compte que tous ceux qui sont au sommet de la pyramide du pouvoir ont leur petite idée de ce que devrait être la campagne.

Pour un communicateur, la tâche la plus difficile pour concevoir une stratégie intelligente, c'est d'essayer de faire comprendre à ses supérieurs qu'il ne suffit pas d'avoir une bonne idée pour faire une bonne campagne.

2.5 La communication est un échange

La communication ne doit pas être seulement le monologue d'un émetteur vers un ou des publics récepteurs ; ce doit être aussi un dialogue qui comporte sa part d'écoute et, autant que possible, de réponses (SID, 1986).

Tant que la communication sera perçue comme un message conçu par une source pour influencer le citoyen/consommateur qui le reçoit, on aura un discours à sens unique et non rentable. Pour que les deux parties échangent, il faut qu'il y ait écoute de part et d'autre.

Or, certaines entreprises ont tendance à dicter leurs intentions plutôt qu'à échanger avec leurs publics quoiqu'il se développe actuellement une nouvelle philosophie d'écoute et d'échange dans une majorité de grandes entreprises qui ont mis sur pied des systèmes de surveillance attentive des réactions du public.

2.6 La communication est un pouvoir

Il ne faut pas oublier, par ailleurs, que la communication exerce un attrait certain et que, de ce fait, elle constitue un pouvoir. Lorsque les multinationales lancent un nouveau produit, elles n'hésitent pas à investir des dizaines de millions de dollars pour le faire connaître parce qu'elles savent que, si la stratégie a été bien préparée, l'investissement se verra récompensé par d'importants dividendes. En périodes électorales, une approche bien articulée peut permettre à un candidat de dominer ses adversaires.

La publicité peut susciter certains achats non nécessaires, la propagande peut amener à soutenir certaines causes qui auraient pu laisser les gens indifférents, les relations publiques peuvent amener des personnes à avoir envie de lire un livre, à assister à un spectacle, à fréquenter un endroit qui, sans ces artifices de la communication, auraient été boudés.

Parce que la communication a le pouvoir de convaincre, les législateurs ont interdit la publicité de la cigarette dans les médias, ont exigé de certaines marques de ne plus utiliser leur logo, comme le chameau de Camel, pour protéger les jeunes contre ce pouvoir pernicieux.

Il n'est pas de notre intention de juger des effets des communications sur les gens mais, déjà au IVe siècle avant Jésus-Christ, Platon dans sa *République* ou, quelque 2000 ans plus tard, Cervantes dans son *Don Quichotte* parlaient des effets pervers de la littérature sur l'imagination des gens.

«L'information a toujours été et demeurera toujours associée au pouvoir. Les chefs d'entreprise continueront d'être réticents à communiquer car ils identifieront le partage comme une érosion de pouvoir, de l'autorité» (Villeneuve, 1977).

2.7 La communication est un instrument

La communication est aussi un instrument, une aide. Tout comme la parole est le véhicule de la pensée, la communication est un instrument au service des entreprises qui l'utilisent.

En communication, il est un énoncé de base utile à rappeler : ce qui prime, c'est la *connaissance* des réalités. Qu'il suffise de donner l'exemple d'une recherche ou d'une législation. Tant qu'elles ne sont pas connues, aussi bonnes soient-elles, elles resteront inopérantes, inexistantes.

La communication repose toujours sur le principe qu'il faut, non pas que les réalités existent, mais que les réalités soient connues pour être perçues.

2.8 La communication est une persuasion

Persuader, c'est amener quelqu'un à croire, à penser, à vouloir faire quelque chose par une adhésion complète. La communication n'est donc plus seulement le partage d'une information, elle représente une volonté de changement, elle reflète une intention d'orienter la réalité.

3. LA DÉMARCHE DE LA COMMUNICATION

3.1 Une stratégie militaire

Le langage utilisé autour d'un plan est un langage militaire et cet emprunt n'est pas fortuit. Un plan de communication est un plan d'attaque, un plan de bataille et il doit demeurer secret. Le plan d'action est appelé campagne et le groupe d'individus auquel le message s'adresse sera désigné comme étant la cible visée (Dastot 1973a, p.14) pour laquelle on utilisera les munitions adéquates. Pour choisir les bonnes munitions, il faut bien connaître sa cible. On ne tire pas un orignal avec un 12 ni un canard avec une 303. Il ne faut pas non plus tirer n'importe où ni n'importe comment, car on perd sa force de frappe. La cible, c'est là où il faut frapper pour obtenir du changement, pour rompre un équilibre qui maintient en place des éléments indésirables.

Le plan de communication se construit en tenant compte du milieu, des concurrents, des adversaires. On élabore des avenues stratégiques ou des stratégies d'attaque, des opérations tactiques ou des tactiques d'approche. On dressera une logistique pour réaliser chacune des étapes.

Pour poursuivre la métaphore guerrière, les objectifs à court terme nécessitent une manœuvre tactique et ceux à long terme, un développement stratégique. Cossette (1987, p. 159 et 214) parle de force de frappe, d'artillerie publicitaire, d'opération, de lutte, de territoire à occuper, d'offensives à mener, de troupes à encadrer, de guerre de prix.

Il ne faudrait cependant pas en déduire que la communication est belliqueuse ou agressive. «Tout au contraire, elle doit plutôt s'adresser au consommateur en douceur, ne pas le brusquer. Toutes les études de communication ont prouvé que les messages à rebrousse-poil sont à déconseiller. C'est d'ailleurs pourquoi la publicité ne peut s'improviser. Elle doit être pensée, préparée, réalisée avec méthode et contrôlée dans ses effets. La stratégie publicitaire se fonde sur un ensemble de processus et de techniques d'élaboration, d'action et de contrôle orientées vers la réalisation d'un but spécifique» (Dastot, 1973a, p. 14).

3.2 Une méthode de rigueur

La démarche repose sur une logique simple. Si vous voulez amener quelqu'un à changer de comportement, d'habitude ou d'idée, il faut d'abord que vous lui adressiez un message clair, qu'il le comprenne et qu'il l'accepte.

Pour préparer ce message, il faut l'intégrer dans une stratégie. Avant de préparer un message publicitaire de 30 secondes, avant de réaliser une affiche ou un dépliant, il faut savoir ce que l'on a envie de dire, à qui on veut le dire et pourquoi c'est à lui en particulier que l'on veut parler. Ce sont les objectifs à déterminer auprès d'une cible donnée. Et pour connaître ses cibles et bien asseoir ses objectifs, il faut être parfaitement au courant du problème à résoudre.

Faire un plan de communication, c'est adopter une démarche logique où chaque étape est liée intimement à celle qui la précède et à celle qui la suit. Les actions à entreprendre et les outils de communication utiles viennent habituellement en dernier lieu et non au début de cette démarche.

Dès lors, pour réaliser un plan de communication ou de relations publiques, il faut suivre une méthode définie en quatre temps dans la documentation.

Marston (1963) résume le cycle de la communication par les lettres R-A-C-E, soit la recherche, l'action, la communication et l'évaluation. Dans ce cycle, la communication proprement dite se situe à la troisième étape, ce qui implique qu'il y a des phases préparatoires antérieures essentielles.

Dans leur manuel de relations publiques qui fait aujourd'hui école, Cutlip et Center (1985) présentent les quatre étapes du processus de relations publiques comme la découverte des faits, la planification d'un programme de communication, la communication elle-même et finalement son évaluation.

Dans les années 1980, le Conseil des directeurs et des directrices de communication du gouvernement du Québec a produit un document sur le mandat type d'une direction de communication avec un certain nombre de tâches principales à réaliser. Elles y étaient présentées en quatre points : conseil, conception-élaboration, production, gestion et conseil.

Le tableau ci-contre présente les quatre phases de cette méthode, telles qu'elles sont proposées par ces différents intervenants et les met en relation avec les tâches réelles requises lors de la réalisation d'un plan de communication. Dans tous les cas, la même logique est respectée. Il faut d'abord et avant tout faire des recherches et analyser les données recueillies avant de penser à concevoir des stratégies et à réaliser des messages.

LE TABLEAU COMPARATIF

MARSTON (RACE)	CUTLIP et CENTER	MANDAT TYPE (CDC)	PRATIQUE
CYCLE DE LA COMMUNICATION	FONCTION TYPE	TÂCHES GÉNÉRALES	STRATÉGIE
Recherche	Découverte des faits	Conseil	État de la situation (contexte) Problématique (diagnostic)
Action	Planification du programme	Conception-élaboration	Objectifs Cible Axe de communication Stratégie
Communication	Réalisation du programme	Production médias (moyens, supports, messages)	Techniques Médias, moyens Échéancier Budget
Évaluation	Évaluation	Gestion et conseil	Évaluation

Quelle que soit l'approche choisie, on se retrouve devant un même cheminement, une même règle de base à suivre, un même encadrement.

Dumas (1971, p. 147) résume ainsi la démarche à suivre.

— Dans un premier temps, le relationniste va à la recherche :
de l'entreprise et de ses objectifs ;
de ses publics et de leurs besoins.

— Dans un second temps, il planifie un programme de relations publiques qui permettra de faire coïncider les objectifs de l'entreprise et les besoins du public.

— Puis il met son programme en action en communiquant.

— Finalement, il évalue l'application et la portée de ce programme afin de l'améliorer.

«Enfin, la méthode des relations publiques n'est pas linéaire, mais cyclique. Les objectifs, les attitudes, les besoins et les opinions des divers publics d'une organisation n'ont rien d'immuable, ils évoluent constamment. C'est donc dire qu'à toute fin pratique, le quatrième temps de la méthode – l'évaluation – se confond avec la première phase d'un second cycle – la recherche. Cette recherche conduira à une nouvelle planification et à de nouveaux modes de communication et ainsi de suite» (Dumas, 1971, p. 148).

3.3 Une science et un art

Quel est le meilleur moyen pour diffuser un message à une clientèle donnée? Si c'était évident, il n'y aurait pas tant de campagnes ratées. On dit parfois que, pour chaque dollar publicitaire investi, il y en a la moitié de gaspillé. Le problème, c'est qu'on ne sait jamais laquelle.

Lorsque Coca-Cola a lancé son nouveau Coke en 1986, cette firme avait effectué toutes les études utiles. Mais son analyse de la situation n'a pas su cerner les véritables dispositions du consommateur. Hollywood produit certains films avec des budgets exceptionnels, lancés à grand renfort de publicité, qui ne marchent pas, alors que d'autres, à petit budget, fonctionnent étonnamment bien. Ce qui signifie que, même en utilisant les techniques les plus perfectionnées, on peut encore se tromper. Et en utilisant son flair, on peut réussir de façon exceptionnelle. C'est ici qu'on se rend compte que la communication est en même temps une science et un art.

Une science

Réaliser un plan de communication, c'est une science à plus d'un égard.

◆ Par la démarche

Il faut d'abord suivre une méthode rigoureuse, logique et rationnelle. En ce sens, c'est l'application d'une approche scientifique qui permet de mettre toutes les chances de son côté pour éviter l'erreur.

Faire un plan de communication, c'est donc effectuer une démarche intellectuelle avec toute la rigueur possible. C'est savoir décomposer une réalité en ses parties de façon à pouvoir mettre l'accent sur certains aspects jugés positifs ou à éliminer les côtés négatifs, les freins et les résistances qui empêchent le public d'adopter le produit ou l'idée. Tout peut se vendre à condition de le faire de la bonne façon, mais personne n'est obligé d'acheter. Il faut donc savoir séduire et convaincre.

Le plan doit se dérouler comme une mécanique. Il faut apprendre à poser les bonnes questions, à bien cerner les situations à élucider pour que la solution s'impose d'elle-même.

Un plan de communication, c'est l'application d'un principe de planification selon certaines méthodes éprouvées. C'est une façon de construire un exposé, de découper la réalité, un peu comme autrefois on faisait des dissertations (Beaud et Latouche, 1988).

Quel que soit le cas, le praticien doit, pour garantir le caractère professionnel de son intervention et optimiser ses chances de succès, utiliser une approche méthodique, recenser les techniques et les instruments appropriés, établir un plan rigoureux d'analyse. Le plan de communication est donc le résultat d'une approche rationnelle.

Le plan de communication se concrétise dans un document dans lequel on présente les meilleures façons de faire face à ses objectifs et de les atteindre. De ce fait, il constitue la phase préalable essentielle à la réalisation d'activités de communication. On fait d'abord le plan, puis on l'exécute. Ainsi, pour un groupe, attirer l'attention des pouvoirs publics sur une préoccupation, ou inversement pour les pouvoirs publics attirer l'attention du public sur une solution, nécessite une réflexion qui permettra de prendre la meilleure orientation. Le plan de communication, c'est cet outil de réflexion. C'est à la suite de celui-ci que l'on mettre en œuvre les mesures concrètes proposées dans le plan.

C'est donc une activité qui nécessite une rigueur certaine, du temps et de la méthode. Aucun plan de communication n'est identique. Mais chacun nécessite la même rigueur et le même cheminement dans son développement.

◆ Par la théorie

Il existe en communication un certain nombre de théories intéressantes qui permettent de mieux choisir ses stratégies. Ainsi, la théorie de la circulation de l'information à deux paliers, le *two step flow*, a démontré que souvent ce sont les leaders d'opinion qui sont touchés par les messages et que ce sont eux qui les relaient au grand public (Katz et Lazarsfeld, 1955). On a ainsi appris qu'il vaut parfois mieux chercher à rejoindre ces leaders plutôt que l'ensemble de son public.

La théorie de l'*agenda-setting* (McCombs et Shaw, 1972) démontre que, lorsque les médias traitent d'un sujet, celui-ci risque de faire partie de la préoccupation des gens, même si ceux-ci n'adoptent pas la façon dont les médias l'a présenté. On a compris que faire parler de soi dans les médias attire l'attention du public, quel que soit l'objet du débat. Toute personne qui obtient une entrevue à la télévision, par exemple, est davantage remarquée parce qu'elle a passé à la télévision que pour ce qu'elle y a dit.

La théorie de la *spirale du silence* (Noëlle-Neumann, 1974) explique que les individus ont tendance à taire leurs préférences, leurs choix, leurs pensées lorsqu'ils sentent que ceux-ci peuvent avoir des connotations négatives auprès de leur entourage. Or, à certain moment, tout le monde partage le même avis, mais préfère se taire en pensant que les autres ne le partagent pas. C'est la spirale du silence qui, à un certain moment, est brisée par un geste, une déclaration, un événement.

La théorie des réflexes conditionnés issue des travaux de Pavlov démontre que la répétition d'un même stimulus, accompagné d'une même action, provoque chez l'individu une accoutumance à s'attendre à cette même action dès que le stimulus est activé. C'est ainsi que quelques notes de musique peuvent immédiatement faire penser à un produit, comme les cinq notes musicales qui accompagnent l'ours de A & W.

La théorie de la perception sélective démontre qu'un individu a tendance à s'exposer à certains messages plutôt qu'à d'autres et que diverses personnes exposées aux mêmes messages ne les perçoivent pas toutes de la même façon. Ainsi, chaque individu en lisant son journal lira certains articles et en négligera d'autres.

Enfin, la théorie de la dissonance cognitive précise que, devant une information qui contrarie sa façon de penser, l'individu a tendance à chercher à protéger son équilibre intérieur en adoptant différentes attitudes, dont celle de rejeter complètement l'idée qui le dérange.

Ainsi, de nombreuses théories en communication sont d'un précieux secours lorsque l'on réalise des plans, en particulier celles concernant la circulation de l'information, les changements de comportement, les prédispositions psychologiques des individus, les variations de l'opinion publique.

On peut, par ailleurs, faire des plans de communication sans connaître toutes ces théories. Mais, lorsque l'on vise des changements importants de comportement de la part de sa clientèle, il est essentiel de bien comprendre tous les processus d'apprentissage, d'adaptation et de choix des individus comme des groupes. Le livre de Willett (1992) intitulé *La communication modélisée* donne un aperçu intéressant des différents concepts, modèles et théories que l'on retrouve en communication.

◆ Par les techniques

On a recours à des approches scientifiques reconnues en sciences sociales pour analyser la situation, pour évaluer les effets des stratégies, des campagnes et des messages.

Avoir recours aux sondages pour connaître l'opinion de la population face à un produit, un service ou une idée donnée relève de la science. Se fier à son flair relève de l'improvisation ou de l'art.

Les différentes méthodes d'enquête, de sondage, d'analyse des faits et gestes des consommateurs permettent de cerner des réalités complexes de façon scientifique. Nous reparlerons au chapitre 3 de ces éléments en abordant la question des instruments de recherche utiles pour réaliser un plan de communication adéquat. Mais, déjà, il faut reconnaître qu'elles permettent de dépasser le stade de l'impression, de l'intuition et des approximations.

Un art

S'il n'y avait qu'une seule façon de faire un plan, on pourrait juger les bonnes et les mauvaises campagnes. Mais, au-delà des règles et des techniques, il y a aussi l'expression artistique qui peut faire toute la différence entre une bonne et une mauvaise campagne.

L'être humain n'est ni un robot ni une machine. Il cache des façons de se comporter qui relèvent du mystère de la nature humaine. Certains créateurs sont exceptionnellement doués pour saisir cette nature et pressentent des solutions que la seule application des techniques rationnelles ne permet pas d'entrevoir. Il faut donc un mélange entre l'art et la science pour faire une bonne campagne. Une campagne considérée exceptionnelle parce que tout le monde l'a remarquée peut être désastreuse si personne n'achète le produit ou n'adhère à l'idée. À l'inverse, il y a des campagnes qui rebutent à première vue, mais qui obtiennent des résultats intéressants pour ceux qui les produisent.

Du fait de ce mélange d'art et de science, on se trouve devant le problème suivant : chaque fois qu'on veut faire un plan de communication, il y a toujours quelqu'un pour trouver que la stratégie ne marchera pas, que les idées avancées n'auront aucun effet. Il est difficile de trouver un consensus car les uns s'appuient sur certaines données scientifiques et les autres sur des impressions, des intuitions. Il faut donc savoir trancher, prendre des risques et évaluer les avantages et les inconvénients de chacune des stratégies.

Par ailleurs, il faut savoir qu'on ne travaille pas de la même façon avec les gens qui pratiquent une approche scientifique qu'avec ceux qui préfèrent l'approche artistique.

Ceux qu'on appelle les idéateurs, les concepteurs, les graphistes ont parfois tendance à rappeler à la réalité ceux qui leur soumettent des dossiers d'analyse de 50 pages. Ils rétorquent alors qu'ils ne savent pas lire. Leur argumentation repose sur le fait suivant : si on ne peut pas expliquer simplement ce qu'il leur faut faire, comment peut-on leur demander de traduire en 30 secondes ou en une image l'objet de la campagne ?

Règle générale, les stratèges, qu'ils soient à l'intérieur ou à l'extérieur de l'entreprise, ne comprennent pas toujours bien les créateurs. Ils attendent d'eux des miracles en leur exposant savamment toutes les données du problème. Ou encore, ils les considèrent comme d'excellents emballeurs mais sans contenu. C'est le dilemme entre les penseurs et les faiseurs d'images.

Par exemple, pour organiser une stratégie de communication pour un congrès international de numismates, les rationnels feront des études sur les intentions des consommateurs, sur leur connaissance de la numismatique, sur leurs intérêts pour une telle exposition. Les concepteurs quant à eux diront simplement : engagez deux agents de sécurité armés, mettez une pièce de monnaie rare sous verre à l'épreuve des balles et convoquez les médias. La scène ainsi montée attirera les journalistes et la curiosité du public les poussera à venir voir ce que l'on protège de façon si étroite.

Il y a quelques années, les médias ont rappelé que des embouteillages sans fin s'étaient créés au Mont-Saint-Michel, en France, lorsque l'on a annoncé qu'allait se produire la marée du siècle. Or, qu'est-ce qu'une marée du siècle quand on ne peut la comparer avec une marée normale ? C'est tout simplement un objet de curiosité.

Au-delà de l'entreprise qui poursuit des objectifs particuliers, au-delà du produit, du service, de l'idée mise de l'avant, au-delà du récepteur avec ses perceptions sélectives très particulières, il faut penser que le créateur joue un rôle tout à fait unique. Il y a plusieurs années, à Paris, on avait placardé la ville de panneaux-réclames sur lesquels on voyait une jeune fille en bikini qui disait : « La semaine prochaine, j'enlève le haut ». Et la semaine suivante, on la voyait sans soutien-gorge, la poitrine bien offerte. Cette fois-ci, c'était écrit : « La semaine prochaine, j'enlève le bas ». Et la semaine suivante, les panneaux la montraient en effet toute nue, mais de dos... L'imagination du créateur a suffi pour attirer l'attention du public sur la firme de publicité qui avait créé l'affiche. C'est la preuve que l'imagination débridée peut avoir plus de force que toute analyse fine. Or, nous le verrons lorsqu'il sera temps de traiter de stratégies, l'imagination est préférable à la recherche dans certaines situations bien déterminées, surtout lorsque l'on veut attirer l'attention. Mais, dans la majorité des cas, la recherche est tout de même essentielle et l'imagination doit se mettre à son service.

Le communicateur-conseil devient dans tout ça un véritable alchimiste, car il doit trouver, à travers ces multiples relais, la voie royale du succès. Il doit savoir naviguer entre art et science. Ce qui faisait dire à Brochand et Lendrevie (1985, p. 8) que la communication n'était finalement «ni science ni art».

Il lui faut donc:

– travailler avec le plus de rigueur possible;
– laisser aux créateurs la plus grande marge de manœuvre possible.

En effet, penser son et image, c'est-à-dire concevoir à trois dimensions, demande une approche tout à fait différente de l'écriture. Il faut trouver l'osmose entre le faiseur d'images et le penseur. L'affiche de la Presse régionale française exposant la réponse de Gutenberg à McLuhan sur l'importance de l'écrit en est un excellent exemple (exemple 2).

Le succès d'un bon plan de communication, c'est parfois l'idée géniale que tout le monde va retenir. La publicité de Benetton n'apprend absolument rien au public sur le produit qu'il vend, ni sur sa philosophie de gestion. Il s'agit d'une publicité de provocation, une publicité sociétale dont l'intention n'est pas de faire réfléchir les gens sur la complexité des relations humaines, mais de faire parler les gens sur la publicité de Benetton. Il faut se rappeler que, lorsque le produit est peu différencié, il faut créer un bruit communicationnel autour de celui-ci. Chaque fois qu'un groupe s'insurge contre une publicité de Benetton, il active le bruit communicationnel autour de la marque et c'est tout ce que veut Benetton. On connaît tous les publicités de Benetton davantage par la controverse qu'elles ont soulevée que parce que l'on a été exposé à ces publicités (Dagenais, 1995).

Dumas (1971, p. 153) précise toutefois que «la communication est un art difficile car elle met en cause de nombreux éléments: d'abord des personnes dont le rôle peut être tantôt de transmettre, tantôt de relayer, tantôt de recevoir un message. La communication suppose ensuite la présence d'événements autour desquels on puisse communiquer, qu'ils soient perçus physiquement ou à travers des messages et des images. Enfin, la communication n'est possible qu'au moyen d'un système symbolique, qu'il s'agisse d'un langage formel, parlé ou écrit, ou

Exemple 2

Le Monde, 8 mai 1974, p. 7

d'un code non verbal. La grande variété de ces éléments indique déjà au départ la complexité du phénomène de la communication».

Dès lors, réaliser un plan de communication, c'est adopter une certaine rigueur dans la méthode et dans l'utilisation de concepts que nous exposerons plus loin. C'est donc d'abord une activité d'analyse, mais c'est aussi une activité de création. Entre Michael Jackson qui fait un mégaspectacle pour vendre du Pepsi et qui n'a aucun succès au Québec et Claude Meunier qui fait un anti-spectacle et qui séduit, il y a d'un côté une analyse fine de la situation et, de l'autre, une part certaine de création. Un bon plan de communication, c'est un heureux mariage des deux.

3.4 Les tâches ancillaires

Au-delà de cette approche engageante sur le plan de l'esprit et des arts, il existe un côté «cuisine» aux activités de communication qu'il ne faut pas négliger.

Organiser une conférence de presse pour divulguer les grands axes de développement d'une entreprise est une tâche noble. Mais si personne ne fait approuver les textes par les autorités compétentes, ne veut réviser les textes finaux, ne veut photocopier les invitations et les textes, n'a envie d'adresser les enveloppes et de les mettre sous pli, ne veut assembler les pochettes, ne veut faire les appels téléphoniques de rappel aux journalistes visés, les grands axes seront ignorés et le produit final ne sera pas parfait.

Il faut donc se convaincre que la dimension pratique est toujours présente. Parfois lourde, mais essentielle. On raconte qu'un jour le premier ministre du Québec devait déposer une gerbe de fleurs à la mémoire du soldat inconnu à l'Arc de Triomphe, à Paris, lors d'une grande cérémonie. La cérémonie fut magnifique avec la garde républicaine à cheval, les dignitaires français présents, la fanfare solennelle, etc. Mais quelqu'un avait oublié d'acheter le bouquet de fleurs...

Les tâches ancillaires, ce sont toutes ces petites tâches de routine, de cuisine, de servantes, qui entourent la réalisation du plan de communication.

4. LE MYSTÈRE DE LA COMMUNICATION

Si l'on peut décomposer la communication en ses différentes parties pour mieux la saisir, il faut tout de même admettre que le produit final relève du mystère. Comment expliquer que des partis politiques, comme le Bloc québécois ou le Reform Party qui étaient inexistants il y a dix ans, deviennent chacun leur tour parti d'opposition ? Comment expliquer l'engouement des consommateurs pour des objets aussi futiles que le hoola hoop autrefois ou les jeux vidéo aujourd'hui ?

Est-ce la magie des communications qui s'est opérée ? Est-ce la rencontre d'un besoin et d'une proposition qui la satisfasse ? Ou est-ce l'énigmatique réponse d'un public qu'on dit blasé et qui se réveille lorsque l'on s'y attend le moins ? Car il y a un certain mystère qui entoure le pouvoir des communications, mystère que les experts sentent bien, mais qu'ils sont incapables d'utiliser comme bon leur semble.

À côté de ces mystères, existent les utopies de la communication. Croire qu'en ayant recours aux communications on peut tout résoudre, contrôler toutes les crises, séduire tous les publics et imposer tous ses produits, c'est méconnaître la force de sélection du citoyen/ consommateur.

Voyons donc quelques éléments qui permettent un peu de cerner cette magie.

4.1 Une réalité méconnue

Une entreprise en tant que telle a de multiples préoccupations : la distribution de ses produits, la qualité de ses produits, ses profits, la concurrence, la réglementation publique, le climat de travail à l'intérieur de l'entreprise et ses relations avec ses employés, les tentatives de fusion, les attaques des consommateurs, etc.

Les communications ne font pas toujours partie des préoccupations de base de l'entreprise et ne sont pas toujours un réflexe de premier ordre. À vrai dire, elles sont souvent à la remorque des autres besoins de l'entreprise. Ainsi, pour certaines entreprises, la communication n'est en réalité ni utile ni magique ni nécessaire, *a priori*.

4.2 Une nécessité évidente

En essayant de gérer ses objectifs, toute entreprise finit par se rendre compte qu'elle a besoin de communication. Quand les profits baissent, on se dit qu'il faut faire plus de publicité. Quand la concurrence est trop voyante, on fait appel à la publicité pour la contrer. Quand les consommateurs se plaignent, on utilise les relations publiques ou la publicité pour tisser des liens de sympathie. Quand le gouvernement s'en mêle, on a recours aux communications publiques, au lobbying, aux affaires publiques. Quand le personnel rouspète, on a recours aux communications internes. Et dès qu'une initiative ne fonctionne pas bien, on reconnaît qu'on n'a pas fait tous les efforts utiles pour bien en faire connaître les fondements.

En voici deux exemples. Le premier est québécois : « Après les manifestations monstres du printemps contre la fermeture d'hôpitaux à Montréal et à Québec, M. Rochon et M. Parizeau avaient admis ne pas avoir fait suffisamment d'efforts pour expliquer la réorganisation du réseau ».

« Le gouvernement a maintenant décidé de confier à la firme Cossette Communication-Marketing le soin de démontrer les bons côtés de la réforme et, pour ce faire, lui a octroyé un contrat de 1,9 million $ » (Marissal, 1995).

Ainsi, tôt ou tard, toute entreprise doit prendre conscience qu'elle se doit de communiquer avec ses clientèles pour survivre.

4.3 La magie des communications

Dans tous ces cas, on demande aux communications de remplir un certain rôle, sinon de combler un certain vide. En effet, lorsque tous les recours habituels des gestionnaires sont épuisés, on fait appel aux thaumaturges de la communication. Ils doivent alors créer, à partir de rien, une image, une force, un mouvement irréversible.

Prenons l'exemple du sida. Lorsque la maladie est apparue au Québec, les politiciens ont refusé d'en reconnaître la gravité, les religieux ont condamné toute action qui pourrait éloigner l'homme (et la femme) des préceptes de l'Église et les médecins étaient incapables de trouver un médicament. On s'est donc retourné vers les communicateurs et on leur a demandé de faire un message de 30 secondes qui allait enrayer le mal et faire cesser sa propagation.

Alors que la communication doit faire partie de la gestion des entreprises, on l'utilise en dernier recours, lorsqu'en désespoir de cause on a tout essayé et que rien n'a fonctionné. Dans ces circonstances particulières, on a trop souvent tendance à ne pas faire confiance à ses propres structures de communication et à faire appel à une firme-conseil.

Cette situation s'explique entre autres par le pouvoir magique qu'on attribue aux communications lorsqu'on les utilise. Et cette magie est entretenue par les histoires à succès que racontent de façon fort bien documentée certains auteurs comme Doin et Lamarre (1986) en relations publiques, Lendrevie (1994) en publicité et Boivin (1984) en lobby. À lire les exploits réalisés par les communications, on finit vraiment par croire en leur extrême efficacité. Celle-ci existe bien sûr, mais pas aussi souvent qu'on le souhaiterait. Il faut se souvenir que les communications ne sont pas des armes magiques, mais plutôt un ensemble d'approches, d'instruments, de moyens capables d'avoir un certain effet sur le public cible dans certaines circonstances.

Desaulniers (1987a, p. 12) rappelle justement qu'une «foule de facteurs prédisposent ou indisposent les individus à l'égard de ce qui leur est offert. Par exemple, écrit-il, une publicité efficace peut avoir conduit un client potentiel dans un établissement, mais l'objet de sa convoitise peut ne plus être disponible, ou le vendeur déplaisant, ou l'objet différent de ce qu'il avait perçu».

4.4 La faute des communications

Il faut d'ailleurs mentionner que les communications se voient investies ainsi des plus grands maux en même temps qu'on leur attribue les plus grandes vertus car, dès que quelque chose ne tourne pas rond, on a tôt fait de les accuser.

Ou les communicateurs n'ont pas fait le travail qu'ils devaient faire ou ce travail a été mal fait. On entend souvent les initiateurs de grande réforme mal acceptée dire qu'ils n'ont pas su vendre leur projet à la population, qu'ils n'ont pas assez expliqué les différentes facettes du programme, etc.

Les communicateurs sont souvent victimes de ces situations. Les changements fréquents d'agences de publicité ou de relations publiques de certaines entreprises mécontentes des activités de communication qui leur ont été proposées en sont d'ailleurs la preuve.

Encore aujourd'hui le porteur de mauvaises nouvelles est sacrifié lorsque l'entreprise se sent menacée. Et on a vu, à quelques occasions, des conseillers en communication être obligé de démissionner à cause d'une erreur de parcours de l'entreprise. « Il faut savoir qu'en moyenne, un an après leur lancement, 86 % des nouveaux produits n'ont pas atteint les objectifs de vente qu'on leur avait fixés » (Pierra, 1992). Dans ces cas, on a parfois le réflexe d'accuser les communications faites autour du produit, plutôt que de s'interroger sur l'intérêt du public pour le produit lui-même.

4.5 Les erreurs de perception

Desaulniers (1991, p. 12) fait état de trois fausses perceptions entourant les communications :

« Première erreur : croire que les communications possèdent sur les gens des pouvoirs illimités. En réalité, elles ne sont efficaces que dans le contexte d'applications précises en respectant certaines conditions.

« Seconde erreur : croire que la réalisation d'un programme de communication peut être confiée à quiconque sait parler ou écrire. Les communications font appel à un processus complexe au cours duquel interviennent une série de décisions dont la justesse repose sur la connaissance de certaines théories, l'utilisation de modèles appropriés et la collecte d'informations pertinentes.

« Troisième erreur : confondre les moyens et les objectifs de la communication. En cette matière, les gestionnaires sautent souvent d'une préoccupation sommairement formulée au choix d'un moyen : vivement le communiqué de presse, la tournée, la télévision. »

5. LA PLANIFICATION DE LA COMMUNICATION

Selon les réflexions précédentes, pour une entreprise, la communication est à la fois une *nécessité*, un *devoir*, un *pouvoir* et un *mystère*, ce qui veut dire qu'elle est, en fait, insaisissable ou alors très complexe. Or, une entreprise doit être en mesure de dominer les enjeux auxquels elle doit faire face et contrôler les défis qu'elle appréhende. En somme, elle doit planifier.

5.1 La notion de planification

La planification est l'art d'organiser l'avenir, c'est-à-dire être capable de déterminer l'orientation de son entreprise, la disposition de son temps, de ses budgets, de ses activités plusieurs semaines, plusieurs mois et souvent quelques années d'avance. Elle s'inscrit d'abord dans l'idée de décision. Il y a des entreprises, comme des individus, qui s'adaptent au jour le jour en fonction des impondérables de la vie. Ainsi, certains matins, des individus arrivent en retard et complètement trempés au bureau parce qu'une averse de pluie les a pris par surprise. D'autres, qui avaient écouté la météo, ont pris la décision de partir plus tôt et mieux couverts, sont arrivés à l'heure et bien au sec. Les premiers ont subi les caprices de la température et les seconds les ont dominés.

«Essentiellement définie comme une activité de régulation, la planification comporte les trois composantes caractéristiques de tout mécanisme régulateur: la détection; la décision à l'égard de ce qui a été détecté; l'action à l'égard de ce qui a été décidé» (Tessier, 1981, p. 19). Pour Cossette (1987, p. 36), «planifier, c'est décider et agir».

La planification est donc une forme élaborée de contrôle sur un ensemble d'éléments. Planifier, c'est donc:
— décider de prévoir;
— analyser la situation pour connaître ce qu'il est utile de savoir;
— prendre les décisions sur les objectifs à atteindre;
— organiser des actions pour atteindre ces objectifs.

Toute tentative de séduction ou de changement de comportement du public, qu'il soit un public spécialisé ou le grand public, exige une stratégie qui doit s'échelonner dans le temps.

Décider de prévoir

Pour Tessier (1981, p. 14), la planification connote l'idée de décision, c'est-à-dire la volonté d'agir à l'endroit d'une situation à venir. L'exemple le plus simple pour illustrer ces propos est certainement l'art d'organiser ses vacances. Il y a des gens qui disent qu'ils n'ont pas le temps de prévoir leurs vacances parce qu'ils sont trop occupés. Diverses solutions s'offrent à eux :

- À la dernière minute, ils téléphonent à leur agence de voyages et demandent s'il y a encore de la place quelque part au soleil, pas trop cher. Ils doivent donc se contenter de ce qui est disponible. Souvent, ils doivent payer plus cher parce que les billets d'avion n'ont pas été pris dans les délais prescrits. Ils ne peuvent loger que dans les hôtels où il reste des chambres libres. Ce sont habituellement les plus chers ou les moins confortables.
- Ils prennent des *no-where* et sont complètement captifs des agences qui gèrent leur itinéraire.
- Ils restent chez eux, parce qu'ils se disent que, cette année, ils n'ont pas les moyens de voyager.

Dans tous ces cas, ils subissent ce qui leur arrive. Parce qu'ils n'ont pas prévu leurs vacances, ils n'ont pas économisé, ils n'ont pas bénéficié des meilleurs tarifs aux meilleurs endroits, etc.

Pour Laperrière et Rodier (1990), il existe deux types d'entreprises : celles qui subiront les changements et celles qui sauront planifier, prévoir et tirer profit des changements. Ce sont ces dernières qui sont bien souvent conscientes que l'avantage concurrentiel, la vitalité et le dynamisme d'hier risquent de ne plus être suffisants aujourd'hui ou demain. L'expression s'asseoir sur ses lauriers n'a jamais eu autant de sens.

Celui qui planifie se donne des priorités d'action au cours des semaines, des mois et des années à venir. Celui qui ne planifie pas répond constamment à des urgences. Or, habituellement, les urgences que l'on doit régler sont les priorités des autres. Et celles-ci s'imposent parce qu'elles ne sont pas confrontées à des priorités dûment établies.

La planification constitue pour certains une activité inutile. Comment est-il possible de planifier l'avenir lorsque les contingences du moment bouleversent le moindre projet ? Dès lors, mieux vaut gérer le présent. Mais voilà, à force de vivre collé au présent, l'entreprise ne voit venir ni les grands changements qui vont bouleverser la vie de l'entreprise, comme l'augmentation des prix de la matière première, ni les petits changements qui viennent contrecarrer des décisions déjà prises, comme l'obligation d'avoir un équipement moins polluant d'ici cinq ans alors qu'elle vient justement de renouveler son équipement de base. Une écoute attentive du présent peut toutefois révéler des indices clairs sur ce que sera l'avenir.

En effet, tout évolue et seules les entreprises qui auront pris le bon tournant au bon moment pourront survivre. Des colosses financiers comme Steinberg dans le domaine de l'alimentation, Pascal dans le domaine de la quincaillerie, Gagnon et Campeau dans le domaine de l'immobilier et Lavalin dans le domaine de l'ingénierie se sont retrouvés en difficulté imparable un beau matin. Il ne faut pas chercher une seule raison à cette situation, mais il faut reconnaître qu'ils ont mal analysé l'avenir, qu'ils ont mal planifié ou géré, car d'autres compétiteurs ont survécu à côté d'eux.

Pour Tessier (1981, p. 12), «il existe souvent un fossé dans une organisation entre ceux qui pensent et ceux qui agissent, entre les planificateurs et les gestionnaires».

Analyser la situation

Pour porter des jugements pertinents sur l'avenir, il faut bien connaître le présent. Revenons à notre exemple des vacances. Lorsque la décision d'en prendre a été arrêtée, il faut maintenant analyser la situation. De combien d'argent et de combien de temps dispose-t-on ?

A-t-on envie de la neige ou du soleil ? De la montagne ou de la mer ? De la ville animée ou de la campagne solitaire ? Veut-on partir seul, en famille ou en groupe ? Doit-on prendre en considération les attentes diverses de l'un ou l'autre conjoint, des enfants ? Est-ce que l'un d'entre eux déteste l'avion ? En fait, il faut analyser les différents paramètres qui vont permettre d'arrêter la décision la plus pertinente.

La planification exige une réflexion essentielle et elle ne peut être laissée au seul gré des circonstances. Par exemple, le milieu évolue, la population vieillit et il y a moins de jeunes, c'est donc dire que les habitudes des consommateurs évoluent. McDonald's s'est d'ailleurs aperçu que sa clientèle changeait, développait des goûts différents. Au lieu de s'adresser toujours aux enfants, cette entreprise a choisi de viser aussi les parents avec l'Arch Deluxe et les grands-parents avec le deux pour un et le café à volonté le matin.

Prendre une décision

Il faut ensuite prendre la décision la meilleure pour tenir compte des éléments qu'a livrés l'analyse de la situation. Plus l'analyse sera fine et complexe, plus les choix seront limités et précis. La décision devient donc plus facile.

On sait maintenant si l'on désire aller se reposer et ne rien faire ; ou se changer les idées en voyant beaucoup de choses nouvelles. À quelle date on peut partir et pour combien de temps.

Une entreprise fait face à un ensemble de besoins et de défis. Ceux-ci sont traduits en priorité dans un processus de planification et sont ensuite adoptés par la haute administration qui en a pris connaissance et qui les a acceptés.

Lorsque ce processus n'est pas suivi, chaque nouvelle initiative doit obtenir les autorisations requises, ce qui nécessite un investissement peu rentable en temps et en énergie. Et si ces autorisations ne sont pas obtenues au préalable, qu'il n'existe pas de planification arrêtée, il peut arriver qu'un directeur de communication décide par exemple de faire réaliser un plan de communication par une firme-conseil et voir sa haute direction refuser de payer la facture parce qu'elle n'avait pas autorisé l'initiative au départ, qu'elle ne considérait pas qu'elle faisait partie des priorités existantes et qu'elle ne voyait pas la nécessité de la réaliser. Pour éviter une telle situation en cours d'année, il faut donc faire une planification de ses activités, les faire approuver et, de ce fait, être assuré que tous les gestes posés seront conformes aux orientations de l'entreprise.

« Être prospectif n'est plus un luxe, rappellent Laperrière et Rodier, c'est devenu une nécessité. Comment devenir plus prospectif et toujours tirer profit du changement ? En planifiant. Aux yeux de plusieurs dirigeants [...] le terme de planification est souvent synonyme de réflexion quasi stérile et d'inaction [...]. Dans bien des cas, ils ont toutefois raison car ce qui est important n'est pas de planifier, mais plutôt de bien planifier et surtout de prévoir une mise en œuvre de cette planification qui soit bien orchestrée et qui tienne compte des ressources disponibles. À quoi bon planifier si l'on est incapable de traduire le tout en actions et résultats concrets ».

Laperrière et Rodier (1990, p. 17) précisent, dans le cas des administrations municipales, que trop souvent les plans ont été laissés pour compte. « Les plans cherchaient plus à traduire une vision d'un futur désirable et non d'un futur réalisable compte tenu des forces, des faiblesses, des menaces et des opportunités qui se présentent à une municipalité. »

Pourquoi faire une planification ? Parce que l'avenir d'une entreprise se construit petit à petit, parce que son image fluctue avec le temps. Chaque entreprise, comme chaque individu, poursuit en cours d'année de grands objectifs de base et de multiples objectifs secondaires. Ces objectifs doivent être articulés autour d'une vision d'ensemble du développement de l'entreprise. C'est donc ce que l'on appelle la planification.

Les besoins d'une planification découlent de la nécessité de prévoir, de se doter de priorités, de tenir compte de l'ensemble des contingences qui entourent une entreprise et aussi de gérer les bonnes idées de ses employés. Si un employé se lève un certain matin avec un projet extraordinaire en tête à côté duquel apparaît bien fade et bien secondaire le travail qu'il doit accomplir, comment juger de la pertinence de l'un ou de l'autre ? Ce n'est pas en soi qu'un projet est intéressant, mais en fonction de ses possibilités d'atteindre les objectifs planifiés de la haute direction.

Organiser des actions

Reprenons l'exemple des vacances. Lorsque la décision est arrêtée d'aller dans tel pays, dans telle ville pour pratiquer telle activité, il faut maintenant passer à l'action :
- voir avec son agence de voyages quels sont les meilleurs itinéraires à meilleur coût;
- réserver son logement;
- faire un programme de visite ou de séjour.

À cette étape, il faut savoir choisir les actions les plus appropriées pour faire face à la définition que l'on a dessinée de l'avenir. Il y a des communicateurs qui ne font que réagir, qui sont incapables de poser des priorités, d'être prospectifs ou de dire non quand on leur propose une nouvelle initiative, comme participer à telle manifestation, à tel événement ou à telle conférence.

Pourtant, le premier rôle du communicateur s'inscrit au niveau de la planification. Il s'agit pour lui d'analyser les informations recueillies entre autres par le marketing, de les interpréter, de mettre en relation les données mathématiques de la commercialisation avec les données socio-économiques, de prévoir l'évolution du comportement de la clientèle.

Pour un communicateur, planifier, c'est aussi savoir intégrer les activités de communication dans un plus grand ensemble, être capable d'arrimer les priorités des communications avec celles de l'entreprise.

Selon McClure (1978), la planification se justifie à plusieurs titres :
- elle fournit une réponse rationnelle à l'incertitude et au besoin de changement;
- elle permet de mettre l'accent sur les buts et les objectifs;
- elle aide à l'allocation des ressources par l'établissement de priorités;
- elle aide à établir les rendements attendus des composantes de l'organisation;
- elle facilite le contrôle des opérations par la collecte d'informations servant à l'évaluation;
- elle aide l'organisation à se comporter de façon active (volontaire) plutôt que réactive face au futur.

La planification se heurte au problème classique de maintenir ses priorités en dépit des urgences qui s'accumulent, des contraintes qui s'imposent et des aléas qui viennent perturber les priorités. Mais, plus souvent qu'autrement, on se laisse distraire par ces éléments. Sans planification, on essaie de tout faire en même temps, on s'y prend trop tard pour réaliser certaines tâches qui demandent alors un surcroît d'énergie pour arriver à temps. Avec une planification, on démarre les choses les unes après les autres avec assez de recul et de temps pour voir venir les imprévus, s'y adapter et mener à terme ce qu'on avait planifié.

5.2 La notion de stratégie

La stratégie, c'est la façon dont on va s'y prendre pour réaliser sa planification. Pour Desaulniers (1991), la stratégie est une combinaison de façons de faire ordonnées en vue d'atteindre d'une manière optimale des cibles et des résultats souhaités. La stratégie, c'est donc l'approche que va choisir l'entreprise en vue d'une victoire. La tactique serait davantage l'ensemble des manœuvres utilisées sur le terrain. Alors que la planification est réflexion sur le devenir, la stratégie constitue l'approche sur le présent.

Mais il s'agit d'un présent que l'on ne contrôle pas. Morin (1985, p. 225) précise que «[...] la stratégie se construit, se déconstruit, se reconstruit en fonction des événements, aléas, contre-effets, réactions perturbant l'action engagée. La stratégie suppose l'aptitude à entreprendre une action dans l'incertitude et à intégrer l'incertitude dans la conduite de l'action. C'est dire que la stratégie nécessite compétence et initiative».

Il ne faut pas oublier que les plus beaux plans sont toujours soumis aux impondérables de la réalité : intempéries, guerres, événements fortuits et accidents. Mais l'existence d'un plan préalable à la crise permet à l'entreprise d'avoir un cadre de référence dans lequel elle peut situer la crise. Le normal étant déjà pris en charge, il y a des énergies libérées pour l'inattendu. Car, pendant une crise, l'entreprise doit continuer de fonctionner normalement. Ainsi pendant que l'*Exxon Valdez* polluait l'Alaska, la compagnie Exxon devait continuer d'importer et de vendre de l'essence, en même temps qu'affronter la crise du désastre écologique qu'elle venait de créer.

L'amiral Jean Chabaud (1987, p. 1) précise toutefois le caractère contrôlé de la stratégie : « Thomas Schelling (auteur en 1962 d'un livre sur la stratégie du conflit) emprunte sa définition à la théorie des jeux qui oppose aux jeux de hasard et d'adresse, les jeux de stratégie. Ces derniers se caractérisent par le fait que chacun des joueurs définit son propre comportement en fonction de celui de l'autre.

« L'interdépendance des décisions est bien en effet le fondement de la stratégie mais la définition de Schelling s'applique aussi bien à la concurrence commerciale qu'à l'opposition de deux États, aux situations de conflit qu'aux situations de négociation. »

L'approche stratégique va donc fluctuer selon les aléas de l'incertitude et les mouvements de la cible.

La stratégie est, selon la définition de Clausewitz reprise par Aron, l'art de mettre en œuvre des moyens divers pour atteindre des objectifs à plus ou moins long terme fixés par un décideur. Elle s'exprime par le biais d'un *discours* spécifique mais elle est aussi *action*, lorsqu'elle permet au décideur d'intervenir sur les perceptions et le comportement des autres (Chabaud, 1987, p.2).

5.3 La planification stratégique

« À chaque niveau de décision correspond un niveau approprié de planification : opérationnelle (opérations), tactique (coordination) et stratégique (orientation) [...] » (Tessier, 1981, p. 14). On peut donc planifier son horaire ou ses grandes orientations. La première est qualifiée de planification opérationnelle, la seconde de planification stratégique.

De plus en plus, dans les entreprises, on fait état de planification stratégique. Il s'agit là d'une notion qui vient renforcer le concept de planification.

Prenant comme exemple les municipalités, Gravel (1989) présente ainsi la planification stratégique. Elle « vise essentiellement à déterminer les objectifs d'une municipalité, à circonscrire son rôle social, ses champs d'action prioritaires, en fonction de ses forces et de ses limites, des possibilités et des contraintes de l'environnement et des attentes de sa "clientèle"». Il s'agit de déterminer ce que l'on veut être et ce que l'on veut faire dans les trois ou cinq prochaines années et de tracer la route pour y arriver.

Steiner (1979) adopte la définition suivante : «La planification stratégique, c'est l'effort systématique d'une organisation en vue d'établir les buts, les objectifs, les politiques et les stratégies, et pour développer les plans détaillés nécessaires pour mettre en œuvre les politiques et les stratégies, ceci pour atteindre les buts et les objectifs visés».

Ces définitions de la planification stratégique démontrent que, selon les auteurs, on amalgame parfois facilement les notions de planification et de planification stratégique, oubliant que toute planification n'est pas nécessairement stratégique. À cet effet, Tessier (1981, p. 18) précise que «la planification stratégique traduit la capacité externe de s'adapter. La planification opérationnelle [traduit] la capacité interne [à l'intérieur du processus de production] d'apporter les ajustements requis».

Pour Steiner (1979), la planification stratégique et la planification opérationnelle s'exercent sur un continuum, car ce qui est opérationnel pour un supérieur peut être stratégique pour son subordonné.

Ce qui démontre que, si la notion de planification est claire, celle de planification stratégique fluctue selon les situations et les rôles joués par les décideurs et les acteurs qui les entourent.

La planification est stratégique lorsqu'elle touche les grandes orientations d'une entreprise ; elle est fonctionnelle lorsqu'elle touche l'organisation de la production ; elle est opérationnelle lorsqu'elle concerne les relations avec le consommateur par exemple.

5.4 La politique de communication

La politique de communication est un outil que se donnent les entreprises pour encadrer toutes les activités de communication qu'elles doivent réaliser. La politique ne dit pas quoi faire, puisque c'est la *planification stratégique* qui le précise, mais indique selon quelles règles du jeu toutes les activités de communication doivent se dérouler.

Ainsi, une politique de communication doit d'abord asseoir l'IMAGE de l'entreprise. Cette image se conjugue en deux parties :

l'image matérielle et l'image symbolique. L'image matérielle, c'est d'abord l'identification visuelle de l'entreprise avec son logo, ses couleurs, sa présentation sur son papier à lettres, sur ses véhicules ou sur ses cartes de visite. C'est ce qu'on appelle la charte graphique. C'est aussi la couleur des costumes, du parc automobile, de l'affichage, etc. Aujourd'hui, on sait reconnaître le M de McDonald's, la coquille de Shell et la bordure jaune du *National Geographic*. C'est enfin la personnalité de l'édifice, des bureaux, du personnel.

L'image symbolique s'exprime par le discours qu'une entreprise construit autour de sa personnalité. Veut-elle donner d'elle-même une image de domination mondiale, comme le fait Coca-Cola ; ou une image de partenaire social comme le font les caisses Desjardins. Le premier n'est jamais engagé dans l'amélioration du sort des gens ; le deuxième se fait un devoir de rappeler qu'il travaille pour les gens. L'image symbolique va se traduire autant en comportement qu'en image ou discours. Si, par exemple, une entreprise veut donner d'elle-même l'image d'une institution qui donne sa chance aux minorités ethniques, la politique exigera que tous les messages de communication présentent des ethnies différentes.

La politique de communication doit également définir les règles devant présider à toutes les activités de communication, comme l'émission des communiqués, l'organisation des conférences de presse, la participation à des tribunes publiques, la production des publications, la tenue des expositions. En fait, la politique de communication est un outil qui permet à l'ensemble des partenaires d'une entreprise d'adopter les mêmes règles de communication.

5.5 Le plan

Selon le dictionnaire Robert, un plan est «un projet élaboré, comportant une suite ordonnée d'opérations (des moyens), destinée à atteindre un but». Dans le langage des économistes, le plan est «l'ensemble des dispositions arrêtées en vue de l'exécution d'un projet».

Si la planification constitue la réflexion, la stratégie définit l'approche et le plan propose des actions. Si le plan est réalisé selon les règles de l'art, il constitue pour l'entreprise un outil de gestion important car il propose des résultats à atteindre, les moyens pour y parvenir et les raisons qui les justifient.

Pour Desaulniers (1991, p. 22), «le plan doit répondre à quatre questions :

- Quelle est la situation actuelle ?
- Quels résultats veut-on obtenir ?
- Comment voulons-nous y parvenir ?
- Comment mesurer le degré de réalisation et d'impact ?»

La hiérarchisation des plans

Un plan de communication doit d'abord et avant tout s'articuler autour des plans supérieurs de l'entreprise. Ainsi, si une entreprise établit en début d'année un certain nombre d'objectifs généraux, le plan de communication doit s'y articuler.

On peut, dans une année, concevoir cinquante ou cent plans de communication. Or, l'essentiel, c'est que tous ces plans se conjuguent pour renforcer les objectifs de l'entreprise.

Chaque plan de communication doit donc s'intégrer aux niveaux hiérarchiques de décision. En principe, un plan ne peut donc pas être l'expression d'une orientation particulière, il doit s'intégrer dans un ensemble plus vaste. En pratique, les plans de communication sont trop souvent l'expression d'une décision du moment.

Les différents plans

Les différents plans d'une entreprise sont les suivants :
- le plan général de l'entreprise doit préciser la mission, les grands axes de développement, les objectifs globaux à atteindre et les façons de les atteindre ;
- les plans spécifiques de chaque unité administrative doivent tendre à réaliser le plan général dans chacun des secteurs respectifs ;

— le plan marketing est l'un de ces plans spécifiques. Il définit le produit ou le service à vendre ou à offrir, en détermine le prix et le système de distribution. Les communications arrivent en dernier lieu pour faire connaître les trois autres éléments du marketing ;

— les plans de communication doivent donc appuyer le plan général de l'entreprise et les plans spécifiques des unités administratives ;

— les plans de relations publiques, de relations de presse, de publicité, de commandite viennent enrichir le plan de communication.

Il arrive dans certaines circonstances que des plans de communication soient mis sur pied sans référence à l'ensemble des activités de l'organisation. Ce n'est toutefois pas la règle générale mais cette situation s'impose, par exemple, lorsqu'une organisation ne se soucie pas de son image dans ses plans généraux. La direction des communications prend alors sur elle de combler cette lacune. Cette situation d'exception est malheureusement très fréquente, car les entreprises sont trop souvent collées sur des objectifs opérationnels et oublient de cultiver leur personnalité et leur image.

Toute stratégie de communication s'inscrit dans un ensemble plus grand. Une organisation a en fait plusieurs plans. Un plan de développement stratégique : ce qu'elle propose d'être dans cinq ans ; un plan de développement marketing : l'augmentation des ventes qu'elle souhaite obtenir. Le plan de communication doit se joindre à eux. Il se fait donc en relations directes avec les autres plans de l'organisation.

Le plan de communication

Le plan de communication est l'outil qui fait le lien entre l'entreprise et ses publics. Dans la hiérarchie des plans, c'est le premier plan qui a pour mission de s'adresser à l'extérieur de l'entreprise, tous les autres servant à mettre en place les grandes orientations de l'entreprise, la définition et la fabrication de ses produits. Maintenant, il faut les vendre. Le plan de communication est donc l'interface entre les activités internes de l'entreprise et ses publics.

De ce fait, pour faire un bon plan de communication, il faut se servir de tous les autres plans, en particulier du plan marketing. Il faut connaître les forces et les faiblesses du produit ou du service, son prix et son mode de distribution pour savoir quel élément est le plus attrayant pour le consommateur. Ainsi, si le produit se vend à un prix élevé, il est préférable de mettre l'accent sur ses qualités. S'il se vend à un prix d'aubaine, il est alors plus simple de miser sur le prix. S'il ne se vend que dans une région, alors on élimine toute publicité dite nationale.

Le plan de communication va donc proposer des actions concrètes à réaliser pour accomplir les objectifs de l'entreprise. Or, pour être en mesure de proposer ces actions, le plan devra suivre un cheminement extrêmement rigoureux, appliquer un certain nombre de règles bien précises que nous expliciterons plus loin.

Le plan de communication est donc une suite ordonnée d'opérations pour trouver des solutions concrètes de communication aux préoccupations de l'entreprise, opérations qui débutent par une analyse et une réflexion, une planification, une exécution et un contrôle.

Cossette (1987, p. 80) précise qu'un plan, c'est «le livre de bord sur lequel sont consignées toutes les décisions pertinentes à cette campagne». Et il poursuit en disant que, «comme le général qui établit son plan de bataille, comme le gangster qui planifie, à la minute près, son prochain hold up, comme le cinéaste qui prévoit plan par plan son prochain film, le communicateur doit apprendre à dresser un plan d'attaque».

5.6 La gestion des plans de communication

C'est habituellement la direction des communications qui gère les plans de communication dans une entreprise. C'est la seule direction qui a pour mandat de veiller à l'image de l'entreprise et aux bonnes relations qu'elle doit entretenir avec les médias. Elle partage aussi avec d'autres unités le soin de veiller aux relations harmonieuses avec les partenaires, les clients, les employés.

À ce titre, on lui confie donc toutes les activités de communication destinées à l'un ou l'autre des publics de l'entreprise.

À l'interne, la direction des communications sert d'expert-conseil auprès des différentes unités, leur apporte son soutien dans leurs besoins de communication, coordonne les activités de communication de chacune d'entre elles et s'assure de la cohérence des différentes interventions publiques de l'entreprise.

À l'externe, elle organise des événements et prépare toutes les publications, produit les dépliants, les messages publicitaires, les affiches.

Pour accomplir toutes ces activités, il faut beaucoup de compétence que les directions de communications n'ont pas toutes. D'où la nécessité d'avoir recours à des firmes d'experts-conseils en graphisme, en audiovisuel, en publicité, en relations publiques ou en rédaction selon les besoins détectés par les responsables.

Il faut donc apprendre à cerner ses besoins, à reconnaître les firmes capables d'apporter les conseils les plus judicieux et, enfin, savoir partager les responsabilités entre l'entreprise et, l'agence. Car il est pratiquement impossible de réaliser un plan de communication sans passer par des intermédiaires extérieurs...

6. LES ÉTAPES À SUIVRE

Nous en arrivons donc à la réalisation concrète du plan de communication. Pour cela, il faut suivre de façon scrupuleuse les étapes suivantes, chacune d'elles faisant l'objet d'un chapitre de ce livre. Mais il faut savoir que chacune de ces étapes n'exige pas la même somme de travail et que tout dépend de l'importance du mandat à accomplir.

Comme le phénomène des poupées russes où chacune s'emboîte dans l'autre selon un ordre auquel on ne peut déroger, le plan de communication se déroule selon un programme dont les étapes s'adaptent les unes aux autres de façon très étroite.

— Description du mandat
— Analyse de la situation
— Définition des objectifs
— Précision des cibles

— Formulation de l'axe de communication
— Identification de la stratégie de communication
— Proposition des techniques, des médias et des supports utiles
— Conception des messages
— Précision du budget et du calendrier
— Élaboration des instruments de contrôle et d'évaluation

Cette façon de faire relève d'une logique simple : avant de réaliser un message, il faut savoir dans quel type de média il sera utilisé. On n'écrit pas de la même façon un texte documentaire de quatre pages et un quart de page de publicité. On ne conçoit pas de la même façon un message radio et un message télévision.

Or, pour choisir un média, il faut connaître la stratégie qui sera utilisée. Et cette stratégie ne peut se développer qu'après avoir établi les cibles et les objectifs que l'on veut atteindre. Et ceux-ci ne sont connus qu'après une analyse fine de la situation. Tout raccourci prive l'entreprise des éléments utiles pour prendre les décisions qui s'imposent.

Cette logique est pourtant trop simple, car il y a encore des entreprises qui veulent réaliser le message et choisir le média à utiliser avant même de connaître le problème véritable à résoudre. En fait, comme la communication est un champ d'activité qui paraît *a priori* accessible à tout le monde, on se rend compte que tous ceux qui sont au sommet de la pyramide du pouvoir ont leur petite idée de ce que devrait être une campagne de communication.

Pour un communicateur, la tâche la plus difficile pour réaliser une stratégie intelligente, c'est d'essayer de faire comprendre à ses supérieurs qu'il ne suffit pas d'avoir une bonne idée en soi pour faire une bonne campagne. Il faut une idée qui corresponde au problème à résoudre, au défi à relever. Et il faut que cette idée soit gérée selon les règles de l'art d'un plan de communication.

Il ne faut jamais oublier que «tout message doit faire face à une concurrence féroce et à une sélection draconienne pour assurer sa pénétration, son acceptation et sa rétention auprès du public cible» (Desaulniers, 1991, p. 4).

7. LE MODÈLE DE PRÉSENTATION D'UN PLAN

Nous en arrivons à la réalisation concrète du plan de communication. Voici donc comment devraient se présenter les premières pages de votre plan.

La page couverture doit comporter au moins les cinq éléments suivants, comme l'illustre l'exemple 3 :

les mots : «Plan de communication»

le nom de l'entreprise pour qui le plan est réalisé

l'activité particulière visée par ce plan

le nom de la personne ou de la firme qui réalise ce plan

la date où le plan est remis

La page suivante est constituée de la table des matières. Elle se calque sur celle de cet ouvrage, en omettant toutefois le chapitre 1 sur les notions de base.

Exemple 3

La page couverture

PLAN DE COMMUNICATION

JOURNÉE INTERNATIONALE
DES MUSÉES   — Le thème

Préparé pour
LE MUSÉE DES ANTIQUITÉS   — Le nom
                                                  de l'entreprise

Réalisé par Prisme Communication   — L'auteur-concepteur
(entreprise)   du plan
ou
Réalisé par Bernard Dagenais
(individu)

Le 20 juin 1998   — La date

2

LE MANDAT

Tout plan de communication commence par un mandat, c'est-à-dire par l'expression d'une préoccupation de l'entreprise : augmenter le chiffre d'affaires, avoir une meilleure image, combattre les opposants, affronter un nouveau défi. Le mandat vient de la perception d'un problème à régler ou d'un enjeu à relever.

La première étape d'un plan de communication, c'est donc de définir le problème à résoudre, le défi auquel il faut faire face, la contestation à enrayer. En somme, avant de commencer à travailler, il faut savoir ce que l'on veut circonscrire et résoudre, donc ce que l'on veut faire.

Le mandat peut découler d'une argumentation raisonnée ou d'une intuition spontanée. Mais dans un cas comme dans l'autre, une fois posé, il faut s'assurer qu'il est pertinent.

1. L'ORIGINE DU MANDAT

Avant de réaliser un plan de communication, il faut que quelqu'un à l'intérieur de l'entreprise en ressente la nécessité et en impose l'exécution. Nous allons donc nous interroger sur la façon dont on arrive à décider de faire un plan de communication.

1.1 La planification stratégique

L'origine logique d'une demande de plan de communication vient de la planification stratégique. L'entreprise a dressé ses grandes orientations, a fixé ses objectifs, a déterminé ses voies de développement et les communications doivent s'en inspirer et s'y greffer.

Ce qui veut dire que l'entreprise a bien mûri ses orientations, qu'elle les a jaugées en relation avec d'autres avenues et que c'est à la suite d'une profonde réflexion qu'elle a choisi certaines pistes plutôt que d'autres. Dans ce cas, le mandat vient directement de la haute administration, il est ainsi en symbiose avec les autres activités de l'entreprise et il est déjà approuvé. De plus, comme cette planification se fait en début d'année et des mois d'avance, le mandat est donc clair et offre tout le temps nécessaire pour le réaliser. «Dans ce cas, écrit Desaulniers (1987a, p. 13), les opérations de communication ne sont plus des événements ponctuels dans la vie de l'organisation, mais s'inscrivent dans un programme, lui-même intégré dans le processus global de gestion.»

1.2 L'urgence

À l'opposé de la planification, se posent toutes les situations d'urgence où une entreprise doit réagir rapidement à un problème. C'est la gestion de la crise par les communications.

Ces situations d'urgence sont créées par des erreurs ou des négligences humaines, par des accidents fortuits, par des attaques venues d'autres groupes, par des exploits et des récompenses qui jettent soudain sur la scène publique une entreprise ou une personne qui ne rêvait que d'anonymat.

Une grève, une crise, une catastrophe, la force de l'opinion publique nécessitent le recours immédiat aux communications pour mieux gérer la situation. Ces urgences sont généralement indépendantes de la volonté de l'entreprise.

1.3 La rétroinformation

Entre ces deux extrêmes du tout prévu et du tout imprévu, il y a une gamme de situations où une écoute attentive du milieu permet de déceler la nécessité de faire un plan de communication.

Cette écoute constitue une forme de rétroinformation continuelle du milieu. Elle s'exerce par les recours au sondage d'opinion publique pour connaître le pouls de la population ou le glissement de l'image, par une analyse fine des revues de presse quotidiennes que réalisent habituellement les entreprises, par les commentaires des personnes qui reçoivent les demandes générales de renseignements ou les plaintes. Ce sont des indices qui permettent de se rendre compte qu'il serait opportun de faire un plan de communication.

Il s'agit là d'une démarche rationnelle et intelligente qui permet en même temps de tenir compte des besoins ressentis par l'une ou l'autre des unités administratives.

Dans certaines circonstances, une entreprise entreprend une analyse à fond de sa position. Cela s'appelle un audit, c'est-à-dire qu'on va engager une firme-conseil pour faire l'audition de la personnalité d'une entreprise, de la perception de ses clientèles internes et externes. À la suite de cette étude, on définira les besoins d'une stratégie adéquate pour rectifier le tir s'il y a lieu.

1.4 Une décision improvisée

Dans toute entreprise, le président, l'un des vice-présidents, un membre du conseil d'administration, un directeur général ou un conseiller spécial peut invoquer la nécessité de faire un plan de communication. Ces décisions improvisées se font habituellement à la suite soit d'une conversation avec un ami ou un consultant, soit d'une remarque d'un collègue d'une autre entreprise, soit d'une idée considérée comme géniale qui a germé toute seule dans la tête du proposeur ou tout simplement à la suite d'une intuition à laquelle on ne peut résister.

C'est ainsi que se forment des mandats spontanés à l'interne : on veut revoir l'image ou la notoriété de l'entreprise, on veut contrer une opposition qu'on pressent venir.

1.5 Une réflexion de la direction des communications

La tentation est forte dans une direction des communications d'avoir envie de faire des campagnes de communication. Les communicateurs professionnels qui en font partie se lèvent tous les matins avec de bonnes idées parfois mûrement réfléchies, parfois très improvisées. Et ils vont tenter de les faire partager par leurs supérieurs hiérarchiques, en insistant parfois pendant de longs mois pour que ces idées deviennent réalité.

Il y a dans celles-ci autant d'improvisation que de fines analyses. Habituellement, on essaie de les intégrer dans la planification de l'année suivante, si elles sont vraiment importantes et intéressantes. Mais on se rend compte ici qu'il faut vivre avec une certaine patience.

1.6 Une sollicitation externe

Certaines agences de communication, sans avoir été sollicitées, peuvent, à l'occasion, concevoir une stratégie pour une entreprise et la lui proposer directement. C'est plutôt rare, mais il arrive qu'une agence crée un concept qu'elle juge génial et qu'elle croit parfaitement adapté à la personnalité d'une organisation donnée ou d'un client actuel.

On constate donc que le mandat peut provenir de plusieurs sources distinctes. De plus, il peut être formulé de façon écrite, donc bien articulée, ou de façon verbale, donc plutôt intuitive. Enfin, il peut donner lieu à des interventions immédiates et circonstancielles ou à des activités planifiées et espacées dans le temps.

1.7 Le plan annuel

Que faire lorsque le mandat consiste à réaliser un plan de communication annuel pour une entreprise? Il faut alors procéder en cinq étapes et dresser cinq programmes de communication distincts. Certaines activités ou certains moyens peuvent toutefois satisfaire l'un ou l'autre de ces programmes. Ces programmes sont les suivants:

— la mission et les grandes orientations de l'entreprise
— la promotion des activités de l'entreprise : produit, service, cause

— l'image et la mission sociale de l'entreprise
— les besoins spécifiques de chacune des unités administratives
— la promotion de la cohésion interne

2. LA GESTION DE LA DEMANDE À L'INTERNE

Peu importe d'où arrive la demande, il faut ensuite la gérer à l'interne, c'est-à-dire la faire cheminer à travers les centres de décision politique, hiérarchique et administratif. Ainsi, la première étape de tout plan de communication commence à l'interne d'une entreprise.

2.1 Le politique

Même si la commande vient des autorités, la direction des communications doit alors préciser par écrit la commande reçue, évaluer la pertinence d'y donner suite, prévoir un budget approximatif, savoir où aller le chercher, établir un échéancier et faire approuver de façon concrète la demande ainsi reformulée. En fait, il faut écrire le mandat et le faire valider par le conseil de direction de l'entreprise. Cette façon de procéder enlève toute ambiguïté et permet à ceux qui ont formulé le mandat au départ d'en voir la portée et les coûts. Il arrive ainsi que les hautes autorités abandonnent un projet lorsqu'il leur est démontré qu'il n'est pas aussi pertinent qu'il paraissait au départ.

Si le mandat est confié directement et verbalement à une agence, il appartiendra à celle-ci de suivre les étapes décrites ci-contre et de requestionner le mandat.

2.2 Le hiérarchique

Dans toute structure, les différents niveaux d'intervention sont jaloux de leurs prérogatives et voient d'un mauvais œil qu'un étranger s'aventure dans leur zone d'influence. Si le président demande à la direction des communications d'exécuter un mandat, le supérieur hiérarchique de cette direction aime bien savoir ce qui se passe dans son unité, souhaite donner son avis et tient à être partenaire des activités qui se déroulent avec la très haute administration. Le mandat validé doit aussi recevoir l'approbation du ou des échelons hiérarchiques intermédiaires.

Tout ceci peut se dérouler de façon simple ou complexe selon la taille des entreprises. Certaines d'entre elles font adopter, par un comité de gestion de la direction sectorielle, toutes les décisions importantes qui sont ensuite entérinées par le comité de gestion de la vice-présidence avant de recevoir l'aval du bureau de la haute direction. En effet, un plan de communication qui traite de l'image de l'entreprise ou de son orientation doit recevoir l'approbation des plus hautes autorités.

Même s'il s'agit d'une campagne de moindre importance, les autorités n'aiment pas découvrir dans les médias des initiatives prises par leur personnel. Elles préfèrent en avoir été informées auparavant. Or, mieux vaut aller chercher une autorisation au départ que de se faire bloquer en fin de parcours un projet pour lequel beaucoup d'énergie aurait été investi.

2.3 Le contenu

La direction des communications d'une entreprise n'est pas toujours maître du contenu qu'elle diffuse. Lorsqu'elle reçoit le mandat d'exécuter un plan de communication, le fond du sujet qu'elle traite relève d'une direction donnée. Les communications ont alors le devoir «d'emballer» ce contenu. Il faut donc recevoir l'assentiment des détenteurs de contenu et intégrer ceux-ci à toutes les étapes de la prise de décision.

2.4 L'administratif

Il faut ensuite s'assurer que l'on dispose des ressources humaines et matérielles nécessaires pour gérer la campagne. Et le cas échéant, apprendre à se plier aux règles administratives de gestion financière et humaine. Plus le montant investi est important, plus les règles de dépenses sont complexes. Au-delà d'un certain montant, il faut faire des appels de service à au moins trois soumissionnaires et suivre les règles du jeu qui garantissent l'équité de la soumission.

Dans les grandes entreprises, pour chaque dépense, il faut une autorisation de dépense, puis une facture, puis une autorisation de paiement, puis le paiement. On ne peut pas toujours engager le personnel que l'on veut et de la façon dont on le veut. Les règles d'emploi à l'interne, les règles d'ancienneté balisent parfois la marge de manœuvre du communicateur.

Ce sont là l'ensemble des contraintes du communicateur/gestionnaire que l'on peut résumer ainsi :

— définir le besoin d'une stratégie à l'interne ;

— le faire approuver par les détenteurs de contenu ;

— le faire accepter par les autorités ;

— déterminer et trouver les budgets nécessaires ;

— faire approuver la dépense par les autorités compétentes (au gouvernement du Québec, par exemple, il faut passer par son ministère, par le service des approvisionnements, par le Conseil du Trésor et parfois même par le Conseil des ministres) ;

— sélectionner une firme-conseil ;

— faire approuver le contrat à l'interne ;

— négocier le contrat avec l'agence.

À chacune de ces étapes, vous allez trouver les attitudes suivantes au sein de l'entreprise : le complexe du piéton, l'attitude de la police ou le réflexe du gros bon sens.

LE COMPLEXE DU PIÉTON se caractérise par l'attitude suivante : chaque fois que vous proposez une idée nouvelle, il y a toujours quelqu'un pour mettre en garde l'assemblée décisionnelle des dangers d'une telle idée. Pour appuyer ses réticences, cette personne apporte de façon indubitable des données, des faits, des raisonnements impeccables. Et elle finit par tuer votre initiative. On l'appelle le complexe du piéton pour la raison suivante : il y a des statistiques qui prouvent hors de tout doute que des centaines de piétons au Québec se font frapper chaque année par des voitures. Devant ce danger réel, on peut conclure qu'il vaut mieux ne plus sortir de chez soi, ne plus traverser la rue, ne plus s'aventurer dans les villes. Comme on peut le voir, les faits sont exacts, irréfutables et permettent de détruire toute idée de se promener à pied. Vous avez beau dire que, si on fait attention, on peut marcher sans se faire frapper, notre héros reviendra toujours avec ses statistiques en criant bien fort que, si vous êtes assez téméraire pour risquer votre vie, c'est tant pis pour vous. Et il réussira à faire réfléchir les autres qui préféreront ne pas prendre de décision maintenant plutôt que de se lancer dans une avenue meurtrière.

L'ATTITUDE DE LA POLICE se caractérise par la tendance qu'ont certaines personnes à ne jamais apporter d'idées nouvelles, mais à jouer à la police, à surveiller ce qui se passe, de façon parfois tatillonne, et à invoquer toutes sortes de règles et de balises pour empêcher la réalisation d'un projet. Ils évoquent la convention collective, le droit civil, les décisions du conseil de presse, leur longue expérience pour démontrer qu'on ne peut s'avancer sur le terrain proposé. Ainsi, au lieu de bonifier un projet, ils vont se transformer en justicier au nom d'un certain conservatisme, pour ne pas dire d'un conservatisme certain. Ce n'est pas tant le poids de l'argumentation qui prime ici que l'attitude négative continuelle d'un individu.

LE RÉFLEXE DU GROS BONS SENS se résume par l'histoire du vendeur d'œufs qui avait mis dans sa vitrine : «Bons œufs frais à vendre». Un premier voisin lui dit que si ces œufs n'étaient pas bons, il ne les vendrait pas. C'était donc inutile de mettre le mot «bons». Le deuxième voisin, devant la nouvelle annonce, dit au vendeur : «Pourquoi écris-tu à vendre? C'est évident que tu ne vas pas les donner tes œufs». Et le vendeur de biffer «à vendre». Un troisième voisin lui rappelle qu'il ne devrait pas mettre le mot frais, car encore là il n'allait pas vendre des œufs pourris. Et voilà disparu le mot «frais». Enfin, un quatrième voisin lui dit : «Je ne vois pas pourquoi tu es obligé de mettre le mot œufs dans ta vitrine? Avec les centaines d'œufs que tu as dans ta boutique, c'est bien évident que ce ne sont pas des bananes que tu vends». Et voilà l'affiche réduite à néant en vertu du gros bon sens.

Ces tracasseries résument bien la difficulté d'obtenir à l'interne des consensus. Il y aura toujours quelqu'un pour empêcher le projet de se réaliser ou pour vous mettre en garde contre les dangers d'une telle action. Et si votre projet tient, cette même personne surveillera tous les faux pas pour crier : «Je vous l'avais bien dit». Souvent les entreprises sont timorées et préfèrent ne rien faire plutôt que de risquer de se voir blâmées.

3. LA PRÉPARATION DU MANDAT

Une commande a donc été formulée et discutée par les partenaires d'une entreprise. Pour s'assurer que cette commande soit bien comprise, il faut qu'elle soit explicite. D'une part, il faut que les partenaires s'entendent sur la commande et d'autre part, si l'on a recours à des intermédiaires pour la réaliser, il faut qu'eux aussi la saisissent sans ambiguïté.

3.1 Quoi dire dans un mandat?

Un mandat n'est pas une réponse à un problème, c'est une question. À cette étape-ci, on expose le plus simplement possible la préoccupation de l'entreprise. Un mandat se résume en un paragraphe. Il n'a pas besoin de justification ni d'argumentation, car il peut s'agir d'une intuition, d'un malaise qu'on n'arrive pas à saisir, d'une crise qui survient. Donc, on pose le problème. C'est à l'étape suivante qu'on essaiera de justifier ou de modifier le mandat s'il y a lieu.

L'entreprise recherche une plus grande notoriété, c'est un mandat en soi. L'entreprise est dynamique et trop entreprenante et se heurte à une certaine hostilité des pouvoirs publics, c'est un mandat. L'entreprise veut s'implanter dans un environnement où elle sent une certaine résistance à sa venue, c'est un mandat. Le nouveau président est peu connu, trop connu, mal aimé, l'entreprise a une notoriété extraordinaire, mais une mauvaise image, le climat à l'interne est désastreux, l'entreprise est accusée de vendre des produits néfastes pour l'environnement, l'entreprise veut combattre la déréglementation, ce sont tous des mandats valables.

Le mandat doit traduire une préoccupation. On ne se demande pas ici si les communications peuvent remplir adéquatement le mandat, on demande aux communications d'aider l'entreprise à gérer un de ses problèmes ou défis.

Le mandat précise donc une intention :
— faire connaître un produit, un service, une idée, une politique ;
— prévenir une crise ;
— redorer son image ;

- créer à l'intérieur de l'entreprise un sentiment d'appartenance, un meilleur climat ;
- vendre davantage de produits ;
- augmenter le nombre de ses adhérents ;
- combattre un adversaire ;
- augmenter sa cote en bourse ;
- préparer une fusion.

3.2 Qui va réaliser le mandat ?

La réalisation d'un plan de communication ne peut pas s'improviser. On ne confie pas ses problèmes de plomberie ou de comptabilité à un amateur. Pourquoi alors confier ses communications qui représentent souvent la vie, la survie ou le développement d'une entreprise à n'importe qui dans une organisation ? Le plan de communication doit donc être confié à un maître d'œuvre.

La direction des communications

Le mandat est habituellement confié à la direction des communications car elle est censée posséder une connaissance fine de l'entreprise ; d'autre part, elle est la seule unité qui détient l'expertise et l'expérience requises pour mener à bien une telle tâche.

Si le mandat vient de la haute administration, il constitue un ordre, on s'exécute. Mais si la haute administration est souple et que le directeur des communications est reconnu pour son professionnalisme, il peut questionner le mandat de deux façons :

- en allant voir le détenteur du contenu et en lui demandant son avis sur le mandat à réaliser. Souvent celui-ci possède des informations privilégiées sur les dossiers qu'il gère ;
- en questionnant lui-même, avec son équipe, le mandat formulé par la direction.

Si le mandat vient de la direction des communications, on fait le chemin inverse. On essaye de convaincre le détenteur du contenu du bien-fondé du mandat de façon à recevoir son appui devant la haute direction car il arrive parfois que ce détenteur détruise un projet en faisant connaître son désaccord auprès de la haute direction. Puis il faut convaincre cette dernière.

La logique de toutes ces démarches est simple. Il y a trois partenaires : l'autorité, le détenteur du contenu et le communicateur. Il faut que les trois s'entendent sur un mandat pour que tout aille bien. Or ce n'est pas toujours si facile.

À l'intérieur de la direction des communications, la réalisation du plan peut être confiée à une seule personne. Mais ce n'est pas l'idéal. On ne confie pas à une seule personne de lourdes responsabilités comme celle de changer l'image ou de faire accepter de nouvelles orientations. S'il faut certes un seul maître d'œuvre, c'est en équipe que l'on réalise un plan de communication complexe. Et il appartient au maître d'œuvre du plan de s'entourer des personnes qui possèdent le mieux les informations et les expertises pertinentes.

Plusieurs entreprises de toutes tailles ont décidé de faire la majorité de leur campagne à l'interne et de ne confier que certaines tâches spécifiques à des spécialistes extérieurs, comme le placement média ou la création. Il appartient donc à la direction des communications de décider d'avoir recours ou non à une firme-conseil pour l'aider à réaliser, en tout ou en partie, le mandat. Lorsqu'elle décide de réaliser seule le mandat, les étapes à suivre ne revêtent pas la même importance que si elle décide d'avoir recours à une agence ou une firme-conseil. Car, dans ce cas, elle doit d'abord sélectionner celle-ci et lui remettre les outils et les documents nécessaires pour qu'elle puisse mener à bien les tâches qu'on lui confiera.

À cette étape, Saucier (1996, p. 9) rappelle qu'avant de se lancer dans une vaste opération il faut s'assurer de disposer des ressources nécessaires. «De combien de personnes pouvez-vous compter pour mener votre opération ? Ces personnes seront-elles disponibles au moment voulu ? disposées à travailler ? efficaces dans les domaines où vous avez besoin de compétences... ?»

Le recours à une firme-conseil

La firme-conseil peut jouer plusieurs rôles. Elle peut être appelée à définir le mandat dans certaines circonstances. Dans ce cas, l'entreprise engage une agence directement et lui dit : nous avons un problème, mais nous avons du mal à le cerner. L'agence peut alors faire un audit de l'entreprise pour connaître le problème. Mais elle est le plus souvent appelée à réaliser le mandat qui a été formulé par l'entreprise. Pour ce faire, elle devra obtenir le contrat, d'où la nécessité de se plier au jeu des « présentations d'agence ». Dans celle-ci l'agence devra requestionner le mandat, le valider ou le réorienter. C'est un des critères de sélection : la compréhension du problème par l'agence.

Le firme peut aussi travailler en collaboration directe avec la direction des communications. On demande alors à cette firme d'aider le maître d'œuvre désigné à l'interne à réaliser le plan de communication. Certaines parties du plan sont alors exécutées à l'interne et d'autres à l'externe.

Le plan peut aussi être entièrement confié à une agence, mais il faut laisser le temps à celle-ci de se familiariser avec l'entreprise et accepter d'investir les sommes nécessaires pour lui permettre de bien faire son travail.

Dans certaines circonstances, l'entreprise n'utilise l'agence que comme conseillère professionnelle. Le travail est fait à l'interne, mais le maître d'œuvre bénéficie des conseils et de l'expertise d'une firme externe.

Quel que soit le choix de l'entreprise, il est important que le maître d'œuvre connaisse parfaitement tous les rouages du déroulement d'un plan de communication.

Lorsque la décision a été prise de faire appel à des collaborateurs externes, que ce soit une firme de graphistes, de concepteurs, de relations publiques, de publicité ou de productions audiovisuelles, comment procède-t-on ?

❖ Les amis

Il arrive dans certaines circonstances que les autorités supérieures aient de bons amis dans le domaine des communications et « suggèrent » alors à leur direction des communications de solliciter l'appui d'une telle firme.

Il est possible aussi que la direction des communications possède elle-même de bons amis et qu'elle fasse affaire directement avec eux.

Dans le milieu professionnel des communications, il se forme avec les années des liens d'amitié et de connivence avec des personnes qui nous assurent la qualité finale des produits qu'elles livrent.

◆ LES APPELS DE SERVICE

On peut aussi faire un appel de propositions à différentes firmes-conseils. Parfois, les règles administratives de gestion obligent la direction des communications à demander des devis avant d'accorder des contrats pour s'assurer d'obtenir les plus bas prix ou les meilleurs services.

Les firmes appelées à soumissionner pour le contrat sont alors choisies en fonction de leur expérience antérieure et de leur réputation. En quelques occasions, les entreprises font un appel ouvert à toutes les firmes-conseils en communication qui souhaiteraient obtenir le contrat.

3.3 Le dossier d'information

Lorsque l'on choisit une firme-conseil, on doit se souvenir qu'il s'agit d'une entreprise de services à laquelle on doit donner un mandat précis. Bien souvent, elle connaît relativement peu l'entreprise alors que la direction des communications possède déjà de nombreuses informations qu'elle peut mettre à la disposition de l'agence.

Le dossier d'information est un outil utile à plusieurs titres. D'une part, lorsque plusieurs agences sont en compétition pour obtenir le contrat, l'entreprise sait qu'en remettant un tel cahier à chacune d'entre elles toutes partent sur le même pied.

D'autre part, l'entreprise n'aura pas à payer éventuellement pour la collecte de ces données, puisqu'elles sont fournies au départ à l'agence. Si l'entreprise ne présente pas ce dossier d'information, la première tâche de l'agence sera d'en constituer un. Cette situation occasionne alors des frais additionnels peu rentables, car l'entreprise paiera pour que la firme recueille des informations qu'elle connaît déjà. Pour une agence, monter un dossier d'information nécessite de nombreuses heures de travail, des réunions, des rencontres, des déplacements. Or une bonne partie de ce travail peut être fait à l'interne à moindre coût.

Enfin, lorsque vient le temps de prendre des décisions, les risques d'erreurs sont proportionnels à l'absence des données pertinentes. Ainsi, la direction des communications de l'entreprise a tout intérêt à constituer un dossier complet destiné à chaque agence intéressée au projet.

◆ LE CONTENU DU DOSSIER D'INFORMATION

On peut dire que le dossier d'information doit traiter de tous les points d'un plan de communication, c'est-à-dire :

— préciser le mandat à réaliser ;
— fournir les raisons qui ont poussé l'entreprise à entreprendre cette campagne : c'est la justification du mandat ;
— donner tous les renseignements pertinents sur l'organisation, ses produits, ses publics, son environnement et ses activités antérieures de communication ;
— préciser les clientèles et les objectifs visés ;
— proposer, s'il y a lieu, des axes ou des stratégies souhaitées ;
— établir le budget que l'on compte allouer à la campagne ou tout au moins fournir un ordre de grandeur de ce que l'on est prêt à investir ;
— préciser l'échéancier ;
— et exiger qu'une forme d'évaluation soit proposée.

On ne demande pas à l'agence de tenir pour acquis toutes les informations qui lui sont fournies. Son rôle sera de les interroger, de les faire parler. Mais ces données constituent un point zéro à partir duquel il sera possible de construire la campagne.

Il sera plus facile de comprendre ce que doit contenir le dossier d'information après avoir pris connaissance de toutes les étapes d'un plan de communication.

L'exemple 4 présente une table des matières d'un dossier d'information.

Exemple 4

MODÈLE D'UNE TABLE DES MATIÈRES D'UN DOSSIER D'INFORMATION

TABLE DES MATIÈRES

1. Historique
    1.1 Les programmes existants
    1.2 La disparition des subventions
    1.3 La relance

2. Mise en situation
    2.1 Mission de l'entreprise
    2.2 Présentation du programme
    2.3 Les programmes antérieurs
    2.4 Rappel des objectifs des campagnes antérieures
    2.5 Les résultats de ces campagnes
    2.6 Évaluation des campagnes antérieures

3. La problématique
    3.1 Les employeurs
    3.2 Les étudiants

4. Axe de communication proposé

5. Objectifs de communication

6. Les clientèles cibles

7. Les marchés cibles

8. La stratégie d'intervention

9. La conception

10. Mandat des intervenants
    10.1 La direction des communications
    10.2 L'agence
    10.3 Les directions concernées à l'intérieur de l'entreprise
    10.4 Les directions régionales

11. Le budget

12. Le calendrier

13. Les références

3.4 Le cahier de charge

Le cahier de charge est différent du dossier d'information, car il contient, non plus le problème à gérer, mais les règles du jeu auxquelles doivent se soumettre les firmes participantes. On ne parle plus de contenu, mais de règles. On appelle aussi ce cahier le devis de présentation. On y précise les attentes de l'entreprise face à la firme et on énumère toutes les conditions techniques requises pour obtenir le contrat.

◆ LES RENSEIGNEMENTS SUR L'AGENCE

- Depuis combien de temps l'agence existe-t-elle?
- Qui sont ses clients?
- Quel est son chiffre d'affaires?
- Quel est le parcours professionnel des personnes qui auront à travailler sur le contrat?
- Quelle est l'expérience antérieure de la firme avec un mandat de ce type?

◆ DES PRÉCISIONS SUR LES TÂCHES À ACCOMPLIR

- La compréhension du problème
- Les objectifs et les cibles à rejoindre
- L'axe de communication
- Les stratégies
- Les techniques, les médias et les supports
- La répartition budgétaire proposée
- Les modalités d'évaluation

◆ DES PRÉCISIONS SUR LES RÈGLES DU JEU

- La date ultime et le lieu où doivent parvenir les soumissions.
- Les conditions de rémunération auxquelles s'engage l'entreprise pour le travail de présentation des agences.
- Le fait que l'entreprise ne s'engage pas nécessairement à prendre le plus bas soumissionnaire ni obligatoirement une des agences représentées.

Ce cahier de charge se distingue du contrat qui sera signé ensuite avec la firme retenue.

L'exemple 5 présente la table des matières d'un cahier de charge.

Exemple 5

Cahier de charge
TABLE DES MATIÈRES

PAGE

Exemple 5 (suite)

3.5 L'absence de cahiers

La confection d'un dossier d'information et d'un cahier de charge demeure le lot des grandes entreprises. Mais très souvent, pour les petites ou moyennes entreprises, ni l'un ni l'autre n'existent.

Ainsi, une entreprise pourra demander à l'agence de définir le mandat en lui faisant part d'un malaise ou d'une préoccupation et en lui demandant de fouiller cette avenue et de présenter des propositions. Il faut savoir que, dans ces circonstances, une agence sérieuse devra investir beaucoup de temps et d'énergie, donc d'argent, pour préparer le dossier d'information et formuler le mandat.

Lorsqu'une entreprise propose une campagne sans mandat précis à une agence, en passant par-dessus la tête de sa direction des communications, celle-ci peut se sentir frustrée d'avoir été ignorée dans la phase initiale et risque de pratiquer une certaine forme de rétention d'information. Ceci rend la tâche de l'agence plus fastidieuse et plus onéreuse.

Ainsi, l'agence pourra découvrir, mais trop tard, que les études qu'elle s'apprêtait à faire existent, que des expériences antérieures ont révélé que certaines pistes à suivre devaient être éliminées, etc.

Un mandat clair, un dossier d'information complet et un cahier de charge bien fait évitent de nombreuses ambiguïtés.

3.6 Le temps requis pour faire un plan de communication

Un plan de communication peut s'élaborer dans une journée, dans une semaine, dans un mois, dans un an. Tout dépend de l'ampleur du problème à résoudre et du temps dont on dispose.

Lors d'une catastrophe, d'une crise, d'une situation d'urgence, il faut réagir rapidement. On élabore instantanément des solutions ou l'on s'appuie sur un plan de crise qui a été réalisé antérieurement.

Lors d'une préoccupation plus continue dans le temps, plus on met de temps à préparer un plan de communication soigné, plus les solutions seront adéquates. Si l'on peut se contenter de deux semaines à un mois pour de petites campagnes, ce qui peut paraître très court dans certaines circonstances, les grandes campagnes demandent des mois de recherches et de réflexion avant d'aboutir.

Il arrive dans certaines circonstances qu'une entreprise se rende compte qu'elle vit un problème, mais qu'elle en ignore les causes. Il faut donc mettre du temps pour connaître ces causes avant d'avancer une solution. Plus la recherche des causes sera finement réalisée, plus les solutions paraîtront adéquates.

Habituellement toutefois, tant les agences que les directions de communications constatent que les échéanciers sont toujours trop courts et que les campagnes doivent se faire en escamotant certaines étapes, faute de temps ou d'argent.

4. LE CHOIX D'UNE FIRME-CONSEIL

Dans le cas où le mandat à réaliser est dévolu à une firme-conseil, que ce soit par l'arbitraire du pouvoir ou par la décision de la direction des communications, il faut maintenant procéder au choix de la firme. Or, ce choix nécessite la connaissance de quelques règles préalables que nous allons vous présenter.

4.1 Avoir le mandat de négocier

Dans toutes les agences, on raconte l'histoire de ce client qui est venu proposer la réalisation d'un plan de communication. Mais lorsqu'est venu le temps de faire approuver les premiers devis budgétaires, donc après que le travail eut été commencé, l'agence se rend compte que l'individu n'avait pas le mandat d'engager des fonds au nom de son entreprise.

Il s'agit là d'une exception, mais vaut mieux s'assurer que toutes les approbations ont été obtenues avant de s'engager dans une avenue qui risque d'être embêtante pour le professionnel qui n'assure pas ses arrières.

4.2 Nommer un seul responsable de projet

L'entreprise, comme l'agence, ne doit avoir qu'un seul chargé de projet, c'est-à-dire un seul interlocuteur officiel qui a le mandat de gérer le projet et de faire le lien entre l'entreprise et l'agence.

Il y a des structures de communication où le même individu est appelé à tout faire. Il devient donc automatiquement le chargé de projet. Mais, dans les structures un peu plus complexes où les tâches sont morcelées, on confie le mandat de gérer le plan à un individu en particulier qui n'est pas nécessairement le directeur des communications.

Ce chargé de projet aura alors la tâche de faire le lien entre l'entreprise et l'agence, c'est-à-dire de suivre et d'approuver toutes les étapes, tout en surveillant de façon scrupuleuse les dépenses de l'agence pour éviter les dépassements de budget.

Le rôle de ce chargé de projet est d'autant plus important qu'il arrive dans les entreprises, au fur et à mesure de l'avancement du plan de communication, que divers employés souhaitent intervenir sans en avoir l'autorisation et sans qu'ils soient sur la même longueur d'onde que le chargé de projet. Pour éviter à l'agence de trancher pour savoir avec qui elle doit négocier, le nom du chargé de projet figure dans le contrat initial et, à moins d'avoir été révoqué par écrit, c'est lui seul qui représente l'entreprise.

Il en est de même à l'intérieur de l'agence, qui nommera un chargé de projet unique pour intervenir avec l'entreprise. Les deux chargés de projet auront le mandat de faire respecter le contrat et de cheminer ensemble pour la réalisation du plan de communication, ce qui nécessite une grande confiance mutuelle et une certaine complicité entre les deux personnes. Sinon, chacun se sentira obligé de surveiller l'autre plutôt que de l'épauler dans la réalisation des tâches. Lorsque les liens se dégradent entre les deux chargés de projet, habituellement, d'un commun accord, l'un des deux cède sa place à un autre intervenant de son entreprise.

Les deux parties devront s'entendre sur les conclusions de toutes les étapes du plan de communication, à commencer par le mandat à réaliser et le diagnostic à poser.

Pour éviter toute ambiguïté dans les échanges entre les deux chargés de projet, les agences prennent l'habitude de présenter au client des procès-verbaux de toutes les réunions dans lesquels sont inscrits toutes les décisions, tous les changements convenus et toute piste nouvelle qui est proposée. Ces procès-verbaux sont expédiés par télécopie et l'entreprise cliente est présumée être d'accord avec ces éléments, à moins de se manifester dans les 24 heures suivants la réception du message.

Les chargés de projet doivent également apposer leur signature d'approbation à toutes les étapes décisives du plan. Ceci permet de s'assurer que l'entreprise cliente a bien contrôlé chacun des éléments du plan de communication.

4.3 Arrêter les budgets

Il y a plusieurs façons de procéder pour déterminer les budgets que nécessite la réalisation d'un plan de communication. Dans un premier temps, l'entreprise peut demander à l'agence d'évaluer combien coûterait une campagne pour résoudre le problème soulevé. Il faut toutefois préciser à l'agence que le projet devra être ventilé de façon à ce que l'on puisse choisir seulement certains éléments si les budgets requis pour réaliser l'ensemble de la campagne ne peuvent pas être débloqués.

Une autre façon, c'est de proposer un montant fixe et de demander aux différentes agences ce qu'elles pensent pouvoir réaliser avec ce montant. Ces montants sont alors arrêtés selon la marge budgétaire disponible et les expériences antérieures d'activités du même genre. Pour établir un budget, il faut donc avoir une connaissance de base des opérations requises dans un plan de communication, savoir évaluer le coût des différentes productions et de la main-d'œuvre requise pour arriver à ses fins.

Les petites entreprises et les organisations à but non lucratif disposent habituellement de peu de budget ou ont du mal à vraiment évaluer le coût d'une campagne d'information. Ce qu'il faut savoir, dans tous les cas, c'est qu'il faut vraiment se fixer un budget dès le départ, quitte à le modifier en cours de route si on se rend compte qu'il est insuffisant. Il est plus facile d'allonger un budget pour des activités de communication additionnelles, que de réduire un plan construit de façon équilibrée parce qu'on n'a pas les fonds pour le réaliser.

4.4 Sélectionner les agences à contacter

On sélectionne les agences en fonction d'un certain nombre de critères :

- l'importance du plan à réaliser : est-il utile d'avoir recours à une grande agence qui possède de multiples ressources à sa disposition ?
- le budget alloué : avec un petit budget, est-il mieux de se replier sur une petite ou une moyenne agence où les frais généraux et les tarifs horaires sont moins élevés ?
- l'expérience passée : a-t-on déjà travaillé avec une agence qui connaît bien l'entreprise, avec laquelle on a développé une certaine complicité ? C'est plus facile de construire sur cet acquis que de repartir à zéro ;
- la recherche de la nouveauté : a-t-on envie d'essayer une agence montante, dynamique, qui a le vent dans les voiles et qui peut apporter une brise de fraîcheur dans la façon de voir les problèmes et de les solutionner ?

À partir de ces critères, l'entreprise présélectionne trois ou cinq agences auxquelles elle demande de réfléchir sur le dossier d'information et le cahier de charge, chacune d'entre elles devant ensuite faire une proposition de services.

Dans certaines circonstances, l'entreprise peut faire dans les journaux un appel d'offres ouvert à toutes les firmes. Elle effectue une présélection selon les dossiers pour n'en retenir que quelques-unes pour la présentation finale.

4.5 La présentation

Lorsque les agences ont été sélectionnées pour étudier le cahier de charge et le mandat, l'entreprise organise à l'intention de l'ensemble des agences une présentation du projet. C'est ce qu'on appelle le *briefing* des agences. On explique à chacune le mandat, les éléments contenus dans le dossier d'information et le cahier de charge. C'est également à ce moment que l'on répond aux interrogations des agences.

Exemple 6   Bombardier : présentation d'agence

marketing

Histoire d'un pitch

Pourquoi le compte des avions d'affaires de Bombardier n'a pas été attribué.

Par Romain Bédard

Mi-février, ce fut la stupéfaction dans le milieu des agences. Bombardier annonçait alors qu'elle n'attribuerait le compte de sa division Avions d'affaires (estimé à 10 millions $) à aucune des agences finalistes en *pitch*. En outre, l'entreprise montréalaise annonçait qu'elle se chargerait elle-même de définir sa stratégie de communications, en faisant appel à de petites agences pour le côté créatif.

La présentation, qui a duré près de six mois à partir du *briefing* initial, a tenu tout le monde en haleine, à commencer par les trois agences finalistes: McCann-Erickson Worldwide (dirigée par Marketel, de Montréal), J. Walter Thompson, de Chicago, et The Richards Group, de Dallas.

Le cas de Bombardier suit de près celui de Purolator, qui a aussi défrayé la manchette en début d'année. Après avoir rejeté les propositions de trois agences finalistes lors d'un *pitch*, Purolator décidait d'inviter la quatrième agence sur sa liste, Doner Schur Peppler, de Toronto, à présenter. Quelques semaines plus tard, l'agence remportait le compte.

De tels exemples ramènent sur le plancher le vieux débat sur la nécessité des *pitches* créatifs. Les agences qui participent à ces *pitches* dépensent parfois des milliers de dollars pour soumettre des projets de création originaux. L'an dernier, l'Association des agences de publicité du Québec (AAPQ) s'était élevée publiquement contre cette pratique.

«Je sais que c'est un grand débat dans le domaine de la publicité, dit Ahmed Galipeau, chef de service, relations publiques et communications, de Bombardier. *Nous sommes conscients des coûts reliés à ce type de présentation. Mais pour nous, il fallait absolument que les agences démontrent leur capacité à remplir un tel mandat.»*

En juillet, à la veille d'aller en *pitch*, les enjeux sont énormes pour Bombardier. Et la conjoncture, complètement différente. Par le passé, les deux principaux groupes d'avions d'affaires de Bombardier, Learjet et Canadair, fonctionnaient comme deux entités complètement séparées. Les Learjet 31, 45 et 60 étaient mis en marché et vendus par une équipe de Wichita (Kansas), tandis que les avions Canadair – le Challenger et

le tout nouveau Global Express – l'étaient par une équipe de Montréal. Learjet faisait appel à une agence de Dallas, The Richards Group. À Montréal, les agences du réseau J. Walter Thompson détenaient le compte de Canadair depuis 1984.

Tout cela a changé lorsque Bombardier a adopté une nouvelle structure. *«Il y a eu une réorganisation en profondeur, dit Ahmed Galipeau. Maintenant, c'est la même équipe qui commercialise et met en marché les deux types de produits. Il nous fallait donc une stratégie unique.»*

À cela s'ajoute la venue de concepts innovateurs dans le marketing des avions d'affaires. Bombardier a ainsi développé le Total Transportation Solution (TTS), une approche de mise en marché qui vise, d'une part, à élargir la clientèle potentielle pour les avions d'affaires et, d'autre part, à mieux positionner les différents services du fabricant d'avions.

«Il existe un marché énorme aux États-Unis pour ce que l'on appelle la multipropriété, dit Ahmed Galipeau. Une grosse PME qui ne peut acheter un avion Challenger à 20 millions $ peut certainement s'en ▶

marketing

payer la moitié ou le quart. Nous avons identifié au moins 5 000 clients potentiels: la plupart sont des gestionnaires de PME américaines qui doivent se déplacer fréquemment, mais dont les bases ne sont pas nécessairement situées dans les grands centres.» En plus de la vente de multipropriété, le plan TTS comprend un service de nolisement d'avions d'affaires.

À la suite de la réorganisation, la division Avions d'affaires de Bombardier a aussi récupéré les services d'entretien et de finition destinés aux propriétaires d'avions d'affaires.

«Nous avons regroupé cinq entités autonomes sous une même organisation, dit Ahmed Galipeau. Cela donne une idée du travail qui attendait l'agence de publicité. Il nous fallait une agence capable de nous guider dans la mise en marché des différentes composantes de la nouvelle division.»

**Ahmed Galipeau,
de Bombardier.**

À la mi-août, l'équipe de Bombardier avait retenu sept agences: en plus de J. Walter Thompson, McCann-Erickson Worldwide et The Richards Group, on retrouvait Cossette Communication-Marketing et BCP (qui n'avait pas encore été achetée par le groupe français Publicis), toutes deux de Montréal; Keiler & Co., de Hartford (Connecticut) et Team One Advertising, d'El Segundo (Californie).

La première étape du *pitch* consistait à présenter un plan stratégique de communications, avec position-

nement souhaité et solutions aux différentes problématiques. *«Pas de création pour cette première ronde, dit Ahmed Galipeau. Nous avons toutefois dit aux agences que nous allions sélectionner deux ou trois d'entre elles pour la deuxième ronde, qui comporterait de la création.»*

Il arrive que des clients proposent de compenser financièrement les agences en *pitch créatif. «Dès le départ, nous avons prévenu les agences qu'il n'allait pas y avoir de compensation, dit Ahmed Galipeau. C'était clair pour tout le monde.»*

Début octobre, les trois agences finalistes sont choisies. Mais une série de délais, occasionnés en grande partie par la tenue du Salon aéronautique de la National Business Aircraft Association, à la mi-novembre, retardent la décision finale jusqu'en février. *«L'équipe de Bombardier qui travaillait sur le pitch était aussi responsable de l'organisation du salon qui est, dans le domaine des avions d'affaires, le plus gros et le plus important, dit Ahmed Galipeau. Tout cela nous a retardés d'environ six semaines. Nous avons peut-être été un peu ambitieux au départ dans notre échéancier. Je sais que cela a été difficile pour les agences.»*

Sûrement pas autant que la décision finale. Refusant de retourner en *pitch,* Bombardier décide d'assumer à l'interne tous les aspects de la communication. *«Les présentations des agences étaient de très grande*

qualité, dit Ahmed Galipeau, mais aucune ne comblait nos attentes, dans le sens où nous voulions absolument sortir des sentiers battus. Dans notre domaine, les publicités finissent toutes par se ressembler. Nous voulions vraiment nous démarquer. Nous nous attendions à voir du jamais vu...»

Bien que le nouveau plan de communications ne soit pas entièrement fixé, des efforts de marketing direct importants sont à prévoir. *«On connaît très bien nos produits et nos clients, dit Ahmed Galipeau. Pour le Global Express, on sait qu'il n'y a pas plus de 800 clients potentiels dans le monde. Est-ce qu'on va continuer d'acheter des doubles pages dans le Wall Street Journal? Non. Cet argent servira à investir davantage dans d'autres moyens de communications.»*

Quel message la décision de Bombardier envoie-t-elle aux agences? Ahmed Galipeau ne croit pas qu'il faille lui donner une portée excessive. Il est toutefois d'avis que le domaine de la publicité est arrivé à un tournant. *«Le nombre de médias a littéralement explosé au cours des dernières années et j'ai l'impression qu'on a atteint un plateau en matière de créativité, dit-il. Il est temps de faire table rase et de changer la façon conventionnelle de faire de la publicité. Dans notre cas, cela signifie qu'il faut parler d'un à un avec les clients.»* ∎

Des pubs hautes en couleur

Bleu
TÉLÉ-QUÉBEC

Blanc

Rouge
ÉDUC'ALCOOL

S.W.A.T.

Les agences partent ensuite avec ce bagage et reviendront présenter une à une, devant un jury, le résultat de leurs réflexions. C'est ce qu'on appelle le *pitch* ou la présentation. Il en existe deux types : la présentation d'agence et la présentation dite spéculative. La première permet à l'agence de présenter son équipe, ses méthodes de travail, son expérience antérieure, son mode de rémunération. Dans ce type de présentation, l'agence en principe ne fait pas de recherches spécifiques sur la campagne et n'est jamais rémunérée pour ce travail.

La deuxième oblige la firme à réaliser un véritable plan de communication, avec les objectifs, l'axe, la stratégie, la création. Les agences arrivent donc avec un produit semi-fini. Dans ce cas, les agences peuvent recevoir un montant forfaitaire pour couvrir une partie des coûts, mais ce n'est pas toujours le cas, comme nous le montre l'exemple 6.

Lors de ces présentations, il appartient au jury de se doter de critères pour être capable de sélectionner l'agence qui a le mieux répondu au cahier de charge soumis. L'exemple 7 présente une grille d'évaluation utilisée pour le *choix d'une agence*, lors d'une activité de présélection. Selon l'importance que l'entreprise souhaite accorder à un aspect ou à un autre de la grille, il lui est possible d'accorder un taux de pondération différent pour chacun des éléments. Habituellement, ces taux varient de 1 à 5.

Lorsque les agences viennent présenter leurs projets de plan de communication, on utilise une grille d'évaluation pour le *choix d'un plan*, comme l'illustre l'exemple 8.

Que cherche l'agence par sa présentation ? Convaincre l'entreprise qu'elle est la mieux préparée pour obtenir le contrat et réaliser le mandat proposé. Pour ce faire, elle remettra à l'entreprise un document dans lequel toutes les étapes du plan auront été élaborées, elle présentera verbalement le projet aux membres du jury et elle pourra présenter tout matériel écrit ou audiovisuel pouvant illustrer les différentes propositions du plan.

Le document sera présenté de façon à démontrer qu'il répond le plus exactement possible aux objectifs généraux énoncés, il créera le thème général de la campagne et proposera les stratégies les plus appropriées.

Exemple 7

Choix d'une agence

Évaluation

☐ Pré-sélection ☐ Sélection

Ministère ou organisme : _____ Responsable : _____ Évalué par : _____

A _____
B _____
C _____

D _____
E _____
F _____

G _____
H _____

Facteurs d'évaluation	Taux de pondération	A Note	A Total	B Note	B Total	C Note	C Total	D Note	D Total	E Note	E Total	F Note	F Total	G Note	G Total	H Note	H Total
Qualification des principaux membres de la firme et de professionnel autonome	5																
Expérience et degré de connaissance dans le type de projet concerné	4																
Capacité de production	4																
Disponibilité au moment de l'octroi du contrat	2																
Proximité du lieu des travaux	2																
Valeur des honoraires versés par le gouvernement depuis 2 ans	2																
Laps de temps écoulé depuis l'octroi du dernier contrat par le gouvernement	1																
Sous-total																	
Qualité des travaux exécutés	5																
Respect des budgets alloués	5																
Respect des échéanciers	5																
Collaboration avec les intervenants	5																
Sous-total																	
Pointage final																	

Exemple 8

Choix d'un plan

Gouvernement du Québec
Ministère des Communications
Répertoire des agences de publicité

Ministère ou organisme		Responsable		Évalué par :		Date :

Évaluation finale

Nom de l'agence

Facteurs d'évaluation	Taux de pondération	Note	Total	Note	Total	Note	Total
Compréhension du problème et de l'objectif	4						
Création et conception	4						
Média	3						
Clientèle cible	2						
Personnel de la firme	2						
Réalisme du budget	2						
Qualité générale de la présentation, plan de travail et échéancier proposés	2						
Proposition de rémunération	1						

4.6 L'agence retenue

L'agence retenue sera celle qui a donné l'impression de mieux saisir le problème, d'avoir eu le plus d'expérience heureuse pour résoudre ce type de problèmes, d'avoir les meilleures idées pour faire face au mandat qui lui a été proposé et de bénéficier des meilleures ressources pour ce faire.

Il arrive qu'on retienne une agence parce que l'on croit qu'elle a le mieux saisi la préoccupation de l'entreprise, mais que l'on ne s'engage pas pour autant à retenir les concepts qui ont été proposés dans son plan initial.

Dans certaines circonstances, l'entreprise ne retiendra aucune agence et décidera de réaliser à l'interne son plan de communication (voir exemple 5).

4.7 La durée du mandat

On peut retenir une agence pour la réalisation d'une seule campagne ou pour la réalisation de tous les mandats durant une période donnée, comme pendant un, deux ou trois ans.

Une nouvelle tendance, qui se dessine toutefois, consiste à engager, sur une base continue, une agence pour réaliser toutes les activités de communication d'une entreprise. Ainsi, au lieu d'avoir une direction des communications à l'interne, on engage une agence comme direction des communications. Le terme anglais pour exprimer cette passation de pouvoir est *outsourcing* et on le traduit en français par impartition.

4.8 Le contrat avec l'agence

Un plan de communication, qu'il soit réalisé à l'interne ou à l'externe, doit pouvoir aider une entreprise à faire face à ses responsabilités. De ce fait, il faut qu'elle en contrôle le déroulement. Si le mandat se réalise à l'interne, les structures d'autorité et de hiérarchie lui permettent de garder un œil vigilant sur la bonne marche du processus.

Si le mandat est confié à une agence, il faut alors préciser, dans un contrat bien articulé, toutes les conditions qui doivent être respectées pour que l'entreprise s'assure que l'agence lui donnera ce dont elle a besoin. Un tel contrat mentionne les étapes où une approbation officielle sera exigée, les conditions de rémunération des employés et des partenaires de l'agence, les droits de propriété des images, des textes et de la musique qui seront présentés à l'entreprise.

5. LE MODÈLE DE PRÉSENTATION D'UN MANDAT

Il est utile, au début d'un plan, de rappeler le mandat tel qu'il a été formulé initialement. C'est en quelque sorte votre point zéro. Et il est intéressant de toujours se rappeler le but visé, la commande à remplir.

À partir du moment où le mandat est posé, vous allez ensuite l'analyser. Votre premier geste n'est pas d'exécuter le mandat, mais d'exercer un rôle-conseil. Avant de faire la campagne, il faut questionner le mandat, s'assurer que tout a été mis en œuvre pour que le problème à régler ou le défi à relever soit le bon. Les entreprises sont souvent de mauvais juges de leurs problèmes. Et leurs dirigeants, par mesure de diversion consciente ou inconsciente, peuvent être amenés à voir des problèmes là où il n'y en a pas et à ne pas vouloir voir ceux qui paraissent évidents.

La page concernant le mandat devrait contenir les éléments suivants :

— le titre : « Le mandat » ;
— celui qui a fait la demande ;
— celui qui va la réaliser ;
— l'objectif global de la campagne ;
— le budget qui a été proposé.

Le texte pourrait contenir les éléments suivants :

— le marché cible à atteindre ;
— le délai qui lui est imparti.

Le mandat est aussi appelé, dans le milieu des communications, la problématique. Quel est le problème confié à l'agence ?

Voici quelques exemples de mandats.

Exemple 1 : UN MANDAT CONCERNANT LA VISIBILITÉ

L'Institut de recherche sur la nouveauté a mandaté Préambule communication pour la réalisation d'un plan de communication visant à augmenter la notoriété, la visibilité et le rayonnement de cette institution.

L'Institut veut obtenir d'ici cinq ans le statut de partenaire prioritaire pour toute démarche de nouveauté dans les entreprises.

L'Institut dispose d'un budget de 10 000 $ pour la première année de la campagne et souhaite convaincre les PME dans un premier temps.

Si le mandat se réalise à l'interne, la première phrase pourrait se libeller ainsi : «L'institut de recherche sur la nouveauté a mandaté sa direction des communications...»

Exemple 2 : UN MANDAT CONCERNANT L'IMAGE

Le plan directeur de l'entreprise constate que, malgré une image favorable, l'entreprise est mal connue. Afin de la faire connaître et d'assurer la promotion de son image auprès de ses diverses clientèles qu'elle désire rejoindre, le plan directeur recommande que :

«Soit préparé, par la direction des communications, un plan de communication basé sur une vision à long terme et visant à faire connaître sa mission, ses forces, ses besoins et ses contraintes et à bien saisir les attentes et les perceptions de ses partenaires, d'une part, et à bien faire comprendre les rouages de son organisation pour ceux qui ont à intervenir dans son bon fonctionnement, d'autre part».

Exemple 3 : UN MANDAT CONCERNANT LA THÉMATIQUE

Depuis longtemps, l'entreprise s'est dotée de moyens pour communiquer avec ses divers publics internes et externes. Tous ces moyens contribuent à diffuser une image favorable.

Ces moyens toutefois ne sont pas animés par une thématique commune. L'absence de thème central dans les diverses activités de communication nuit à l'efficacité de son image auprès de ses divers publics cibles. Ainsi, une meilleure trame thématique de l'ensemble des moyens de communication s'impose.

EXEMPLE 4 :   UN MANDAT CONCERNANT UN ÉVÉNEMENT

Le groupe Prisme communication a le mandat de proposer au comité organisateur de la Journée internationale des musées un plan de
communication. Ce plan de communication vise essentiellement à réaliser ce qui suit :

- Accroître la notoriété et le rayonnement des institutions
  muséales ;
- Faire connaître le réseau des musées à la population ;
- Favoriser l'achalandage des petites et moyennes institutions ;
- Donner le goût de fréquenter les musées pendant l'année
  entière.

Le budget disponible à la réalisation de ce plan de communication
est de 20 000 $, montant n'incluant pas la contribution des commandi-
taires.

EXEMPLE 5 :   UN MANDAT CONCERNANT
              LA COMMUNICATION INTERNE

L'épicerie ALIMENTS NOUVEAUX souhaite modifier l'attitude
des employés pour qu'ils se comportent comme si le magasin leur ap-
partenait et induire le réflexe marchand en eux. Trop d'employés ne se
sentent pas concernés par les résultats ou la performance du magasin.
Ils se contentent de faire leur travail alors qu'ils devraient se comporter
comme des gens responsables des résultats de leur travail.

Ou encore :

La Fédération désire créer un nouvel état d'esprit entre ses diverses
composantes et le bureau chef.

La Fédération souhaite l'émergence d'une nouvelle dynamique professionnelle entre ses membres.

La Fédération, depuis quelques années, vit de graves problèmes de
crédibilité auprès de ses membres. Ce cycle négatif a atteint son point
culminant lorsque la Fédération est tombée en faillite. La Fédération
vise à rétablir la confiance de ses membres envers leur organisation.

Ou encore :

Le village veut mettre en place une communication visant à améliorer son image afin de développer une fierté d'appartenance et un esprit
de corps chez ses habitants.

6. L'AVANT-PROPOS

La présentation du mandat se fait dans un avant-propos, un préambule ou une introduction. Les trois termes sont utilisés indistinctement.

L'avant-propos peut comprendre divers éléments, mais seul le rappel du mandat est essentiel. Ces éléments sont les suivants, l'ordre de présentation de ces informations importe peu mais, si l'on veut traiter de l'un ou l'autre de ces éléments, c'est ici qu'il faut les insérer.

— un mot d'introduction ;
— le mandat ;
— l'entreprise ;
— la préoccupation ;
— l'agence ;
— la démarche ;
— un aperçu du plan ;
— les remerciements.

L'avant-propos est donc une mise en contexte du plan de communication qui va suivre.

Voici des exemples de chacun de ces éléments.

6.1 Exemple d'introduction

L'Agence Préambule (ou la direction des communications de l'entreprise X, ou le consultant) propose dans le présent document une avenue de communication qui constitue l'aboutissement de plusieurs jours et semaines d'études et de réflexion.

Le succès de la campagne dépendra, en particulier, de la mobilisation et de l'enthousiasme de tous les acteurs qui, chacun selon ses compétences, jouera un rôle essentiel dans l'explication et la mise en œuvre des décisions adéquates pour la réussite du mandat.

Il s'agira, entre outre, de fixer les temps forts de la communication qui prépareront et accompagneront chacune des étapes de la transition, en direction des publics spécialisés, des relais et du grand public.

6.2 **Exemple de la préoccupation**

On pose ici le problème à régler, la problématique à résoudre. On replace le problème à résoudre dans un contexte général plus vaste. Ainsi, s'il s'agit du redressement de l'image d'une entreprise, l'avant-propos peut d'abord brosser, en quelques lignes, l'importance de l'image pour toute entreprise. S'il s'agit d'une question d'environnement, l'avant-propos peut traiter de l'importance de la protection de l'environnement pour la préservation de l'univers.

EXEMPLE 1 :

À leur création en 1971, les Centres locaux de services communautaires (CLSC) devaient révolutionner le système de la santé. Cette initiative du gouvernement Bourassa devait faire de la santé publique un projet global. On y ferait du curatif mais aussi de l'éducation et de la prévention et cela, en regard des besoins spécifiques de chaque milieu où se trouve un CLSC.

Vingt ans plus tard, cette mission demeure, mais on veut maintenant faire des CLSC la véritable porte d'entrée du milieu de la santé au Québec. Cependant, les règles qui permettront à chaque institution d'assumer pleinement son rôle, de même que les budgets alloués par le gouvernement, ne sont pas encore clairement établies.

EXEMPLE 2 :

L'Association nautique de la Baie X a un problème de notoriété. Son faible taux d'achalandage réside dans le fait que le site est mal connu de la population, que son accessibilité et sa visibilité sont réduites. De plus, la mauvaise qualité de l'eau enlève de la crédibilité au site de la plage.

EXEMPLE 3 :

La série de conférences internationales sur le sida dont la première s'est tenue en 1985 a été lancée pour répondre au besoin pressant de passer en revue et d'échanger l'information disponible sur le sida lors d'une tribune internationale. Au début, le sida était considéré surtout comme un problème biomédical. Les dernières conférences ont cependant reconnu la nécessité de considérer le sida et l'infection par le VIH comme un phénomène social. La 5ᵉ Conférence internationale sur le sida sera la première à intégrer pleinement à son programme scientifique les dimensions biomédicales, sociétales, humaines, éthiques, légales, éducationnelles et économiques du sida.

EXEMPLE 4 :

Dans tout le monde occidental, et au Québec en particulier, l'école publique connaît une crise grave. Les enseignants se sentent dévalorisés aux yeux des pouvoirs publics, des médias, des parents et à leurs propres yeux.

Toutefois, on constate actuellement une vague de positivisme et une volonté parmi tous les partenaires de l'éducation de trouver un consensus pour bâtir une école de qualité.

Le ministère a décidé d'entreprendre une vaste campagne de communication, dont l'objectif fondamental est de revaloriser l'école auprès de tous les groupes cibles de la société.

Trop de parents estiment qu'ils cessent d'être responsables de l'éducation de leurs enfants, une fois que ces derniers sont à l'école. Le ministère de l'Éducation souhaite une plus grande collaboration des parents à l'école même.

6.3 Le mandat

Un plan de communication peut ensuite indiquer, de façon explicite, les conditions dans lesquelles a été proposé le mandat.

La direction des communications de telle entreprise a confié à l'agence X le mandat de réaliser une plan de communication avec le mandat suivant :

Notre agence a été choisie à la suite de l'appel d'offres lancé pour la réalisation d'un plan de communication portant sur les points suivants :

Et on reporte ici le mandat tel qu'il a été défini au point précédent.

6.4 L'entreprise

On présente ensuite, en quelques mots, l'entreprise pour laquelle le mandat sera réalisé. S'il n'est pas nécessaire de présenter les grandes entreprises, comme Bell, Hydro-Québec, McDonald's, il en est autrement de toutes les petites et moyennes entreprises et des innombrables organisations à but non lucratif qui ne sont guère connues.

Ainsi, quiconque lit le plan de communication peut situer, dès le début, le type et l'envergure de l'entreprise dont il s'agit.

6.5 L'agence

Suit une présentation de l'agence ou de l'équipe qui va réaliser le mandat.

Multicom est une jeune entreprise dynamique formée de spécialistes de communication d'horizons divers.

Tenant compte des objectifs, des ressources et du contexte de l'organisation, l'agence propose des mesures concrètes et réalistes qui pourront permettre l'atteinte des objectifs visés.

Nous croyons réunir l'équipe la plus expérimentée et la plus enthousiaste pour vous aider à transmettre à votre clientèle un fort sentiment de solidarité, tout en stimulant la responsabilisation de chacun pour faire face au problème.

En tant qu'individus, nous épousons la volonté politique visant à faire le changement prévu, ce qui nous permettra, en tant qu'agence, d'être pleinement à la hauteur du mandat. Une agence ne peut faire du bon travail que si elle croit au produit à diffuser.

Nous voulons faire partie de votre équipe, en tant que spécialistes en communication. Ce document devrait faire foi de toute la portée de notre engagement.

6.6 La démarche

L'introduction peut contenir un paragraphe ou deux pour expliquer en quoi consistera la démarche du plan de communication.

EXEMPLE 1 :

La nécessité d'un projet de communication naît de la différence entre une situation actuelle et une situation désirée. Loin de tout bouleverser, ce projet doit s'appuyer sur l'identité de l'organisation et mettre en valeur ses pôles d'intérêt. Il sera à l'écoute du personnel interne et devra considérer les attentes du public externe.

EXEMPLE 2 :

Afin d'élaborer notre diagnostic, nous avons utilisé quelques outils propres à l'audit de communication :
- l'enquête par questionnaire auprès de la population x
- des entretiens semi-directifs auprès du personnel... ;
- une analyse de contenu des médias.

Ces outils nous ont permis d'analyser la situation interne et externe de l'entreprise.

EXEMPLE 3 :

Dans un premier temps, afin d'avoir une vision précise de notre champ d'analyse, nous avons sélectionné une série de personnes représentatives de la population... susceptibles de donner un maximum d'informations tant sur l'institution que sur son fonctionnement. Nous avons donc procédé à des entretiens semi-directifs avec chacune de ces personnes, optant pour l'aspect qualitatif plutôt que quantitatif des informations.

Parallèlement à ces entretiens, nous avons travaillé avec les divers documents ainsi qu'avec les revues de presse. Cette première étape nous a permis de dégager les grands thèmes indispensables à toute analyse concernant la communication.

EXEMPLE 4 :

Un des premiers soucis de notre démarche, en vue de préparer un plan de communication pour l'entreprise, a été de nous donner une méthode rigoureuse d'analyse et d'écoute de l'institution.

Notre premier travail s'est d'abord concentré sur une recherche bibliographique et documentaire très large. Puis elle a été complétée par des entretiens personnalisés de type qualitatif avec des membres de l'institution, à tous les niveaux de hiérarchie. Enfin, elle s'est terminée par un sondage de façon à obtenir des données quantitatives sur la satisfaction ou l'insatisfaction de la clientèle visée.

À partir de ces données, nous avons établi un descriptif de l'état des lieux, suivi dans chacun de ses points d'un constat. Cet état des lieux se conclut par un bilan général des forces et des faiblesses de l'institution, notre diagnostic.

L'état des lieux n'est pas exhaustif. Deux raisons expliquent ceci : la première tient, bien sûr, au temps d'investigation qui nous était imparti. La seconde vient de notre volonté de ne pas nous trouver avec une masse documentaire trop importante qui aurait demandé des semaines de dépouillement et d'analyse.

Après l'analyse de la situation, viennent les objectifs, la clientèle cible et l'axe de communication, suivis des stratégies, du budget, du calendrier et des méthodes d'évaluation.

6.7 Aperçu du document

Cette partie résume le déroulement du plan proprement dit. Elle présente en quelques lignes les têtes de chapitre du document qui suit et précise que nous avons fait une analyse de la situation qui nous a permis de revoir le mandat, de redéfinir les priorités initiales, les objectifs, etc.

Exemple 1 :

Afin de proposer des moyens pour atteindre les objectifs retenus par l'organisation, il nous a fallu procéder, dans un premier temps, à une analyse de la situation qui nous permis de cerner l'identité de l'entreprise. La première partie de notre travail a donc consisté en une analyse fine de l'organisation en essayant de découvrir ses principales forces et faiblesses.

À partir de ces éléments de base, nous proposerons un plan de communication le plus adapté aux besoins et aux ressources de l'entreprise. Les finalités de cette stratégie seront de favoriser une communication interdisciplinaire, interservices et interpersonnelle, pour accroître la dynamique interne.

EXEMPLE 2 :

Le document présente, outre des propositions stratégiques et un positionnement, une approche créative et un plan d'actions complémentaires qui reposent principalement sur l'analyse de la situation actuelle de l'entreprise, sur l'évolution des entreprises du même secteur au cours des dernières années et sur un sondage réalisé au cours des derniers mois.

Précisément, nous allons :
- faire des recommandations au comité organisateur sur la notion même de la journée thématique ;
- établir les cibles à atteindre et les stratégies à élaborer selon les objectifs déterminés ;
- élaborer un plan média s'il y a lieu ;
- faire des recommandations quant à la production des différents outils de communication à mettre au point ;
- faire des recommandations quant aux outils d'évaluation du mandat.

EXEMPLE 3 :

Afin d'atteindre les objectifs, ce document propose des stratégies originales et colorées. Tout en respectant les moyens utilisés précédemment, l'agence vous propose des solutions mieux adaptées à vos besoins et à vos moyens, en plus de rejoindre efficacement un public cible.

En résumé, ce plan de communication vous propose un modèle à suivre, basé sur les constats des années passées. Il vous servira de guide et répondra à vos attentes pour les prochaines années.

EXEMPLE 4 :

Le présent plan de communication comprend trois parties qui, à partir d'un diagnostic, proposent un ensemble de solutions et de moyens d'action. La première partie présente une analyse de la situation actuelle. Dans la seconde partie, nous retrouvons des objectifs de communication, l'axe de communication et les stratégies de communication appropriées. Finalement, la troisième partie se compose des messages, des supports choisis, du budget ainsi que des modes d'évaluation...

6.8 Les remerciements

Enfin, l'introduction peut comporter des remerciements si la personne responsable du plan a bénéficié d'aide particulière qu'elle souhaite souligner.

EXEMPLE 1 :

La réalisation de ce travail aurait été impossible sans la précieuse collaboration de certains personnes. Nous tenons donc, avant de débuter, à les remercier. Et suit l'énumération des gens :

Merci à XX. Son expertise dans le domaine des... fut essentielle. Nous voulons aussi souligner l'amabilité avec laquelle elle a répondu à nos questions.

Merci au personnel du secrétariat qui a apporté son soutien et son apport technique...

EXEMPLE 2 :

Nous tenons à remercier toutes les personnes qui ont eu la courtoisie de nous recevoir et qui ont montré, par leur dynamisme, leur attachement à l'entreprise et qui nous ont livré de précieuses informations.

3

L'ANALYSE DE LA SITUATION

Vous avez reçu un mandat. Votre première activité n'est pas de réaliser le mandat, mais, à titre d'expert-conseil en communication, de questionner ce mandat. Car rien ne prouve que le mandat a été accordé après une profonde réflexion, des études sérieuses ou des enquêtes approfondies. Il faut d'abord s'en assurer, proposer les recherches nécessaires et analyser les études déjà réalisées. En fait, le chapitre sur l'analyse de la situation fournit les éléments de ce que devrait contenir un bon dossier d'information.

La direction des communications d'une entreprise peut très bien réaliser ce cahier mais, en certaines circonstances, l'entreprise préfère demander à un œil extérieur de poser le diagnostic puisqu'il s'exerce avec plus de recul et certainement avec plus de neutralité. En contrepartie, l'œil extérieur met beaucoup de temps à saisir les subtilités d'une organisation, ce que possède, en principe, la direction des communications.

Pour être capable de porter un jugement sur le mandat, pour savoir ce qui va et ce qui ne va pas dans la façon de faire et d'être de l'entreprise, il faut prendre connaissance de l'état des lieux, apprendre à bien connaître toutes les dimensions de l'entreprise, savoir poser les bonnes questions et interpréter les réponses correctement.

L'étape de l'analyse de la situation constitue donc le pivot vital et le plus important d'un plan de communication. Le but ultime n'est pas de faire une excellente campagne très remarquée, mais bien de faire une campagne qui vient éliminer une préoccupation, résoudre un problème ou relever un défi. Tout excellent slogan, s'il n'est pas bien articulé avec le reste de la stratégie, sera certes remarqué, mais n'apportera pas de solution à l'enjeu visé. Toute stratégie ne sera valide que si elle s'appuie sur un constat exact de la situation. Il faut donc avoir l'heure juste et ne pas hésiter à consacrer tout le temps nécessaire à cette phase. Comment, en effet, établir des stratégies adéquates si on évalue mal le point de départ? Si cette première étape n'est pas bien suivie, tout le plan de communication reposera sur un échafaudage incertain.

L'analyse de la situation permet d'examiner les faits et les données, de dégager les forces et les faiblesses de l'entreprise, de définir la nature et les causes de la situation actuelle et de proposer les principaux éléments d'une situation meilleure à venir. Les recherches et les rumeurs, les données livrées par sondage, les revues de presse et les intuitions des partenaires de l'entreprise sont autant de pistes à considérer.

L'objectif est de resituer le mandat dans un contexte plus général pour mieux cerner le problème ou le défi à gérer. Ce qui veut dire étudier, analyser, comprendre et connaître l'entreprise, son produit, ses publics, son contexte, ses concurrents. D'autres entreprises ont-elles déjà partagé les mêmes préoccupations et comment y ont-elles fait face? Des études existent-elles sur le sujet? Comment se comportent les adversaires et les concurrents? Quels résultats ont apportés les campagnes de communication antérieures? Il faut donc comprendre la situation sous tous ses rapports. On pourra ainsi cerner l'entreprise et poser un diagnostic juste.

Malheureusement, cette étape de l'analyse de la situation est parfois négligée, car les entreprises ont l'impression qu'elles savent ce qui ne va pas et qu'elles connaissent très bien la situation. Mais en fait, trop souvent, on ne connaît que la surface accessible d'une entreprise. Or l'analyse de la situation doit pouvoir répondre à la question suivante: quelle est la nature et l'étendue véritable des problèmes ou des défis d'une entreprise?

Selon Dumas (1971, p. 151), «pour définir le plus clairement possible les problèmes de communication d'une organisation, il faut pouvoir interpréter les résultats de la recherche sur l'entreprise et sur les publics. Quels sont les objectifs affirmés de l'entreprise? Ces objectifs affirmés sont-ils traduits dans l'action? Quelles attitudes les publics manifestent-ils face à l'organisation? Faut-il modifier les attitudes, les objectifs et l'action de l'entreprise ou les mieux faire connaître?»

1. LE MANDAT REVISITÉ

La première étape d'un plan de communication, c'est donc d'évaluer le mandat. Pour ce faire, il faut se plonger dans l'entreprise et essayer de comprendre la nature et la dimension de la question qui vous est confiée.

1.1 La compréhension du mandat

Pour comprendre parfaitement la portée du mandat, pour savoir si celui-ci est réaliste et pertinent, il ne faut pas hésiter à exercer un esprit critique et même à jouer les avocats du diable. Ainsi, si l'on vous confie le mandat de redorer l'image d'une entreprise, il faut d'abord savoir:
- si celle-ci possède une image;
- si cette image est bonne ou mauvaise;
- les raisons qui font que l'image est ainsi;
- si c'est vraiment nécessaire de redorer l'image;
- ce que ça va apporter de plus à cette entreprise de redorer son image.

Un autre exemple illustre cette façon de faire. Votre mandat est de créer une notoriété nationale à une entreprise. Vous devrez d'abord vous poser les questions suivantes:
- l'entreprise a-t-elle une notoriété régionale?
- si oui, comment se définit cette notoriété: positive, neutre, indifférente, négative?
- a-t-elle besoin d'une notoriété nationale?

Prenons maintenant le cas de l'éducation et plus particulièrement de l'apprentissage du français. On dit que, de plus en plus, les jeunes ont de la difficulté à maîtriser leur langue maternelle. C'est aussi vrai pour les Québécois que pour les jeunes des autres pays. Ceci est le problème à résoudre. Mais quelle est la cause de cette situation : les méthodes d'apprentissage, la façon dont les enseignants s'acquittent de leur tâche, les programmes de formation, la télévision, ou tout simplement une question de civilisation ?

Dans le domaine alimentaire, il n'est pas facile de savoir ce qui se passe dans la tête du consommateur. D'un côté, on le dit préoccupé par sa santé : il mange moins gras, sans sel, sans trop de calories. Il redécouvre le poisson, les aliments naturels. De l'autre, on réalise que les chaînes d'alimentation rapide n'ont jamais été aussi prospères. Comment, dès lors, lui vendre un *nouveau produit* ?

On comprend maintenant pourquoi, au début, on ne cherche pas immédiatement à réaliser le mandat, mais plutôt à le questionner. Faire un plan de communication, ce n'est pas uniquement proposer des solutions, c'est surtout s'assurer que le problème que l'on veut résoudre est le bon. On va donc interroger le mandat qui vous a été confié pour mieux le valider ou le contredire, pour bien circonscrire le problème ou l'enjeu apparent et pour proposer des explications à la situation.

1.2 À la recherche d'un changement

Le mandat, c'est donc la piste de recherche. L'analyse de la situation devra permettre de répondre aux questions suivantes : où les choses en sont-elles maintenant, quelles sont les tendances actuelles observables, où veut-on aller ?

La conception d'un programme de communication a généralement pour point de départ une préoccupation, c'est-à-dire un écart que l'on désire éliminer entre la situation vécue ou appréhendée et celle que l'on souhaiterait observer dans un futur relativement immédiat, de quelques jours à un an. On doit donc porter un jugement sur les écarts observés entre une situation souhaitée ou souhaitable et la situation réelle.

1.3 L'état des lieux

Pour réaliser un plan de communication, il faut s'assurer que l'on connaît bien la situation réelle, l'état des lieux où va se définir la stratégie de communication ainsi que le contexte, afin d'être capable de proposer des avenues de changement réalistes. Ce sont là les tâches de l'étape de l'analyse de la situation.

Pour être capable de déterminer ce qu'il faut faire, il faut donc être en mesure de poser un diagnostic sur la situation actuelle, diagnostic qui pourrait être différent de celui qu'a posé le client, car vous devrez colliger des faits et exécuter des recherches en profondeur pour vous en assurer.

Vous allez donc reprendre le problème qui vous a été confié et vous allez le resituer dans son environnement habituel, c'est-à-dire faire l'ANALYSE DE LA SITUATION, regarder le contexte de façon à poser un jugement sur l'état actuel et prévisible de la situation, c'est-à-dire poser un diagnostic.

Pour Desaulniers (1991, p. 38), «la définition du problème a pour but de clarifier et de spécifier ce qui n'est souvent, au point de départ, qu'une impression, une préoccupation tenace, une intuition ou, au mieux, un jugement sommaire.

«Certaines situations sont simples et faciles à analyser. Les causes sont facilement identifiables. Dans d'autres cas, la situation à l'origine des préoccupations semble confuse et complexe. Il ne paraît pas y avoir de réponse simple. On n'arrive pas à cerner avec précision sur quoi et comment exercer son besoin d'agir.»

Qui aurait cru, par exemple, que 25 % des Québécois ignoraient que la ville de Québec était la capitale de la province (Cliche, 1994). Il a fallu effectuer un sondage pour le savoir.

À moins que le problème ne soit évident, le praticien devra faire une exploration soit rapide et superficielle, soit longue et en profondeur de la situation dans le but de bien comprendre toutes les implications du mandat qui lui a été confié. Ce faisant, il sera alors en mesure de préparer l'action, de proposer les mesures à prendre, d'adapter les objectifs, les moyens et les activités aux besoins créés par ces écarts et, si nécessaire, de définir les limites budgétaires.

Dans l'état des lieux, il faut couvrir l'ensemble des paramètres nécessaires pour pouvoir porter un jugement critique et déterminer le changement souhaitable et être ainsi en mesure de construire éventuellement les stratégies appropriées. L'identification des points chauds permet de mieux orienter les efforts de communication.

L'état des lieux s'évalue en tenant compte de facteurs internes ou externes à l'entreprise. Parmi les facteurs internes, on retrouve d'une part la structure de l'entreprise, sa personnalité, son image et, d'autre part, son produit ou son service. Parmi les facteurs externes, on retrouve le public de l'entreprise et le contexte environnemental.

Les auteurs s'entendent pour considérer que l'approche de toute entreprise passe par trois stades :
- la connaissance : on connaît ou on ne connaît pas l'entreprise, ses produits et ses idées ;
- l'attitude : on connaît l'entreprise, ses produits ou ses idées, mais on ne les aime pas ;
- le comportement : on connaît l'entreprise, ses produits ou ses idées, on les aime, mais on ne les achète pas.

Dans les cas difficiles, dans les cas de situations confuses ou complexes, Desaulniers (1991, p.38) propose de séparer la situation en préoccupations plus simples et plus faciles à traiter et de se poser les questions qui suivent :
- Quels groupes de personnes sont concernés et quelle est leur importance ?
- Sur quoi portent les écarts (connaissance, attitude, comportement) ?
- Quelle est l'importance de ces écarts ?
- Dans quelle mesure sont-ils inacceptables ?
- Où (géographiquement) observe-t-on ce problème ?
- Quand et depuis quand le constate-t-on ?
- Quelle est la tendance du problème (croissance, stabilité, diminution) ?

L'objectif de ce premier point est d'effectuer un tour d'horizon rétrospectif et prospectif, de créer une mise en situation, d'effectuer des recherches pour être en mesure de qualifier l'entreprise et son produit, de savoir ce que font ses adversaires et ses concurrents et d'évaluer comment la campagne antérieure a fonctionné.

À la fin de cette première étape, les informations recueillies devraient permettre de poser un diagnostic très juste de ce qu'il faut faire, pourquoi il faut le faire et ce qu'on veut obtenir de la campagne.

On assistera donc à la description la plus complète possible de l'organisation pour:

- la connaître avec sa personnalité, ses services et produits;
- dresser un bilan critique des forces et des faiblesses de l'entreprise et de ses produits avec ses caractéristiques positives ou négatives;
- connaître l'état de prédisposition des publics à l'égard du produit et des stratégies actuelles de l'entreprise;
- évaluer le contexte environnemental: est-il hostile ou intéressant;
- évaluer les communications actuelles par rapport à la situation souhaitée;
- poser un diagnostic;
- déterminer l'ampleur du programme et du budget requis;
- être capable de savoir si le mandat qu'on vous confie est adéquat;
- avoir en main tous les outils et les éléments utiles dans l'élaboration de la stratégie et des messages.

L'analyse des champs de force met en évidence l'équilibre des éléments positifs et négatifs susceptibles d'avoir des répercussions sur l'évolution d'une situation dans une direction donnée. Pour connaître ces éléments, on entreprend des recherches et l'on suscite des *brainstormings*. C'est ainsi seulement que l'on pourra justifier la nécessité d'une intervention et d'une stratégie.

1.4 Les constats: un travail critique

Faire reposer l'analyse de la situation uniquement sur une *description* factuelle des mécanismes de fonctionnement d'une entreprise ne suffit pas. Il faut également soumettre les données à la *critique*, toujours prouver ses affirmations, éviter les «il me semble», «l'image paraît négative ». Il faut donc effectuer des recherches pour valider ses impressions, asseoir ses réflexions et étayer ses affirmations car une argumentation se construit avec des preuves, des sources de référence et un raisonnement solide. Les conclusions auxquelles on arrive se nomment ici les « constats ».

Pour que le constat remplisse vraiment son rôle, il doit éviter quelques pièges, soit de :

- répéter les données de base disponibles ;
- confondre description et analyse, car la première ne donne aucune ligne de force ;
- présenter des conclusions non argumentées ;
- formuler des réflexions non appuyées par des recherches ou des analyses ;
- faire reposer ses jugements sur de simples impressions ou intuitions.

Il faut donc apprendre à développer un esprit critique, savoir faire parler les données, leur donner un sens. Il ne suffit plus d'énoncer une idée, il faut être capable de la prouver.

Dans une proposition que présentait l'agence de publicité Bos, le constat proposé s'articulait en trois temps :

« Il faut voir *de près* pour conscientiser immédiatement toute la population de la gravité du fléau et vous assurer ainsi l'appui de la majorité de moins en moins silencieuse ;

« Il faut voir *loin* pour bâtir une campagne qui doit avoir du souffle sur au moins trois ans, les changements de perception et de comportement des différentes cibles ne pouvant s'effectuer du jour au lendemain ;

« Il faut voir *large* de façon à ce que les décisions et mesures qui seront prises ailleurs puissent tout naturellement s'intégrer à l'axe et au thème choisi, sans qu'il y ait dissonance ».

1.5 L'ampleur de l'analyse

Tous les plans de communication ne nécessitent pas nécessairement une étude complète de l'état de la situation. L'ampleur de l'analyse varie en fonction de la nature des problèmes à affronter ou des défis à relever, du temps dont on dispose pour réagir, des budgets disponibles pour réaliser des études en profondeur et surtout de la volonté de l'entreprise de vouloir gérer ses enjeux plutôt que de présenter une façade éphémère.

L'analyse de la situation n'est approfondie qu'en autant qu'elle peut servir à bien comprendre le problème ou l'enjeu pour mieux le régler. L'étendue de la recherche varie donc d'un plan à l'autre. Ce que nous indiquons dans ce livre, ce sont toutes les étapes utiles dans la réalisation d'un plan complet. Mais en fait, au début de chaque plan, la personne responsable de sa réalisation doit s'interroger sur les recherches qu'elle devra faire. C'est habituellement après avoir pris connaissance du dossier d'information qu'elle se rend compte qu'il reste plusieurs questions sans réponse.

Compte tenu de l'ampleur du problème, de la complexité de la situation, de l'existence de plans antérieurs et de données de base dans l'entreprise, le diagnostic requerra une courte intervention de quelques jours ou un travail de plusieurs semaines.

Il appartient à chaque responsable de plan de définir le temps dont il a besoin à cette étape. En temps normal, on peut considérer que, si l'on veut mettre toutes les chances de son côté pour réussir sa campagne, il ne faut pas hésiter à consacrer presque autant de temps à l'analyse de la situation qu'à la recherche de solutions.

Certaines remarques s'imposent ici :

— Pour le communicateur, la tentation est grande de vouloir tout savoir sur l'entreprise, ses produits, ses services ou ses préoccupations. Or, il doit apprendre à limiter les énergies consacrées à ce chapitre, car il sera toujours temps, durant les étapes subséquentes, de poursuivre les recherches pertinentes et de venir compléter l'analyse de la situation.

— Pour l'entreprise, l'urgence de la situation, l'absence de ressources financières, le peu de crédibilité accordée à toute forme de recherche, l'incapacité de voir la complexité des choses, tous ces éléments l'incitent naturellement à écarter toute analyse.

L'étendue de la recherche

La recherche préalable peut donc être plus ou moins complexe, selon le type de mandat à réaliser. Si celui-ci concerne l'ensemble de l'entreprise, une étude complète de celle-ci s'impose. S'il s'agit d'élaborer un plan pour un service donné, on se concentre sur celui-ci. S'il s'agit d'un produit ou d'une cause qu'appuie l'entreprise, on s'attardera à cet élément. Selon les besoins, on passera donc de l'audit complet de l'institution à l'analyse sommaire d'un service.

Il n'est donc pas toujours nécessaire de faire le bilan de toutes les opérations de l'entreprise quoiqu'il soit utile de bien cerner l'entreprise dans son ensemble pour mieux situer le projet précis à réaliser.

Dans un premier temps, il faut se limiter à quelques informations de base qui seront complétées au fur et à mesure que seront franchies les étapes subséquentes de l'élaboration du plan.

Desaulniers (1991, p. 35) propose l'approche suivante pour connaître l'ampleur de l'analyse :

« L'ampleur de l'analyse diagnostique-pronostique sera différente selon que l'organisation veut procéder à une campagne éclair pour répondre à un problème urgent, qu'elle élabore son premier plan ou qu'elle révise son programme annuel. Ainsi :

« L'ANALYSE PARTIELLE sera indiquée lorsque la situation impose d'agir sans tarder pour éviter à l'organisation des difficultés sérieuses ou la perte d'opportunités importantes.

« L'ANALYSE GÉNÉRALE devrait être réalisée :

- au moins chaque année lors de la révision du programme de communication ;
- chaque fois que des modifications importantes sont apportées aux objectifs et aux offres ;
- quand on observe des changements chez les clientèles et dans l'environnement ;
- lorsqu'une réflexion en profondeur semble s'imposer. »

Si, règle générale, la présentation de ce chapitre sur l'analyse de la situation requiert une attention particulière sur chacun des points énumérés plus bas, en réalité, on ne retient que les éléments pour lesquels on a des informations pertinentes. En somme, tous les points de l'analyse de la situation ne s'appliquent pas nécessairement à tous les cas. C'est à vous d'en juger. De toute façon, au fur et à mesure que l'on avance dans le plan, on complète les parties de l'analyse que l'on a mises de côté parce qu'on les jugeait alors peu significatives.

Le dépistage

Le service de relations publiques dans une entreprise doit faire en sorte de détecter de nouvelles tendances avant qu'elles ne se développent pleinement pour que l'entreprise puisse agir avant plutôt que de réagir après.

Il importe de faire du dépistage, de la médecine préventive. Ceci peut se concrétiser par des analyses et des études. Celles-ci permettront par exemple d'observer les tendances de l'opinion publique et de l'environnement socio-économique de l'entreprise.

Il ne suffit plus d'analyser ce qui s'est fait, mais d'être prospectif, d'essayer de prévoir les changements éventuels, les tendances nouvelles qui se dessinent de façon à se préparer pour l'avenir et non seulement à corriger les erreurs de parcours du passé.

◆ EN RÉSUMÉ

1. L'analyse de la situation permet :
   – de bien cerner le problème à régler ;
   – d'accumuler toutes les données pertinentes pour faire le plan de communication (statistiques vitales, dates d'anniversaire, grèves, succès) ;
   – de connaître les forces et les faiblesses de l'organisation ;
   – de saisir l'originalité de l'entreprise.

2. La rédaction de l'analyse de la situation doit être faite de façon à faire surgir le problème que vous voulez mettre de l'avant. Toutes les données recueillies ne sont pas nécessairement utiles. Mais, comme on ne sait pas au début ce que l'on va trouver, il faut chercher tous azimuts.

3. Habituellement, c'est la tâche qui doit accaparer jusqu'à la moitié du temps et des énergies dans le plan car, si le diagnostic posé est clair, les solutions deviendront faciles.

La première phase est donc une recherche de l'information pertinente et l'analyse de cette information.

2. LE PROFIL DE L'ENTREPRISE

Pour bien interpréter le mandat, il faut le situer d'abord dans le
contexte de l'entreprise qui l'émet. Il y a de multiples facettes de l'entreprise qu'il est bon de connaître. Certaines sont pertinentes au mandat et d'autres non. Mais, au début d'une analyse, il n'est pas toujours
aisé de savoir quelles sont les informations qui seront utiles à la réalisation du plan. Il faut donc décider de consacrer au début un certain
nombre d'heures à la collecte des informations les plus variées ; puis, au-
delà de ce temps, de cesser de cumuler les informations. Si, en cours de
réalisation du plan, on se rend compte qu'il aurait été utile de compter
sur certaines données supplémentaires, il sera toujours temps d'aller les
cueillir.

Nous allons présenter un certain nombre de points intéressants à
connaître au sujet de l'entreprise et expliquer pourquoi il en est ainsi.
Il appartiendra ensuite à chacun de décider, selon le mandat reçu, lesquels de ces points doivent être retenus dans sa propre analyse de la
situation.

Il s'agit donc maintenant de tracer la *carte d'identité* de l'entreprise,
d'établir la fiche descriptive de celle-ci et de jeter un regard critique sur
elle.

Exemple :

Habituellement, on commence ce chapitre par un paragraphe d'introduction qui pourrait s'énoncer ainsi : « Les pages suivantes dressent
un portrait de l'entreprise X afin de mettre en lumière les principaux
éléments qui la valorisent et de déterminer ceux qui lui portent om-
brage ».

2.1 Le statut

Quel est le statut légal de l'entreprise : est-il privé ou public ? À but
lucratif ou non ? Habituellement, le statut de l'entreprise est évident, il

n'est donc pas nécessaire de faire des recherches pour en connaître la nature. Mais, dans certains cas, c'est plus ambigu.

L'intérêt de bien connaître le statut de l'entreprise réside dans les stratégies à venir. Quel est le statut, par exemple, de la Place des arts à Montréal, du Centre des congrès de Québec, du Musée des beaux-arts de Montréal, du Musée du Québec, de l'Ordre des ingénieurs ? Certaines sont des entreprises publiques, donc gouvernementales, comme par exemple le Musée du Québec, et d'autres, comme le Musée des beaux-arts de Montréal, sont des organismes privés à but non lucratif. Dans le premier cas, vous êtes donc mal placés pour élaborer une campagne publique contre le gouvernement qui coupe les subventions puisque c'est votre patron. Dans certaines cas, le même type d'entreprise peut être privé ou public. Ainsi, certains centres hospitaliers sont privés et d'autres publics.

L'appellation de certaines entreprises peut même porter à confusion. Les agriculteurs, par exemple, gèrent d'abord et avant tout des entreprises de tailles différentes : certaines sont des méga-entreprises et d'autres de toutes petites PME. Ce sont tous des propriétaires d'entreprises. Pourtant les agriculteurs ne se sont pas associés comme entrepreneurs, mais plutôt comme syndiqués. Ce sont les syndicats de base qui créent l'Union des producteurs agricoles, tous des termes qui s'éloignent du patronat et qui empruntent leur dénomination au syndicalisme...

Il y a des coopératives qui fonctionnent comme de véritables entreprises. En effet, les caisses populaires fonctionnent comme des banques. La Coopérative fédérée dans le domaine agricole est un rival sérieux des autres multinationales dans le domaine de l'agriculture. Les coopératives funéraires sont complètement opposées au fonctionnement des grandes entreprises de pompes funèbres : les premières veulent épargner de l'argent à leurs membres, les deuxièmes veulent soutirer le plus d'argent à leurs clients.

Les bureaux d'information touristique sont souvent à but non lucratif et sont subventionnés par les divers niveaux de gouvernement. Mais certains d'entre eux ont un caractère commercial et reçoivent une rétribution pour les services qu'ils vendent.

D'où la nécessité de bien camper au départ le type d'entreprise pour laquelle on va préparer un plan de communication.

2.2 La raison d'être

Tout comme le statut d'une entreprise peut être ambigu, il en est de même de sa raison d'être, de sa mission et de son domaine d'activité.

◆ LA MISSION

Quelle est la mission de l'entreprise ? Même s'il paraît évident que, dans le monde économique, il s'agit de faire des profits, dans certains cas on peut s'interroger sur les fins véritables d'une opération. Prenons l'exemple des feux d'artifices Benson and Hedges. Est-ce du divertissement et/ou un événement publicitaire et/ou une opération économique ? Les courses automobiles sont-elles un sport ou une vitrine publicitaire ? Quelle est la mission du Canadien de Montréal ? Le sport, le divertissement, le développement du hockey ou les profits d'abord et avant tout ?

Après analyse, on se rend compte que certaines entreprises ont l'habitude de se donner des vocations symboliques qui n'ont rien à voir avec leur véritable mission. Elles construisent leur image en développant un discours qui ne correspond pas à la réalité.

Quelle est la mission du ministère de l'Éducation par exemple ? L'éducation des enfants ! Pourtant, le ministère n'enseigne à aucun enfant, c'est plutôt le travail des enseignants et des écoles. S'assurer que les élèves reçoivent une éducation de qualité ? Cette mission est partagée par tous ceux qui participent de près ou de loin à l'éducation des enfants : les parents, les enseignants, les commissions scolaires, les directeurs d'école, les comités de parents.

L'analyse du fonctionnement du ministère révèle que celui-ci dépense plus de 90 % de son budget en subventions aux différents établissements d'enseignement. On serait en droit de retrouver sa mission principale reliée à cette particularité, soit de répartir équitablement des milliards de dollars entre tous les intervenants dédiés à l'éducation. Même si, avec le 10 % qui reste, le ministère propose des programmes et définit des méthodes pédagogiques, quoi que ce soit plus noble que de redistribuer de l'argent, ceci n'en fait pas moins une mission secondaire dans ses tâches.

Mais, en fait, quelle est donc la vraie mission du ministère ? Distribuer de l'argent ou faire de la pédagogie ? C'est ce genre de décision que l'on prend lorsqu'on fait l'analyse de la situation, car parfois l'entreprise ne tranche pas.

Pour Coupet (1986, p. 17), conseiller en gestion et en marketing, il est difficile de vouloir résoudre un problème en ne tenant pas compte de la nature de l'organisation. Pour lui, les entreprises culturelles en difficulté, comme le Devoir, Télé-Québec et les radios communautaires, à la recherche d'un plus grand auditoire, font fausse route en s'éloignant de leur mission première pour aller chercher un plus grand bassin de population. Car les concurrents ne se laisseront pas facilement enlever leur auditoire cible et, de plus, vont eux-mêmes continuer à enrichir leur part de marché. Il faut alors concevoir des stratégies novatrices plutôt que de ne faire que du rattrapage.

« Cette obsession de la cote d'écoute... s'accompagne généralement d'une perte de substance, d'une perte de la différence qui était à l'origine même de l'entreprise.

[...]

« Tout ceci débouche sur la remise en cause de la mission fondamentale de l'entreprise. On a bien sûr le droit de changer de mission et il faut même savoir se réajuster. Mais cela ne s'improvise pas.

« Dans bien des cas, le retour aux sources s'impose. Quelle est la mission de l'entreprise ? C'est-à-dire que voulons-nous faire, pour qui, en fonction de quelle philosophie de gestion ? Cette question... implique une triple démarche :

1. Un ciblage précis de la clientèle...
2. Une définition rigoureuse du produit quant à sa nature et surtout quant à son niveau de qualité...
3. L'obtention d'un consensus solide de la part des membres de l'organisation... »

Pour l'auteur, cette démarche permet de cibler étroitement sa clientèle et de lui donner un produit qu'elle souhaite obtenir de façon à mieux la fidéliser. Par exemple, certaines entreprises commerciales ont décidé de faire des efforts spectaculaires pour protéger l'environnement parce qu'elles savent que le public est maintenant préoccupé par ces questions.

Dans sa mission, l'entreprise essaie de se définir une spécificité qui la différenciera de ses concurrents. Les chaînes alimentaires Maxi ont décidé, par exemple, de se présenter comme le meilleur supermarché d'escompte dans leur domaine.

La mission du parc Forillon, par ailleurs, demeure d'abord et avant tout de préserver et de mettre en valeur les richesses naturelles et culturelles du milieu. Il faut la distinguer des objectifs généraux qui sont de développer le terrain de camping et de mettre à jour les différents équipements et infrastructures existantes. Enfin, les objectifs opérationnels qui sont d'amener plus de visiteurs d'une année à l'autre.

Certaines entreprises ont des missions de surveillance, de contrôle et de police. La Direction des produits de consommation du Bureau de la consommation d'Industrie Canada gère des programmes qui visent à protéger les consommateurs contre la fraude commerciale et la présentation de faux renseignements au sujet de produits.

◆ LE DOMAINE D'ACTIVITÉ

Une entreprise peut avoir pour domaine d'activité l'économie, le social, la religion, la politique, etc. Il faut donc la définir aussi en ces termes. Et ce n'est pas toujours facile. Le parti politique de la Loi naturelle était d'abord une forme de pensée. Mais, tout comme les Moonistes aux États-Unis, ses membres sont devenus des témoins politiques et de riches partenaires économiques. Au Québec, les archevêchés ont soutenu les groupes Pro-Vie dans leur bataille contre l'avortement. Les compagnies de tabac ont soutenu le regroupement des dépanneurs pour faire baisser la taxe sur les cigarettes et les entreprises privées n'hésitent plus à prendre position lors des élections.

Certains se présentent comme des groupes de *défense* des droits des minorités mais sont davantage des groupes de *promotion* des droits et des visées des minorités qu'ils représentent.

Il peut donc y avoir plusieurs domaines d'activité à l'intérieur d'une même entreprise. Il faut savoir les repérer, les distinguer et les mettre en relation les uns avec les autres. La secte religieuse les Moonistes est devenue très riche par la vente d'armes militaires. N'y a-t-il pas là une contradiction entre les deux domaines d'activité de cette entreprise ? À première vue oui, mais lorsqu'on sait que cette secte utilise ces armes pour combattre le communisme, qui est le pire ennemi de la religion, alors on peut y voir des relations.

Pour bien expliquer une entreprise, il faut donc connaître sa pensée qui se traduit par sa mission et ses domaines d'activité. Mais il ne faut pas confondre les raisons d'être d'une entreprise avec les besoins de sa clientèle. À cette étape-ci, on ne se demande pas ce que veut le public, mais plutôt ce qu'est l'entreprise.

◆ LA LOGIQUE INTERNE

L'étude du domaine d'activité fait rapidement ressortir un phénomène courant dans toutes les entreprises : le poids de la logique interne et les luttes de pouvoir. La logique interne privilégie le point de vue de l'émetteur à celui du récepteur. L'approche qui se dessine alors confond les intérêts du premier avec les besoins du second. De ce fait, l'entreprise est concentrée plutôt sur les avantages que son produit offre au public que sur ceux que souhaite *recevoir* ce même public.

Les luttes de pouvoir, par ailleurs, induisent le communicateur à choisir des priorités plutôt conjoncturelles que structurelles. Les domaines d'activité de l'entreprise perçus comme importants reflètent alors davantage l'état des rivalités internes que la traduction des besoins véritables de développement de l'entreprise.

2.3 L'historique

Toute entreprise a une histoire : celle de sa naissance, de son premier changement de nom, de son premier millionième visiteur, de son dixième président, etc.

L'historique donne les dates charnières de l'entreprise qui peuvent devenir des dates locomotives lorsqu'elles sont utilisées comme anniversaires : les 10e ou 20e ou 25e anniversaires sont habituellement célébrés et donnent lieu à une couverture médiatique.

La date de la création, les dates importantes de l'évolution de l'organisation, les événements marquants qui ont entouré l'existence de l'organisation: fusion, réglementation nouvelle, nouvelle administration, syndicalisation, regroupement constituent tous des éléments utiles pour attirer l'attention des médias.

À cette étape, on ne sait pas encore de quelle façon on utilisera ces dates mais, sachant qu'elles existent, elles pourront être exploitées dans la stratégie des relations de presse. Il faut savoir qu'un anniversaire constitue automatiquement un attrait pour les médias. À défaut d'un contenu précis, un anniversaire constitue une nouvelle en soi.

L'historique de l'entreprise est un élément qui peut facilement faire partie du dossier d'information que l'entreprise remet à l'agence. En effet, l'entreprise peut alors facilement et rapidement constituer ce dossier, alors qu'une agence mettra des heures de recherche pour vraiment repérer les dates charnières de l'évolution d'une entreprise.

Il faut savoir toutefois que, pour monter un tel dossier d'information, il faut posséder le sens des communications. Qui penserait que 1000 jours (date repère par excellence) sans accident (alors que l'on suppose qu'il y a des accidents tous les jours dans une usine par exemple) dans une entreprise donnée pourrait faire la manchette dans tous les médias pendant la semaine de la sécurité au Québec? Cela démontre que les médias sont friands de telles informations (Dagenais, 1997).

L'historique comprend également le *cycle de vie* de l'entreprise. Ce cycle se caractérise par quatre phases:

— la naissance ou l'enfance, c'est la période de lancement et l'objectif est de faire connaître;
— la croissance ou le développement, c'est le moment de cultiver la sympathie à l'endroit de l'entreprise, de trouver des partisans, des adeptes;
— la maturité, c'est la période de plein rendement et en même temps celle de la bureaucratisation;
— et le déclin qui est symbolisé autant par la réussite totale des objectifs que par l'échec misérable ou l'arrivée de substituts meilleurs.

Où en est l'entreprise dans ces quatre phases? Nous reverrons cette notion de façon plus particulière lorsque nous traiterons du produit.

2.4 L'image

L'image d'une entreprise résulte de la conjugaison de trois éléments : sa personnalité, l'image qu'elle veut donner d'elle-même et l'image perçue par le public. Ainsi, une entreprise n'est jamais maître absolue de son image.

Selon Schwebig (1988) «...l'identité est constituée des caractères interdépendants, politiques, structurels ou psychosociologiques qui fondent la cohésion de l'organisation, sa spécificité et sa stabilité dans le temps».

Il semble important de distinguer :
- l'identité actuelle de l'entreprise (sa réalité, sa personnalité, son organisation);
- l'identité attribuée (l'image);
- l'identité rêvée (le reflet de sa stratégie);
- l'identité acceptable (par l'environnement).

L'essence de la communication d'une entreprise est de gérer la relation entre l'identité et l'image, entre ce qu'est l'entreprise, ce qu'on croit d'elle et ce qu'on veut qu'elle soit.

Quelle est donc l'identité, la notoriété, la perception de l'entreprise auprès de ses divers publics, de ses employés, des médias, du grand public? Parfois un certain public peut avoir une opinion sur un produit, mais ne pas savoir quoi penser de l'entreprise? Mais a-t-on intérêt à ce que ce public en sache davantage?

Certaines entreprises imposent leur nom sur tous leurs produits : on achète un produit SONY, PHILIPS, RENAULT. Mais, lorsque l'on achète du TIDE, on ignore le nom de la multinationale qui est derrière. Ford identifie tous ses véhicules avec son logo, alors que GM laisse à chacun de ses produits leur personnalité propre. Ries et Trout (1987, p. 73) cite le cas de l'île aux Cochons dans les Caraïbes qui a vu son tourisme se développer après qu'on eut changé son nom en île du Paradis. Et Nicaise (1991) fait remarquer que «les marchés se mondialisent mais les consommateurs deviennent inclassables : la valeur d'image des produits est souvent plus importante que sa valeur d'usage».

Il faut savoir que souvent, dans les campagnes de communication, la notoriété et l'image de l'entreprise sont les premiers facteurs de crédibilité du message. Lorsque le regroupement Greenpeace affirme qu'une entreprise pollue, on le croit. Or, Greenpeace a déjà accusé à tort des entreprises de polluer, et celles-ci ont dû prendre des mesures pour montrer qu'elles étaient conscientes de la protection de l'environnement et qu'elles n'avaient pas pollué. C'est ce qui est arrivé à Shell, avec ses plates-formes dans la mer du Nord, que Greenpeace considérait, à tort, comme polluantes. Mais Greenpeace était crédible dans son discours, la compagnie Shell un peu moins.

La grande majorité des entreprises, publiques ou privées, se soucient de leur image, veulent l'améliorer auprès de certaines clientèles ou en combattre la mauvaise perception auprès d'autres. Elles s'interrogent sur l'image qu'elles diffusent et sur celle qui est perçue par ses publics ? Quand elles le peuvent, elles engagent des spécialistes pour développer une telle image, pour l'articuler autour d'une thématique en harmonie avec la mission ou la vocation de l'entreprise.

Ce souci de l'image peut intriguer. Que vise au juste une entreprise qui réserve des plages de publicité payées dans les médias écrits et électroniques chantant sa gloire, son souci du bien-être de sa clientèle ou son excellente santé financière ? À première vue, il n'est pas facile de le savoir. L'exemple 9 illustre une de ces campagnes d'image institutionnelle.

La question qui vient spontanément à l'esprit est celle-ci : c'est certes bien de faire une campagne pour avoir une meilleure image, mais à quoi est-ce utile d'avoir une meilleure image ?

Prenons l'exemple d'une campagne de valorisation de l'image de la police. Un corps policier peut être convaincu qu'avec une bonne campagne il aura une meilleure image, mais qu'est-ce que ça va lui donner de plus d'avoir une bonne image ? Il ne sera pas davantage aimé puisqu'il doit continuer à émettre des contraventions, à intervenir lors de manifestations, à avoir recours à la violence dans certaines circonstances. Un corps policier, compte tenu de son travail, peut-il réussir à enlever dans la tête des gens qu'il exerce un métier punitif ?

Ce qu'il faut se demander, c'est ce que va apporter au corps policier une meilleure image ? Tant que l'on n'aura pas précisé ce que l'image va

Exemple 9

Image institutionnelle

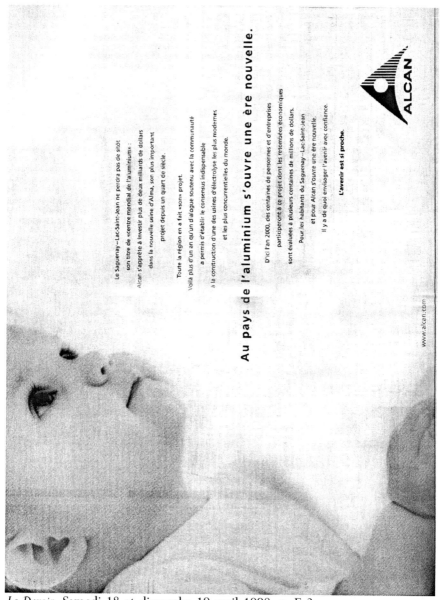

Le Devoir, Samedi 18 et dimanche 19 avril 1998, p. E-3.

apporter de plus, on travaillera en vain à construire une image pour construire une image. Que va faire ce corps de police avec une meilleure image qu'elle ne peut faire maintenant avec une mauvaise image? Est-ce qu'une telle image positive va améliorer le service que les citoyens sont en droit d'attendre de la police? Ou est-ce qu'elle ne servira qu'à faire plaisir au corps policier?

Avec une analyse fine de l'organisation, on pourra se rendre compte que (Dagenais, 1993):

- Il est toujours difficile pour la police d'avoir une bonne image parce qu'elle représente le corps social qui punit et que toutes les campagnes d'image ne tiendront plus lorsqu'un policier mettra une contravention à un automobiliste qui a commis une infraction;

- Faire une campagne d'image ne sert à rien en soi, si elle n'apporte pas des dividendes à l'entreprise qui l'a produite. À quoi sert pour une entreprise de développer son image positive si les gens persistent à l'ignorer.

- Une campagne doit viser à atteindre un objectif concret et utile. Si le plus grand problème rencontré par un corps de police se résume au fait que les gens sont impolis à son endroit, c'est sur ce thème précis qu'il faut faire une campagne afin de changer cette attitude chez les gens.

- Avant de décréter que l'image d'une organisation est mauvaise, encore faut-il l'avoir évaluée. Une enquête plus poussée peut nous apprendre que les policiers n'ont pas une image aussi mauvaise qu'on le croit. En fait, les organisations se connaissent mal. Pour l'écolier du primaire, le policier est un être respectable. On a vu des enfants dont les jours étaient comptés, dans le cadre du projet Rêves d'enfants, demander de faire un tour en voiture de police. Pour l'adolescent, c'est l'image de l'autorité à contester. Pour l'adulte, c'est celui qui donne des contraventions, mais c'est aussi celui qui accourt lors d'un accident pour porter secours, c'est celui qui, avec grande courtoisie, vient faire les constats de vol, c'est celui qui intervient lors de cas de violence entre individus, etc. Chaque adulte a eu une expérience plus souvent heureuse que malheureuse avec un policier. Pour les gens plus âgés, la police peut représenter la sécurité. On se rend compte d'un principe : les gens n'aiment pas la police, mais aiment les policiers. Cet exemple démontre bien qu'il est difficile, tout compte fait, de cerner la réalité de l'image d'une entreprise ou d'une organisation.

Ainsi, une image peut se décomposer en public, en circonstances. Les gens n'aiment pas la police, mais reconnaissent que les policiers leur ont rendu de grands services.

Diverses études ont confirmé cette situation (Dagenais, 1991). Dans le cas de l'éducation, une étude a montré que les gens estiment avoir reçu une meilleure éducation que celle que reçoivent leurs enfants. L'image du professeur n'est pas très bonne non plus. Mais lorsque l'on demande aux parents ce qu'ils pensent du professeur de leur enfant, on apprend qu'ils sont tous des professeurs extraordinaires, à quelques exceptions près.

Et le même problème se pose sur le plan médical. Chacun connaît une histoire de bistouri laissé dans le ventre d'un patient ou encore celle d'un individu qui avait un grave problème avec l'œil droit, mais qui fut opéré pour l'œil gauche.

Si l'on avait à revaloriser l'image d'un quartier, comment pourrait-on s'y prendre ? Il faudrait d'abord se demander ce qu'est l'image d'un quartier ? Est-ce le sentiment d'appartenance et de fierté, le concept d'identité, le partage d'un certain mode de vie ou de certaines idées qui prévaut ? Peut-on rêver d'une identité de quartier forte et positive et être capable de rattacher ces mots à des réalités ? Comment donc saisir de tels concepts ?

Une identité est multiple, plurale, dispersée. Ce n'est pas une totalité perceptible et identifiable d'un seul coup. En effet, les difficultés sont nombreuses :

- multiplicité des partenaires et des publics ;
- hétérogénéité sociale des habitants ;
- originalité par rapport aux autres quartiers ?

On parle des quartiers ouvriers, des quartiers bourgeois, des quartiers ethniques, des quartiers homosexuels, des quartiers d'affaires. Il faut donc reconnaître que certains quartiers ont une identification bien assise qui en fait leur personnalité. Mais comment un quartier qui n'entre pas dans ces catégories déjà désignées se forge-t-il une personnalité ?

Quand il devient difficile de trouver des éléments partagés par les habitants d'un quartier et qui peuvent le définir, alors on peut avoir recours à des approches plus symboliques, presque artificielles : le quartier de l'avenir, le quartier de la culture, le quartier patrimonial. Il s'agit donc de trouver une caractéristique originale et de la développer.

En somme, il faut décomposer la réalité à la fois en parties concrètes et saisissables et en actions si possible, pour ensuite bâtir la communication autour de ces éléments. On ne vend pas un sentiment d'appartenance de façon abstraite. Il faut qu'il se concrétise en activité, ou alors il faut le créer, amener les gens à partager une certaine idée de leur milieu et la mettre de l'avant. Un quartier devient fleuri le jour où tout le monde y participe. On peut donc vouloir créer une image fleurie de son quartier, mais il faut amener les gens à poser des actions concrètes pour coller à l'image que l'on veut qui circule. Le sentiment d'appartenance devient alors le résultat de ces actions.

Que penser par ailleurs de l'image des musées ? Certains les considèrent ennuyants, élitistes, sérieux, conventionnels, bourgeois. D'autres y voient l'expression de la culture, de l'histoire, de l'art, de la connaissance. Il n'y a plus une seule image, mais une série d'images éclatées selon le type de musée et les gens consultés.

Ces exemples démontrent la difficulté de bien comprendre une situation. Il ne suffit plus d'énoncer une idée, il faut être capable de la prouver. Il faut faire des études et des sondages de départ pour être en mesure d'avoir un point de comparaison. Si l'on veut augmenter la notoriété d'une organisation, encore faut-il en connaître le niveau avant la campagne pour être en mesure, après la campagne, de prouver que celle-ci a eu des retombées positives. Or, si aucune mesure n'a été prise avant de commencer la campagne, si aucune analyse n'a cherché à évaluer le problème, comment peut-on savoir, par exemple, s'il est pertinent de vouloir augmenter la notoriété et si la campagne a été efficace ? Au-delà de la notoriété, il faut être capable de dire ce que l'on vise.

Dans le cas de l'image, comprendre l'état de la situation, c'est s'interroger, comme on vient de le faire, sur la pertinence d'une image.

Trop souvent, la quête d'une image positive apparaît comme un objectif en soi. Or l'image est davantage un moyen qu'un objectif. Même si on peut présumer qu'une meilleure image va changer certains éléments négatifs, il faut aller plus loin dans la réflexion, démontrer de façon plus explicite comment cela va se faire.

Il arrive aussi que l'entreprise croit avoir une image positive auprès du public alors qu'en fait elle n'a même pas de notoriété, donc encore moins d'image. Avant de faire aimer une entreprise, celle-ci doit être d'abord connue, soit avoir acquis une certaine notoriété.

Pour être capable de mesurer l'image ou de la construire, il faut approfondir la situation, chercher, interroger et porter des jugements appuyés par des faits en cherchant à questionner les impressions de départ. Si l'entreprise est un peu connue et ne dispose pas de fonds pour entreprendre des recherches en profondeur sur sa notoriété, elle peut consulter dans presque toutes les bibliothèques l'index des principaux quotidiens du Québec pour savoir de quelle façon les médias ont parlé d'elle dans leurs titres.

Il faut aussi apprendre à se méfier des impressions premières non vérifiées par des études poussées. Parfois, les dirigeants d'entreprise estiment avoir une bonne image alors que la réalité est plus nuancée. Ou encore, ils croient que les médias n'ont que des propos négatifs à leur endroit alors que les journalistes de ces mêmes médias ont plutôt l'impression de livrer une image positive de l'entreprise. La différence entre les deux se vérifie facilement par une analyse de contenu qui confirme habituellement la perception des journalistes. Car les entreprises ont l'habitude de mieux se souvenir de ce qui peut leur porter préjudice dans les médias que de ce qui peut leur rendre hommage. Ou elles accordent plus d'importance et plus d'effet à un article négatif qu'à un article positif. Mais, dans tous les cas, il est vrai qu'un seul événement négatif peut ternir toute une réputation. Il faut donc dépasser le stade d'impression pour aller vérifier ses intuitions ou ses perceptions spontanées.

Si la question de l'image de l'entreprise fait partie intégrante du mandat, il est utile de dresser à la fin de cette réflexion un constat. En voici quelques exemples :

CONSTAT

- L'image de l'entreprise jouit d'un capital sympathie mal exploité.
- L'entreprise n'a pas fait d'études suivies pour mieux connaître la perception qu'elle dégage auprès de ses différents publics. (Ceci constitue une manière polie de dire à l'entreprise qu'elle ne se préoccupe guère de son image.)
- Il n'existe pas de politique claire de communication entre l'entreprise et les médias.
- L'analyse de contenu des médias révèle que la majorité des articles sur l'entreprise sont positifs.
- Nous ne possédons pas de données pour nous permettre de valider l'exactitude de la perception du président sur l'image externe.
- Nous prenons conscience que la base de la notoriété de l'entreprise réside dans la connaissance de son identité par le public visé.

2.5 Les défis

Les enjeux de base des différentes entreprises sont très diversifiés. Certaines d'entre elles vendent des produits, d'autres des idées, d'autres essaient d'implanter des changements de comportement, d'autres cherchent de l'argent pour leur fondation.

Dans certaines entreprises, la complexité de la structure interne peut créer des problèmes. Lorsqu'une entreprise fonctionne avec 10 usines réparties sur trois continents, regroupant des milliers de travailleurs, l'identité du siège social et des usines satellites est source de longues et délicates négociations.

Par ailleurs, chaque entreprise se développe à travers son lot de problèmes, de défis, de besoins, de poids, de réussite. On peut découvrir ainsi que le profil légal de l'entreprise et son défi actuel peuvent être très éloignés l'un de l'autre. Une entreprise peut souhaiter augmenter son chiffre d'affaires en vendant plus de produits, mais si son président est accusé de délits d'initiés, de conduite avec ivresse, de violence conjugale, le défi n'est plus le même car le contexte devient plus complexe.

Pour les organisateurs d'un spectacle, il leur faut vendre des billets. Mais si la vedette vient de faire des déclarations controversées ou de se faire prendre avec une prostituée, ou s'il a été accusé d'attentat à la pudeur auprès d'un ou d'une mineure, la tâche à accomplir se complique.

Pour le président d'une entreprise qui vient de fusionner avec une autre, il lui faut rendre la fusion rentable, c'est-à-dire augmenter le chiffre d'affaires et en même temps les profits de la nouvelle entité. Mais il doit aussi mêler deux cultures, rassurer les actionnaires, les employés, les clients.

Avoir un portrait assez global des grandes préoccupations de l'entreprise et pouvoir situer le mandat précis à réaliser dans cet ensemble plus grand facilite l'exécution du mandat.

2.6 Les objectifs généraux

Pour gérer leurs préoccupations, on a vu dans le chapitre précédent que les entreprises préparaient une planification mensuelle, annuelle ou même triennale dans laquelle elles présentaient leurs orientations et leurs objectifs.

Il est utile de se rappeler ces objectifs afin de vérifier si le mandat qui vous est confié s'intègre aux éléments de la planification, ou s'il s'agit d'une avenue nouvelle que le contexte impose.

On se rend compte souvent, à cette étape-ci, que certaines entreprises ne se sont pas donné d'orientations claires pour les mois à venir. C'est d'ailleurs surtout le lot des entreprises qui n'ont pas l'habitude de la planification et qui s'adaptent, au fur et à mesure, aux problèmes qu'elles rencontrent. Elles n'ont donc pas dressé d'objectifs généraux à atteindre ni d'axe de développement.

Lorsqu'elles existent, ces orientations ou ces objectifs peuvent se traduire par :

- un taux d'augmentation du chiffre d'affaires ;
- un développement dans un secteur de marché en particulier ;

- un attrait auprès d'une nouvelle clientèle ;
- la recherche d'investissement ;
- la reconnaissance de l'excellence du service ;
- l'adhésion à une idée, une cause, un principe ;
- le changement de comportement face à une situation sociale donnée.

La distinction entre la mission, le secteur d'activité et les objectifs prend ici sa véritable dimension. Il ne faut pas oublier que souvent nos interlocuteurs n'y voient pas de différence et ne comprennent pas pourquoi ils devraient y en voir une.

- La mission, c'est la raison d'être, c'est une orientation générale qui n'est pas nécessairement exclusive à une entreprise. Devenir les leaders de l'agriculture biologique, faire des profits, protéger le bien de l'enfant ou avoir une notoriété plus grande sont des exemples de missions qui peuvent être partagés par toutes les entreprises d'un même secteur d'activité. Ce qui distingue les entreprises les unes des autres, ce sont leurs objectifs spécifiques.
- Le secteur d'activité, c'est le champ d'action. En agriculture, par exemple, on peut distinguer le domaine de la production de celui de la transformation. Il peut s'agir d'un secteur relié au développement durable et à la protection de l'environnement ;
- Les objectifs sont des buts spécifiques. L'entreprise veut accaparer au cours de la prochaine année des parts nouvelles de marché, devenir le leader dans son domaine ou un partenaire incontournable.

2.7 Le système de valeurs

Toute les entreprises ont un système de valeurs qui les caractérise. Certaines ne pensent qu'au profit et ainsi ne développent aucune considération pour leurs employés, les exploitent autant qu'elles le peuvent, ne manifestent aucune préoccupation pour les consommateurs et leur refilent des produits impropres à la consommation. Chaque semaine, les médias attirent notre attention sur de telles entreprises qui polluent l'environnement, qui mettent à pied de façon sauvage leurs employés ou qui utilisent des produits dangereux pour la santé.

D'autres entreprises veulent donner une image plus positive d'elles-mêmes. Elles vont pratiquer une politique d'aide aux arts, aux sports ou aux démunis. Ainsi, McDonald's s'occupe davantage d'autrui que les autres producteurs de hamburgers, avec le Manoir Ronald McDonald ou les journées dont les profits sont remis à une cause sociale.

Certaines d'entre elles vont développer une culture spécifique, favoriser un sentiment d'appartenance, mettre de l'avant des projets d'entreprise. Les caisses Desjardins ont une philosophie de gestion, par exemple, qui les éloigne des banques.

Bien connaître ce système de valeurs permet d'y adapter les stratégies éventuelles. Alors que Coca-Cola ignore sur la place publique toutes causes sociales, McDonald's les épouse. Il ne faut pas oublier que McDonald's fait souvent parler de lui à cause de cette culture qu'il exploite. Les médias parlent régulièrement du Manoir Ronald McDonald sans que cette entreprise n'ait à débourser un sou.

La connaissance de la culture est intéressante lorsque vient le temps de proposer certaines initiatives. Si une entreprise a la réputation d'être insouciante face à l'environnement, toute activité que cette entreprise pourra faire pour contrer cette image sera bienvenue.

Si l'entreprise se positionne comme haut de gamme, il faut que l'apparence des gens qui sont en contact avec le public reflète cette situation. On exigera également des personnes qui travaillent dans les bureaux, donc sans contact avec le public, d'avoir une tenue soignée ; et celles qui travaillent dans les ateliers doivent porter une tenue de travail fournie par l'entreprise. Ainsi, l'apparence est contrôlée dans tous les services et la valeur mise de l'avant par l'entreprise est renforcée à tous les échelons. Lorsque des étrangers visitent les ateliers, les employés peuvent recevoir des consignes de comportement. Et on évite de faire ces visites pendant les pauses café par exemple.

Si l'entreprise est active dans le secteur du conditionnement physique, les personnes qui traitent avec le public devraient avoir une allure sportive qui colle aux valeurs prônées par l'entreprise.

2.8 La structure

Il est toujours intéressant de connaître la structure d'une entreprise. Cette structure se traduit habituellement par l'organigramme qui en fixe les lignes de force et d'autorité. Certaines entreprises ont un fonctionnement hiérarchique, cloisonné et réglementé, comme la police par exemple. Ce qui signifie que l'information est surtout descendante et formalisée. D'autres sont plus collégiales dans leur prise de décision, ce qui permet des communications latérales et ascendantes.

La structure permet également de connaître l'importance qu'on accorde aux communications. Existe-t-il une direction des communications? Le cas échéant, si la direction des communications relève d'un directeur de service, qui lui-même relève d'un directeur général, qui lui-même relève d'un vice-président, on a la certitude que cette entreprise accorde peu d'importance à la fonction communication, car celle-ci est beaucoup trop éloignée des centres de décision.

De plus, la connaissance des structures permet de voir comment s'organise la direction des communications, quels sont les services qui dépendent d'elle, combien de personnes y travaillent et quels sont leurs profils professionnels.

Enfin, la structure donne un aperçu des principales caractéristiques de l'entreprise :

- ses ressources humaines : le nombre de ses employés, le nombre de femmes, d'hommes, le nombre d'ethnies ;
- ses ressources financières : son chiffre d'affaires ;
- ses ressources matérielles : le nombre d'édifices, leur situation géographique, les équipements disponibles.

Cette analyse n'est pas faite dans le but de déceler ou de corriger les lacunes de l'entreprise, mais de comprendre comment elle fonctionne. Mieux vaut savoir dès le départ si une entreprise qui a retenu vos services pour faire un plan de communication n'aime pas les communications. Ceci ne changera rien au mandat que vous avez reçu, mais peut vous aider à interpréter certains gestes de l'administration lorsque viendra le temps de requérir sa participation ou de prendre connaissance de ses remarques.

2.9 Le constat

À la fin de l'étude du profil de l'entreprise, il faut en arriver à une conclusion. C'est ce qu'on appelle le constat. Qu'est-ce que l'on constate à l'issue de cette analyse du profil de l'entreprise ? Le constat n'est cependant pas un résumé, c'est un jugement critique sur l'entreprise, c'est une conclusion que l'on pose après avoir énuméré les faits.

Nous avons présenté huit éléments du profil de l'entreprise : le statut, la raison d'être, l'historique, l'image, les défis, les objectifs généraux, le système de valeurs et la structure.

Ces éléments ne sont pas exhaustifs. C'est la nature du mandat qui détermine les volets de l'entreprise qu'il faut apprendre à connaître. Ainsi, certains points mentionnés dans ce chapitre méritent peu d'attention, alors qu'il serait utile d'approfondir certaines notions comme les valeurs et la culture d'entreprise.

Lesquels de ces éléments paraissent pertinents pour la suite de la démarche ? Lesquels démontrent des forces ou des faiblesses, des atouts et des déficits ?

◆ LES FORCES

Il s'agit ici de mettre de l'avant les éléments qui constituent des phares pour l'entreprise. Par exemple, on peut dire que :

- elle existe depuis tant d'années (donc, elle a une histoire) ;
- elle célèbre cette année son dixième anniversaire (donc, elle possède une date charnière utile pour attirer l'attention des médias) ;
- elle est en pleine expansion (donc, elle est dynamique) ;
- elle a une image extraordinaire (donc, elle peut faire figure de modèle) ;
- elle a développé une culture d'entreprise (donc, elle se soucie de son personnel).

Les forces d'une entreprise peuvent être concrètes, symboliques ou indirectes.

- Elles sont concrètes lorsqu'elles évoquent des *faits* ; par exemple : c'est la plus ancienne entreprise du genre.

— Elles sont symboliques lorsqu'on ne s'appuie plus sur la nature de l'entreprise, mais sur un des attributs qu'on lui prête : ainsi, la nature d'une traverse maritime est d'être un mode de déplacement, un pont flottant. Mais on peut aussi miser sur la détente qu'elle procure puisqu'elle épargne à ses passagers les ennuis de la conduite ou sur le volet divertissement puisqu'elle permet un contact avec la nature...

— Elles sont indirectes lorsqu'on lie l'entreprise à d'autres du même genre qui ont acquis leurs lettres de noblesse : un organisme naissant d'aide aux sinistrés.

◆ ET LES FAIBLESSES

Il s'agit de détecter les éléments qui peuvent avoir des connotations négatives pour une entreprise.

Par exemple, on peut dire que :

— elle est très jeune et n'a pas encore fait ses preuves ;
— elle perd depuis quelques années des points de vente ;
— son image est malmenée après les dernières erreurs commises ;
— elle a la réputation de traiter son personnel avec dureté ;
— elle ne s'est donné aucune mission ;
— elle fonctionne sans aucune planification à moyen et long terme.

Au même titre que les forces d'une entreprise peuvent être concrètes, symboliques ou indirectes, les faiblesses épousent la même logique.

— Elles sont concrètes lorsqu'elles font état d'une lacune évidente dans l'entreprise : les délais d'exécution des commandes sont plus longs que chez les concurrents.

— Elles sont symboliques lorsque c'est l'image de l'entreprise qui est en cause : acheter dans tel magasin, c'est acheter chez les pauvres.

— Elles sont indirectes lorsqu'elles souffrent de la réputation de tout un secteur d'activité : ainsi, toutes les papetières ont la réputation de polluer, tous les fourreurs de participer à l'exploitation des animaux.

◆ L'ORGANISATION INTERNE

On néglige parfois dans ces forces et faiblesses de juger la dynamique interne d'une entreprise. Comme c'est souvent le cas, les luttes de pouvoir à l'interne, un leadership faible peuvent constituer des freins au développement de l'entreprise. Il n'y a pas d'organisation parfaite et les jeux de personnalité, le mauvais esprit de certains et quelquefois la bêtise humaine animent un certain mécontentement. Par ailleurs, des difficultés de parcours peuvent rendre fragile l'harmonie interne.

Ces éléments n'influencent pas nécessairement l'élaboration du plan de communication. Mais il faut savoir qu'ils peuvent, en certaines circonstances, paralyser toute action nécessitant l'appui du personnel.

Dans le constat, il est bon de mentionner, comme point faible ou fort, l'état de la dynamique de l'entreprise. En prenant connaissance de ce qui peut aider ou nuire à l'atteinte des objectifs, on peut éviter certains écueils qui guettent l'entreprise ou, tout au moins, on peut essayer de les contourner.

Les forces, comme les faiblesses, ne sont pas toujours évidentes à énoncer. Il faut savoir les découvrir avec une analyse fine de la situation.

◆ QUE CHOISIR?

Maintenant que l'on connaît les éléments positifs et négatifs de l'entreprise, il faut envisager soit de mettre en valeur une force, soit de contrer une faiblesse. Cet exercice constitue la clef de voûte de la stratégie. Voyons quelques exemples : du côté force, IBM joue sur la fierté de transiger avec la plus grande firme informatique au monde. Ou encore, la Cadillac représente une voiture de prestige aux États-Unis. Du côté faiblesse, certaines marques de voiture coréennes doivent vivre avec une image de voitures plus fragiles. Dans la stratégie éventuelle, la firme va-t-elle utiliser sa force (ses voitures ne coûtent pas cher), ou essayer de contrer sa faiblesse (ses voitures ne sont pas de si mauvaise qualité qu'on le dit).

À cette étape-ci, vous pouvez déjà situer le mandat dans la complexité de l'entreprise. Il est plus facile de vendre un produit ou une idée d'une entreprise qui possède une forte personnalité que le produit ou l'idée d'une entreprise totalement inconnue. Les stratégies qui vont suivre doivent donc s'appuyer sur les constats.

2.10 Le modèle de présentation d'un constat

Nous vous rappelons que l'on vous suggère de faire un encart avec le mot constat, comme le présentent les exemples suivants.

EXEMPLE 1 :

CONSTAT

« L'entreprise née de la fusion de quatre centres est très jeune et n'a pas encore réussi à s'affirmer sur la scène publique. »

EXEMPLE 2 :

CONSTAT

« L'entreprise possède un réel potentiel de qualité, mais un potentiel non exploité. »

EXEMPLE 3 :

CONSTAT

« La notoriété de l'entreprise n'est pas suffisante pour convaincre la cible d'utiliser ses services plutôt que ceux des concurrents. »

EXEMPLE 4 :

CONSTAT

« L'analyse a démontré une absence inquiétante de cohésion interne, des structures décisionnelles lourdes et une organisation centralisée marquée par une multitude de fiefs. »

3. LA PRÉSENTATION DU PRODUIT

Lorsque l'on a bien saisi l'essence de l'entreprise, il faut maintenant se pencher sur le produit. Que devons-nous savoir du produit ? Pour construire une stratégie de vente autour d'un produit, il faut le connaître parfaitement, c'est-à-dire savoir quels sont ses qualités et ses défauts, pourquoi les gens l'achètent (ou ne l'achètent pas), où et comment il est distribué et à quel prix ? En somme, il faut connaître ce que l'on appelle les composantes marketing du produit et son attrait psychologique. Nous allons dire quelques mots sur chacun de ces volets.

3.1 La description du produit

Chaque entreprise met sur le marché un ou plusieurs produits. Ce produit peut prendre différentes formes selon le type d'entreprise. Dans la documentation, on utilise parfois le mot «offre» pour tenir compte de toutes les formes de produits. Ici, nous utiliserons le terme produit, mieux adapté au langage courant.

Il peut alors s'agir d'un *objet*, d'un bien. C'est le lot de la majorité des entreprises qui vendent des biens de consommation. La gamme de ces biens est immense et recouvre tout ce que l'on peut vendre de tangible : du vêtement aux machines-outils, de la nourriture aux voitures, du livre aux jouets.

Il peut aussi s'agir d'un *service*. Les compagnies d'assurances, les avocats, les ingénieurs ne vendent pas de biens tangibles, mais ils offrent leurs services. Ces entreprises sont engagées dans toutes sortes d'opérations très diversifiées qu'il faut apprendre à connaître.

Ce peut aussi être une *idée*, une cause, une image. La religion offre une certaine idée de Dieu, le syndicalisme offre une certaine idée des relations de travail, le politique offre une certaine idée de la gestion publique. Les défenseurs de l'environnement et des minorités, les animateurs de groupes culturels ou sociaux, proposent à leurs adhérents une cause à partager. Deux entreprises qui fusionnent vont vouloir offrir l'image de la réussite.

Enfin, il peut s'agir aussi d'une obl*igation, d'une réglementation*. La Société de l'assurance automobile du Québec oblige les gens à boucler leur ceinture de sécurité en voiture, à ne pas boire avant de prendre le volant. Le ministère du Revenu oblige les gens à payer des impôts. Le ministère de l'Éducation oblige les enfants à aller à l'école.

On peut considérer que toute offre ou tout produit mis en marché par une entreprise prend la forme d'une de ces quatre grandes catégories. Il est bon de bien situer le produit à offrir, car on n'amène pas les gens à acheter un bien qui lui fera plaisir de la même façon qu'on les incite à adopter un comportement qui les agace.

Un produit doit être conçu dans la perspective de répondre aux besoins du marché, c'est-à-dire à un nombre plus ou moins élevé de consommateurs. La communication doit mettre en évidence ce à quoi le consommateur sera sensible.

Il faut entendre et vérifier ce que le public pense de son produit, car, avant tout, c'est lui qui est l'acheteur. Il peut être mû par des mobiles économiques (la recherche des bas prix), des mobiles égoïstes (la recherche de la séduction) ou des mobiles altruistes (le désir de protéger ou de partager).

En même temps, il ne faut pas oublier que l'entreprise qui a quelque chose à offrir au public se soucie tout autant de ses bénéfices que des besoins de la clientèle. L'Église impose ses vues sur ses sujets. Les grands réseaux de distribution imposent aux consommateurs des gammes de produits parce qu'elles leur sont plus profitables. Et, plus souvent qu'autrement, l'entreprise recherche un client/consommateur pour lui proposer un produit dont elle dispose plutôt qu'elle cherche à fabriquer un produit qui répond à son besoin, comme le veut la théorie du marketing.

Par ailleurs, dans le cas des services, il peut être difficile de bien connaître la perception de son produit. Ainsi, si les compagnies d'assurances baissent les primes de ceux qui ne réclament pas de frais de vol ou d'accidents, les statistiques des vols et des accidents peuvent en être faussées. Car désormais, dans plusieurs cas, les gens préféreront taire ces éléments plutôt que de se voir pénalisés.

Lorsque le produit ou le service n'existe pas encore, il faut le décrire comme on souhaiterait qu'il soit.

Les caractéristiques du produit

Lorsque le produit a été défini, il faut en connaître les composantes pour être en mesure de pouvoir utiliser l'une ou l'autre de ses caractéristiques dans la stratégie. Quels sont les traits particuliers du produit?

◆ SA COMPOSITION

De quoi est fait le produit, quelles sont ses caractéristiques physiques, quelle est la matière première utilisée, quel est son format, sa couleur? On ne peut pas vendre aujourd'hui un produit fait à base d'amiante de la même façon qu'autrefois. Les fruits et légumes sont plus appétissants en couleur qu'en noir et blanc. Le nucléaire a mauvaise image. La nourriture biologique a le vent dans les voiles. Les fleurs coupées doivent rivaliser dans les goûts des consommateurs avec les fleurs artificielles, les fleurs séchées, les fleurs en soie et les fleurs en verre.

Le service offert exige-t-il un effort? On n'achète pas de la même façon une police d'assurance qu'un billet de spectacle : ce sont pourtant deux services : l'un offre une protection, l'autre un divertissement. Entre deux activités de même nature, il peut y avoir une différence. Entre le spectacle des Misérables et le spectacle de Ginette Reno, il y a d'un côté un spectacle sans vedette et de l'autre une vedette sans spectacle.

Le service exige-t-il par ailleurs une formation, une expertise, une aptitude particulière chez celui qui l'offre? Est-il pourvu de tout l'équipement spécialisé requis? Le cas échéant, l'entreprise possède des atouts positifs qu'elle devra mettre de l'avant dans ses stratégies. Si, face à la concurrence, il lui manque certains de ces éléments, elle devra faire valoir ce qui les compense.

La cause proposée est-elle acceptée socialement? Cadre-t-elle avec la personnalité de l'entreprise? Défendre les pauvres, s'occuper des personnes âgées, protéger l'environnement exigent au préalable certaines attitudes positives face à la cause pour être crédibles.

Promouvoir une cause sociale signifie provoquer ou renforcer un changement de comportement et non plus vendre un produit. Ce qu'on pourrait appeler la politique de vente se traduit par une formulation précise des comportements à provoquer. Pour accentuer la pratique de ces comportements, il faut être en mesure de proposer des gratifications, des récompenses ou des stimulants qui seront acceptés et efficaces.

La connaissance de la composition du produit favorise la mise sur pied de stratégies plus adéquates. Si la composition du produit est banale, on verra alors à lui donner un emballage original. Mais pour bien le positionner, il faut savoir en quoi il se distingue de la compétition, étudier la documentation existante sur les ventes de produits similaires, connaître les bénéfices associés au produit par le public, ses avantages concurrentiels, ses éléments distinctifs? Sont-ils associés à des caractéristiques physiques ou psychologiques?

◆ SON UTILITÉ

À quoi sert le produit? Le savon sert à la propreté. Le vêtement,
à se couvrir. La nourriture, à s'alimenter. L'architecte, à construire.
Mais il faut aussi savoir que le savon sert à séduire. Le vêtement, à
afficher son rang social. La nourriture, à exprimer son goût. L'architecte, à montrer sa richesse.

À partir de ces informations, on s'interrogera pour savoir s'il faut
vendre le savon comme élément de propreté ou artifice de séduction.

Le produit porte en lui une valeur utilitaire, fonctionnelle, symbolique, sociologique et affective. On achète des vêtements pour se vêtir,
séduire, montrer son rang social ou sa richesse, mais aussi pour se faire
plaisir quand on n'a pas le moral. Certaines idées, certains produits sont
rejetés par des individus parce qu'ils ne correspondent pas à l'image
qu'ils veulent donner d'eux-mêmes. Comment un communicateur
peut-il alors vaincre ces freins face au produit? Comment amener une
cible à adopter certains produits qu'elle n'aime pas?

Selon la perception du produit que se feront les différents publics
que l'on veut rejoindre, il sera possible d'adopter un positionnement
psychologique particulier.

Lorsque les manufacturiers de la gomme à mâcher Bazooka se sont
rendu compte que les gens n'aimaient pas la dureté de la gomme, ils ont
conçu une campagne pour montrer qu'effectivement la gomme était
«dure à partir», mais, une fois partie, quel plaisir...

Le cycle de vie

Le produit, tout comme l'entreprise, a un cycle de vie. Il faut se
demander à quelle étape se situe le produit dans son cycle de vie? S'il
est dans la phase de lancement, on sait que le public ne le connaît pas,
il ne peut donc ni l'aimer ni l'utiliser. Il faut alors le faire connaître à
tout prix. Dans sa période de croissance, on peut déjà savoir qui a
adopté le produit et, de ce fait, construire des stratégies dynamiques
auprès d'eux et des stratégies d'apprivoisement auprès des autres qui ne
l'ont pas encore adopté. Dans la période de maturité, il faut surveiller
le rythme de développement pour mieux contrôler la progression.

Dans la période de déclin, il faut s'interroger sur la stratégie à suivre. Volkswagen a décidé d'abandonner la production de la Coccinelle à un certain moment, car la courbe des ventes semblait indiquer une mort éventuelle. Le shampooing pour bébé Johnson, devant la baisse de natalité, a été repositionné pour qu'il soit utilisé par les adultes.

Une bonne connaissance du cycle de vie laisse prévoir certaines stratégies. Mais il faut savoir évaluer un cycle de vie. La stagnation des ventes, la diminution de fréquentation ne signifie pas nécessairement que le produit est en phase de déclin. Il y a des entreprises qui ont de lourdes pertes une année et qui, l'année suivante, font des profits intéressants. Il y a des produits qui traversent de meilleures années. La fluctuation des ventes vers la hausse ou la baisse n'est pas synonyme de croissance ou de déclin. Dans la période de maturité, un produit peut se comporter en dents de scie. C'est ce que l'on appelle une maturité difficile, pas un déclin. Chrysler a subi des pertes importantes durant les années 1980, IBM aussi durant les années 1990 et on ne peut pas dire que ces entreprises étaient en déclin.

Il arrive aussi qu'après les années fructueuses un produit lutte pour sa survie dans sa phase de déclin. Pour persister sur le marché, il doit être relancé, muni de nouvelles possibilités. Il doit être rajeuni. Dans cette phase, une réduction sensible du prix du produit peut quelquefois créer une recrudescence des ventes. L'entreprise peut se le permettre puisqu'après la phase de maturité les profits recherchés ont déjà été atteints.

Il y a des produits qui n'arrivent pas à mourir. Il y a des décennies, la bière Dow fut considérée comme la bière qui tue, car dans l'opinion publique elle aurait été la cause de la mort des gros buveurs de cette bière. L'entreprise cessa alors toute publicité sur cette bière, mais ne la retira du marché que plus de 30 ans plus tard, conservant ainsi ses fidèles consommateurs.

La personnalité du produit

La définition du produit nous permet d'en dresser la personnalité, d'en voir les points forts, les faiblesses, d'en percevoir l'image, la notoriété.

Il y a, en effet, des produits qui possèdent une personnalité distinctive dont la seule évocation suffit comme argument de vente. Les légumes biologiques, par exemple, portent en eux leur propre valeur de vente.

Par ailleurs, il y a des produits qui sont tellement semblables aux autres, sans personnalité aucune, qu'il est essentiel de leur en forger une. Toutes les bières se ressemblent, alors on leur fabrique une personnalité. Tous les polos se ressemblent, mais leur marque distinctive vient de la griffe qu'on leur appose : le crocodile chez Lacoste, le CK de Calvin Klein. Benetton croit que son produit n'a tellement pas de personnalité qu'il en a inventé une pour la marque entière : la provocation dans sa publicité.

La personnalité d'un produit peut faire en sorte que l'on choisira des médias qui vont consacrer et consolider cette personnalité dans le grand public.

À ce point-ci, on se rend compte qu'un produit sans personnalité peut être habillé par un message original qui aura un effet décisif sur les ventes. Au Québec, Pepsi a obtenu durant les années 1990 une longueur d'avance sur Coca-Cola en utilisant comme porte-parole Meunier et son humour. On ne savait rien de plus sur le produit, mais celui-ci bénéficiait d'une création plus dynamique.

Par ailleurs, la personnalité d'un service n'est pas facile à concrétiser. Comment se manifeste la notion de qualité de service dans une entreprise ? Il faut être capable de traduire cette notion en un certain nombre d'actions qui correspondent à ce que l'on entend par ces termes.

3.2 Le prix

Le prix d'un produit, c'est ce qu'il coûte pour se le procurer. C'est donc le coût d'un bien, d'un service, d'une idée ou même d'une réglementation.

En fait, on paie pécuniairement, financièrement, moralement, idéologiquement pour obtenir un produit. Donc, le coût d'un objet n'est pas nécessairement le prix qu'il vaut, mais aussi l'effort qu'il faut investir pour l'acquérir.

Ainsi, le prix pour se payer des vacances au soleil l'hiver, c'est plusieurs centaines de dollars. Mais ça peut être aussi des sacrifices qu'il faudra consentir pour se payer ce voyage de rêve.

Le prix d'un produit est souvent psychologique. Certains produits naturels, sans colorant, sans produit chimique, sans odeur artificielle, donc qui coûtent moins cher à produire, se vendent plus cher que les autres produits chimiques parce que les gens sont prêts à payer plus cher pour un produit meilleur pour leur santé. On utilise alors un prix psychologique et non commercial. Il en est de même de toutes les grandes marques qui vendent la renommée d'un produit qui parfois est usiné sur les mêmes chaînes de montage qu'un produit bas de gamme sans nom.

Dans toutes les grandes surfaces, on vend des produits que l'on appelle les lea*ders loosers*, c'est-à-dire les produits vedettes qui se vendent sous le prix coûtant. Ils se vendent certes sans profit, mais ils attirent dans le magasin des gens qui vont nécessairement acheter d'autres produits. On dit que les grandes surfaces comme Wal-Mart n'offrent des rabais véritables que sur 2 % de la marchandise. Le reste est vendu à prix concurrentiel, mais on ne fait la promotion que sur ces 2 % de produits, ce qui laisse l'impression que tout est meilleur marché.

Sur le plan commercial, il faut savoir que ce n'est pas le communicateur qui décide du prix. Il est déterminé par les gens du marketing. Mais, dans les domaines sociaux, politiques et moraux, comme le prix est symbolique, il appartient au communicateur de le définir.

Quelle est la valeur marchande d'un objet à forte connotation symbolique ? Lors de la mise aux enchères des biens de Jacqueline Kennedy, de faux bijoux se sont vendus plus chers que s'ils avaient été vrais, tout simplement parce qu'ils appartenaient à cette personnalité.

Même s'il n'a pas à déterminer le prix, le communicateur se doit de le connaître car cela lui permet d'être en mesure d'articuler sa stratégie de communication autour de lui, si c'est un élément avantageux ou un frein désagréable.

On raconte cette histoire d'un vendeur d'une vieille voiture. Il était prêt à la sacrifier pour un prix ridicule parce qu'il ne voulait plus la voir dans son inventaire. Elle est restée invendue pendant des semaines. Un jour, il en a triplé le prix et elle s'est envolée dans la semaine suivante. Comment expliquer ce comportement ? Avec un prix ridiculement bas, les gens avaient l'impression que l'objet de leur convoitise était un déchet. Avec un prix plus élevé, ils avaient l'impression de réaliser une bonne affaire.

Les coûts divers

Lorsque vient le temps d'évaluer le coût d'un produit, divers éléments entrent en ligne de compte. Le coût d'adoption d'une idée que l'on n'est pas prêt à accepter ne peut se mettre sur le même pied que le coût d'achat d'un produit que l'on se procure pour se faire plaisir.

Lors de l'achat d'un produit, il faut évaluer les coûts directs d'achat et les coûts d'entretien. Une voiture et une piscine ont un coût d'achat et d'entretien dont il faut tenir compte en adoptant son budget annuel. Certains produits de consommation courante n'ont qu'un coût d'achat, alors que certains produits ne se paient qu'à l'entretien : les pesticides utilisés sur les pelouses, par exemple, constituent un prix d'entretien d'un produit qui ne coûte rien puisque l'on a déjà la pelouse.

Aujourd'hui, il est possible d'acheter un produit et un service et de ne le payer qu'un an plus tard. Mais il ne faut pas négliger que, parfois, des coûts d'intérêts s'y ajoutent.

Pour assister à un spectacle, il faut certes payer ses billets, mais aussi le stationnement ou le transport en commun, le petit verre que l'on prendra pendant le spectacle et peut-être aussi le repas que l'on prendra après, sans compter le coût de la gardienne à la maison.

Pour assister à une manifestation politique qui anime ses idéaux, il faut investir du temps, de l'énergie et de la conviction. Pour manifester contre une politique que l'on n'accepte pas, il y a des coût sociaux. Tous ceux qui se sont élevés contre des pratiques discriminatoires l'ont souvent payé cher de leur personne. Les luttes pour promouvoir le féminisme ont coûté des carrières à certaines femmes. Les luttes pour protéger l'environnement, pour combattre les pratiques abusives patronales ont amené des gens en prison.

Les coûts psychologiques pour arrêter de fumer, de boire, de trop manger, de jouer au casino sont énormes, mais ils ne se chiffrent pas facilement. En connaissant toutes les dimensions du coût d'un produit que l'on veut vendre, diffuser ou faire connaître, il est plus facile de juger s'il faut prendre avantage de ce coût s'il est minime, s'il faut l'expliquer s'il est important ou s'il faut l'ignorer s'il est exorbitant.

Les notions de coûts impliquent donc de multiples avenues. Les coûts en temps comme les temps d'attente, les temps de participation, les délais, les temps de déplacement s'additionnent rapidement, mais ne sont pas toujours comptabilisés.

Puis il faut aussi pouvoir comparer la politique de prix d'une entreprise avec celle de la concurrence et en mesurer l'écart.

Les réactions du consommateur face au prix

Le citoyen/consommateur réagit de diverses façons au prix d'un produit. Pour certains, s'il est bon marché, cela signifie que ce n'est pas de bonne qualité et ils ne l'achètent pas, tandis que, pour d'autres, les bas prix leur font économiser des sous, donc ils l'achètent.

Certains consommateurs se montrent extrêmement sensibles aux fluctuations de prix pour un produit. Ils ne l'achètent que lorsqu'il est en solde, ce qui signifie que le fabricant ne peut jamais vendre à ces consommateurs un produit à son prix réel. Ainsi, chaque année, à la fonte des neiges correspond, chez les câblodistributeurs, une désaffection des clients qui demandent à être débranchés. Ces derniers étant convaincus que la fin de l'été amènera le traditionnel abonnement sans frais, ils abandonnent donc impunément leur télédistributeur.

Il faut également savoir que plus le prix d'un objet, d'un service, d'un bien est élevé, plus le groupe cible à atteindre sera réduit et moins il y aura de médias pour le rejoindre. On ne vend pas des produits Gucci dans le *Journal de Montréal* ou le *Journal de Québec*, parce que la clientèle cible visée représente une trop faible partie des lecteurs de ces journaux. Il y aura donc une grande perte d'argent si l'on choisit ces médias puisqu'on va payer pour rejoindre des gens qui ne sont pas intéressés par ce produit. Il faudra plutôt viser des revues haut de gamme, celles qui s'adressent à une clientèle fortunée, comme les grandes revues de mode ou de décoration.

Par ailleurs, lorsque le prix d'un produit est faible et que le produit s'adresse à l'ensemble de la population, comme un Coke ou un Pepsi, une bière, un billet de loterie, on aura recours aux grands médias de masse, comme la télévision, qui s'adressent à une large catégorie de consommateurs.

Lorsque l'on traite de la mise en marché d'idées, de causes et de changement de comportement, le prix, c'est souvent l'énergie requise pour atteindre ses objectifs. Certains sont prêts à tous les sacrifices pour faire avancer la cause en laquelle ils croient, ils donneront temps et argent sans compter, certains pratiqueront une certaine forme de résistance civile et iront en prison, d'autres feront une grève de la faim et certains vont même se donner la mort dans des opérations suicides. Le coût n'est donc pas intrinsèque au produit ; il se définit aussi dans le rapport entre le produit et le consommateur.

Parce que l'on partage les idées politiques d'un parti, on sera prêt à lui consacrer tous ses moments de loisir. Parce que l'on croit en certaines religions, on sera prêt à faire du porte à porte pour convaincre les autres. Parce que l'on veut cesser de fumer, on sera prêt à se priver d'un plaisir, à accepter les inconvénients que cela peut causer comme l'impatience, le changement de poids, etc.

Le prix, c'est aussi du temps consacré, du désagrément, de l'inconfort, de la frustration. L'athlète qui veut réussir doit accepter des sacrifices énormes.

Tant que l'on ne connaîtra pas bien le prix d'un produit, il sera difficile de le vendre, car chaque prix correspond à un comportement psychologique chez le citoyen/consommateur et à un média particulier. Pour réaliser une bonne stratégie, il faut donc connaître ces éléments. Ainsi, le prix pour amener quelqu'un à changer ses habitudes alimentaires peut être simple ou complexe, selon ses motivations, sa culture, son milieu et son contexte.

3.3 La distribution

Le mode de distribution du produit peut influencer le type de stratégie et les médias choisis.

Le marché visé

Selon la nature du produit et le marché visé, la distribution empruntera des voies différentes qui seront définies par le service du marketing. En fonction de ces voies, différentes stratégies de communication pourront être mises en valeur.

Lorsqu'un organisateur de visites touristiques veut développer son marché auprès des personnes âgées, lorsqu'un manufacturier d'un produit destiné essentiellement aux hommes désire occuper le marché des femmes, comme c'était le cas autrefois pour les pantalons, il leur faut adapter la distribution du produit à la nouvelle clientèle. Lorsqu'une nouvelle chaîne d'alimentation veut s'implanter au Québec, elle se choisit d'abord un marché cible, habituellement les grands centres urbains et, à l'intérieur de ceux-ci, des endroits stratégiques pour la cible qu'elle vise.

La zone de distribution est donc intéressante à connaître. Il y a des produits qui se vendent mieux dans certaines régions. La répartition des votes lors d'une élection démontre que certains partis réussissent mieux dans certaines circonscriptions et échouent dans d'autres. La pratique de la religion est plus forte à la campagne qu'à la ville, dans certains quartiers plutôt que d'autres.

L'effort de vente sera différent selon les marchés. Dans un marché ou l'on est fort, on investit moins, car on occupe déjà confortablement ce marché. On cherchera plutôt à augmenter ses parts de marché là où les résultats traînent, pour augmenter ses bénéfices dans ce nouveau milieu.

Le marché visé va nécessairement orienter les stratégies éventuelles, ne serait-ce que parce que l'on limitera ses communications aux lieux et aux personnes que l'on a choisis.

La saison d'utilisation

Si les pâtes dentifrices se vendent toute l'année, d'autres produits sont liés à des phénomènes plus saisonniers. Le sirop contre la toux et les pelles se vendent davantage en hiver qu'en été, alors que les crèmes solaires sont plus populaires en été.

Certains produits sont même très limités dans le temps comme le chocolat de Pâques ou les ampoules de Noël. Il existe malgré tout des magasins d'objets de Noël ouverts toute l'année dans les grandes villes touristiques, ce qui signifie que l'on peut allonger la saison de vente de certains produits. Avec les vacances au soleil durant l'hiver, on prolonge même la saison des maillots de bain.

Pour certains produits, y a-t-il des périodes creuses ou des périodes de surachalandage à certains moments de l'année? Que fait-on alors pour obtenir une utilisation plus continue du produit?

Pour d'autres produits, la stratégie a été de réduire la disponibilité pour créer la rareté, donc activer la demande. Il faut se souvenir de la folie des poupées Bout-de-Chou, dont la rareté a créé un engouement sans pareil, pendant la période de Noël, dans les années 1980.

L'assistance est plus nombreuse à la messe de minuit à Noël qu'aux dimanches des vacances de la construction. Les gens sont plus enclins à être généreux devant une catastrophe ponctuelle, comme un éboulis, le verglas, une sécheresse, qu'à un fléau chronique comme la pauvreté.

Le mode de distribution

Certains produits sont vendus de main en main, comme les Tupperware, d'autres à travers des réseaux de distribution exclusifs, comme les Big Mac de chez McDonald's, alors que d'autres enfin se retrouvent un peu partout, sans discrimination, comme les barres de chocolat.

Certains produits sont distribués par des intermédiaires, par exemple les courtiers lorsque l'on veut investir à la bourse. D'autres sont vendus directement au consommateur, et c'est le cas des produits vendus à la télévision où l'on nous avise que ces produits ne sont pas vendus en magasin. Enfin, dans la majorité des cas, les produits sont vendus dans les magasins.

La documentation parle également de trois types de distribution:
- la distribution massive vise un très large public de masse non différencié, comme la vente des billets de Loto-Québec. Dans ce cas, on aura recours nécessairement aux grands médias de masse comme la télévision.

- la distribution sélective cherche à rejoindre une clientèle choisie, comme celle des parfums. Comme cette clientèle est plus réduite, il faudra choisir des médias qui la cerneront davantage, comme les grandes revues de mode.
- la distribution exclusive s'adresse à une clientèle très précise, comme les acheteurs de Jaguar. Dans un cas comme celui-ci, il est plus facile d'avoir recours à la communication directe avec chaque acheteur potentiel plutôt que d'utiliser la communication de masse.

Sur le plan social, on sait que la distribution de la richesse est inégale, que certaines maladies se développent en certains lieux, que certaines vedettes sont plus populaires en certaines régions.

La disponibilité au produit

Quel désagrément de se déplacer pour aller acheter dans un magasin un produit annoncé à un prix miracle et qu'il n'y en a plus! Car, même si on vous offre un coupon rabais pour la semaine suivante, c'est maintenant que vous auriez aimé profiter du produit.

Vous allez acheter la voiture de vos rêves. Vous la voulez bleue, sans air climatisé, sans toit ouvrant, et on vous la promet pour dans deux semaines. Le jour «J», la seule voiture disponible est rouge, avec air climatisé et toit ouvrant. Certes, le vendeur vous offrira, gratuitement ou à peu de frais, les deux options non demandées, mais vous n'aurez pas ce que vous avez demandé.

La disponibilité du produit peut-être réelle ou psychologique. Les billets de certains spectacles, comme celui des Misérables, ont eu du mal à se vendre au rythme souhaité parce que les gens croyaient qu'il n'y avait plus de billets, alors qu'il en restait beaucoup.

Le réseau de distribution influence donc l'accessibilité du produit et, de ce fait, détermine les zones géographiques ou psychologiques où il faut pratiquer des activités de communication.

Pour Desaulniers (1991), les caractéristiques d'accessibilité «intègrent tout ce qui facilite ou entrave l'accès à l'offre: la distribution, les agences, les distances, les horaires, la signalisation, la paperasse, la langue».

En termes géographiques, un annonceur qui n'a qu'un seul point de vente n'a pas intérêt à utiliser la télévision qui couvre un trop grand champ d'exploitation. Mais un produit qui se vend à l'échelle d'un pays a avantage à favoriser la télévision ou les revues à grand tirage.

La personnalité d'un point de vente influence par ailleurs le type et le choix des médias retenus. Si un produit est vendu dans tous les bons établissements et un autre réservé à certains lieux, l'un et l'autre n'aura pas recours aux mêmes stratégies de communication.

Il faut donc apprendre à connaître les modes de distribution de son produit et essayer de voir quelles en sont les forces et les faiblesses pour être capable d'exploiter les unes ou de contrer les autres dans la stratégie.

Le constat

À cette étape-ci, il peut être utile de poser un constat sur le produit, comme nous en avions suggéré un sur l'entreprise. Quelle conclusion pouvons-nous tirer de la qualité et des défauts du produit, de ses forces et de ses faiblesses, de son prix réel et psychologique, de sa disponibilité ? Et ceci vaut autant si le produit est un objet, un service, une cause, une idée ou une obligation.

Rappelons-le, le constat n'a pas pour but l'amélioration du produit, mais bien sa connaissance fine qui permettra au communicateur de savoir comment l'offrir ou le vendre. En relations publiques, en communication politique ou sociale, il faut par ailleurs savoir que, très souvent, c'est le communicateur qui devra définir les paramètres de la distribution. C'est à lui qu'il appartient de décider où et quand certains éléments de son produit seront connus et rendus accessibles. Un ministre n'est pas disponible pour qui le veut. Mais il peut se rendre disponible s'il le veut.

4. LES PUBLICS DE L'ENTREPRISE

Toute entreprise interagit avec de multiples publics. Il y a ceux qui lui fournissent la matière première dont elle a besoin, ceux qui la transportent, les employés qui la transforment, les bailleurs de fonds et les actionnaires qui permettent à l'entreprise de fonctionner, les acheteurs potentiels ou réels du produit, les compétiteurs, les ennemis et enfin les législateurs. Chacun de ces intervenants peut influencer l'entreprise de façon importante. Il est donc normal, lorsque l'on construit un plan de communication, de bien circonscrire et de bien connaître les publics qui entourent l'entreprise et avec lesquels elle devra composer. Cette connaissance dictera les moyens qui conviennent le mieux pour les atteindre.

Toutes les entreprises n'ont pas les mêmes publics ni les mêmes types de public. Mais, que le produit soit un objet, un service, une cause ou une obligation, on retrouve chaque fois différents publics qui orientent à leur façon la destinée de l'entreprise.

Comme les relations publiques visent à obtenir et à maintenir la compréhension, la sympathie et la participation des publics de l'entreprise, il va de soi que la définition et la compréhension de ceux-ci revêtent une grande importance. S'il est vrai que le succès d'une campagne de communication se mesure au soutien qu'apportent les publics concernés, il faut donc rechercher les intérêts communs entre l'entreprise et eux.

La raison d'être de toute entreprise est de vivre et de survivre et, de ce fait, elle doit tendre à obtenir de ses publics une attitude positive individuelle ou collective à son égard.

À cette étape-ci, on ne parle pas de la clientèle comme telle ni de la cible visée par la stratégie de communication, on va tout simplement s'interroger sur les différents publics de l'entreprise et essayer de voir lesquels pourront faciliter ou ralentir l'atteinte du mandat.

Dans un plan de communication, on peut rencontrer la notion de public à trois endroits. À l'étape de l'analyse de la situation, on retrouve les publics de l'entreprise, et la clientèle actuelle n'est qu'un de ces publics. À l'étape de la définition des objectifs, on retrouve le public cible à atteindre qui peut être, mais pas nécessairement, la clientèle actuelle. Enfin, à l'étape de la réalisation des messages, on retrouve le public du message. Pour illustrer ces trois étapes, prenons l'exemple d'une voiture sport. Le public est large, ce sont d'abord les jeunes, hommes ou femmes, mais ce sont aussi les personnes plus âgées. La cible de l'objectif est plus précise : on peut viser les hommes de 25 à 40 ans qui ont un revenu annuel de plus de 40 000 $. Enfin, le message pourra utiliser une femme pour attirer l'attention ou pour montrer le côté séduction de la voiture. Dans les trois étapes, il y a trois façons différentes de voir le public.

Les publics de l'entreprise ne sont donc pas uniquement les clients, les consommateurs, les adhérents. Ce sont tous ceux qui gravitent autour de l'entreprise de près ou de loin. C'est donc tout groupe situé à l'intérieur de la zone d'action d'une organisation.

Au moment de l'analyse de la situation, on explore l'étendue de ces publics, on les définit et on en dresse une nomenclature. Mais on ignore pour l'instant lequel ou lesquels serviront aux étapes ultérieures du plan. Ainsi, on peut distinguer trois ou quatre publics principaux de l'entreprise, trois ou quatre publics secondaires et quelques publics opposants ou concurrents.

Il n'est pas nécessaire, dans un premier temps, de tout savoir sur tous ces publics. C'est au fur et à mesure de la confection du plan que l'on complétera les données requises.

Selon Leduc (1987, p. 248), tous les individus qui sont en mesure d'influencer l'activité d'une entreprise sont les publics de cette même entreprise. Les publics se divisent en sept catégories :

- le grand public ;
- les publics latéraux ;
- les fournisseurs ;
- les clients ;
- les utilisateurs du produit ;
- le personnel ;
- les faiseurs d'opinion.

Lorsque l'on réalise la première étape, il faut donc faire le tour des différents publics utiles pour la campagne. Nous allons adopter ici la typologie suivante :

4.1 Les publics fournisseurs

Ce sont les publics dont dépend l'entreprise pour fonctionner, c'est-à-dire les fournisseurs de matière première, les bailleurs de fonds, les actionnaires. Ils sont à l'avant-scène dans l'entreprise.

Le type de relations qu'entretient une entreprise avec ce public est important. Il y a des banques qui font des prêts audacieux à certains de leurs clients et qui refusent des prêts à faible risque à d'autres.

Il y a des fournisseurs qui réservent leurs produits ou services à certaines entreprises qu'on appelle franchisées, c'est-à-dire que celles-ci ont acheté le droit d'avoir de façon exclusive certains produits d'un fournisseur donné.

En période de pénurie de matières premières, par exemple, ce sont le pouvoir d'achat et les relations particulières qui existeront entre un fournisseur et une entreprise qui détermineront le rythme d'approvisionnement.

En matière sociale, politique ou culturelle, le fournisseur de services et le fournisseur d'idées jouent le même rôle. L'imprésario d'une vedette peut privilégier un théâtre plutôt qu'un autre, une ville plutôt qu'une autre. Le gouvernement peut préférer donner une subvention à un organisme plutôt qu'à un autre, un montant plus élevé ici que là.

Ces préférences traduisent l'intérêt de bien connaître les fournisseurs et de savoir s'ils peuvent avoir un rôle à jouer dans la réalisation du mandat. Certes, très souvent, ils ne sont pas utiles dans le contexte du mandat reçu, mais il est essentiel qu'on se pose la question au début de la démarche.

4.2 Les publics internes

Les publics internes sont constitués de tous les employés d'une entreprise qui vont aider à la réalisation des objectifs. Dans toute entreprise, il y a des partenaires internes essentiels à la réussite du mandat. Pour une petite entreprise de quelques individus, la description de ce public est simple. Mais, dans une grande entreprise, il faut compter sur les différents échelons hiérarchiques, les différents corps de métier, les employés de soutien, les ouvriers.

Lorsque l'entreprise possède des bureaux régionaux ou des filiales à l'étranger, les employés du siège social occupent parfois une place privilégiée dans la structure. On peut aussi différencier les employés à temps plein de ceux à temps partiel, les employés sédentaires de ceux qui font de la route.

Dans certains cas, il n'est pas facile de savoir qui sont les publics internes. Peut-on considérer que les élèves d'une école sont un public interne au même titre que les professeurs ? Ou doit-on considérer qu'ils sont le « produit » pour lequel travaillent les publics internes ? Ou encore un client, un usager, un partenaire de l'école ?

Lors d'une fusion entre deux entreprises, il y a les privilégiés de l'entreprise dominante face aux employés de l'entreprise dominée qui devront se tailler une place dans la nouvelle entreprise.

Le public interne est lié intimement à la vie et à l'image de l'entreprise. Très souvent, l'image d'une entreprise est articulée par ses employés. Le climat de travail à l'interne peut avoir des incidences sur la productivité, sur la motivation du personnel, sur l'atteinte des objectifs. Et ces éléments se répercutent sur l'image externe.

Par exemple, si un restaurateur veut donner une réputation d'excellence à son établissement, il peut engager un chef cuisinier reconnu, mettre sur la table de la vaisselle de porcelaine, des couverts en argent, des fleurs naturelles, bien sûr inodores pour ne pas intervenir avec les fumets du repas. Mais si les verres ont des cernes, les ustensiles sont mal essuyés, si le service est lent, si les serveurs sont désagréables, toute l'image construite vient de tomber. L'impression finale ne sera pas construite autour de ce que vous aurez mangé, mais plutôt autour de l'attitude que l'on aura eue envers vous.

C'est pour cette raison que l'on dit qu'il faut aussi soigner le public interne et non seulement celui que l'on veut attirer dans son commerce. Certaines études ont démontré que l'image négative externe d'une entreprise dans un milieu donné venait d'abord et avant tout de ses employés. Pour réussir une campagne, il faut absolument qu'il y ait coordination, partage des objectifs et entraide entre l'interne et l'externe. Car ce sont les employés d'une entreprise qui complètent ou détruisent l'image qu'on aura essayé de construire.

L'efficacité des groupes sociaux repose sur le bénévolat et la cohésion du groupe. La dynamique interne positive est essentielle au bon fonctionnement et au développement du groupe.

En certaines circonstances, il arrive que l'origine d'un problème que l'on croyait externe à l'entreprise se niche dans les luttes de pouvoir à l'interne. Il peut y avoir une concurrence malsaine entre deux personnes qui, au lieu de s'épauler, s'entre-déchirent.

Même sur le plan des communications, les entreprises qui possèdent une direction du marketing, de mise en marché et de communications engendrent entre ces unités des rivalités pas toujours productives.

Il n'est pas toujours nécessaire de se pencher sur ce public dans un plan de communication mais, selon le type de mandat reçu, il faut avoir présent à l'esprit l'apport de ce public. Car, souvent, il s'agit d'un public-acteur et non pas d'un public client.

4.3 Les publics intermédiaires

Ils ne sont ni consommateurs ni clients, mais ils constituent un relais entre le producteur et le consommateur. Ce sont les transporteurs qui acheminent le produit, ce sont tous les professionnels extérieurs à l'entreprise, comme les comptables, les avocats, les ingénieurs, les psychologues qui ne font pas partie du personnel ni de la clientèle de l'entreprise, mais qui l'aident à atteindre ses objectifs.

Les différents niveaux de gouvernement peuvent, en certaines occasions, être considérés comme public intermédiaire, car ils peuvent faciliter le déroulement des activités de l'entreprise ou nuire à celui-ci.

On se préoccupe de façon plutôt exceptionnelle de ce type de public, car il a habituellement un faible rôle réel à jouer dans le développement de l'entreprise. Mais, en certaines circonstances, ces publics peuvent avoir un rôle décisif sur l'entreprise. Un transporteur qui décide du jour au lendemain de ne plus transporter les produits d'une entreprise parce qu'une entreprise concurrente lui a fait une offre de service exclusive, parce qu'elle a été rachetée par un autre réseau, vient perturber de façon brutale tout le système de distribution de l'entreprise.

Une firme de relations publiques ou de publicité peut décider de quitter un client parce qu'elle a obtenu un contrat d'une multinationale et qu'elle risque d'être en conflit d'intérêts.

4.4 Les publics externes

Ce sont les plus importants car la vie, la survie et le développement de l'entreprise dépendent d'eux. Les publics externes sont nombreux. Il y a d'une part la clientèle, d'autre part les acteurs, c'est-à-dire les alliés, les neutres et les adversaires.

La clientèle

La clientèle peut être réelle ou potentielle. Ainsi, on peut parler de ceux qui achètent le produit, qui adhèrent à une cause. Mais on peut aussi parler de ceux qui pourraient acheter le produit ou adhérer à une cause.

Toutefois, la clientèle, c'est habituellement le marché de référence. Mais ça peut aussi être les occupants d'un territoire susceptibles d'utiliser un service, de voter pour un candidat, de soutenir une cause.

Par ailleurs, l'acheteur n'est pas toujours l'utilisateur. On dit que les enfants sont responsables du choix de 40 % de ce qui entre dans le réfrigérateur, Et ce ne sont pourtant pas les acheteurs.

L'adhérent à une cause peut payer sa cotisation et ne jamais assister aux réunions. Il peut assister aux réunions et ne jamais prendre la parole. Il peut prendre la parole et ne jamais passer à l'action. Ce n'est pas tout de cataloguer un individu dans une case et de supposer de son comportement.

La notion de clientèle est donc subtile. Plus elle sera maîtrisée, plus ce sera facile, aux étapes suivantes, de bien articuler le plan de communication.

Ainsi, sur le plan touristique par exemple, on peut parler de clientèle locale, de clientèle fidèle, de clientèle commerciale, de clientèle internationale.

Pour un produit donné, on peut penser à ceux qui connaissent le produit et qui ne l'achètent pas ou ne l'aiment pas; ou à ceux qui ne connaissent pas le produit et qui pourraient l'aimer et l'acheter.

Les acteurs

Ce sont tous ceux qui gravitent autour de l'entreprise, qui influencent son devenir sans nécessairement être une clientèle.

◆ LES PARTENAIRES

Chaque entreprise possède des partenaires privilégiés. Ce sont d'abord les regroupements d'entreprises de même nature. L'Union des producteurs agricoles, l'Association des manufacturiers, la Fédération des commissions scolaires vont être solidaires de leurs membres dans toute situation.

Les magasins d'un centre commercial sont partenaires dans les efforts pour y attirer la clientèle. Les commissions scolaires, les écoles, les enseignants sont des partenaires dans l'éducation des enfants.

Si vous défendez une cause sociale, les syndicats, les regroupements de citoyens sont des partenaires naturels.

Lorsqu'on réalise une stratégie de communication, il ne faut toutefois pas présumer de l'attitude des partenaires en se disant qu'ils vont appuyer les positions proposées car ils sont aussi, ne l'oublions pas, des concurrents. Tous les membres d'un conseil de direction d'une entreprise sont des partenaires pour permettre à l'entreprise de se développer, mais ils sont tous des concurrents au poste de président. Ce qui veut dire qu'il faudra s'assurer que ses partenaires partagent et endossent les points de vue en cause.

Au-delà de ses partenaires directs, l'industrie touristique par exemple est liée très étroitement au monde économique car, dans certaines régions, elle est la première industrie économique. Mais elle est aussi partenaire du monde politique puisque le gouvernement subventionne et oriente le tourisme.

Lorsque l'on parle, par exemple, des partenaires socio-économiques ou culturels, il faut les nommer précisément. Et si possible par ordre de priorité. Des partenaires, il peut y en avoir des dizaines comme des centaines.

Ces partenaires peuvent aider à l'atteinte des objectifs. Ainsi, un organisme qui défend l'environnement peut essayer de s'associer à une entreprise comme McDonald's qui tente de donner d'elle-même l'image du souci de la protection de l'environnement.

On comprendra qu'à cette étape-ci on ne parle donc pas des cibles à rejoindre, mais des publics de l'entreprise. Ce sera plus tard qu'on décidera lesquels privilégier pour faire la campagne.

◆ LES ADVERSAIRES

Les adversaires comptent parmi les publics externes. Toute entreprise, de par sa seule existence, se crée des adversaires. Nous en avons d'ailleurs parlé dans le chapitre sur les notions de base. Ces adversaires vous surveillent et ne veulent pas précisément votre bien. Il faut donc les déceler, les connaître et essayer de prévoir leurs intentions.

Parmi les adversaires, on peut compter les contestataires, les ennemis, les plaignards, les clients jamais contents, les extrémistes, les médias. Et en certaines circonstances, les adversaires sont difficiles à contrôler. Pour un restaurateur, la température est un adversaire redoutable.

◆ LES CONCURRENTS

Et il y a aussi les concurrents. Or, il y a plusieurs types de concurrences. De multiples choix se présentent pour celui qui veut aller en vacances. La ville ou la campagne. L'ici ou l'ailleurs. La culture ou le sport. S'il fait son choix sur la culture par exemple, il pourra opter pour l'un ou l'autre des festivals, pour le cinéma, pour les musées, pour les spectacles rock, etc. Lorsque ce choix sera fait, il devra encore choisir quel film, quelle vedette ou quel musée voir. Mais la concurrence n'est pas toujours directe. Elle peut être indirecte et même inattendue. Toute nouvelle importante qui passionne les gens devient un concurrent pour toutes sortes d'activités. La mort de la princesse Diana a bouleversé l'emploi du temps de tous ceux qui ont voulu suivre le déroulement de ses obsèques.

◆ LES LÉGISLATEURS

Les différents niveaux de gouvernement peuvent être des facilitateurs, donc des intermédiaires, mais ils peuvent être aussi des adversaires par les lois, les règlements, les directives qu'ils imposent aux entreprises.

Ils sont aussi des partenaires lorsqu'ils appuient la cause et des clients lorsqu'ils achètent le produit ou le service. Mais ils sont rarement neutres.

4.5 Que devons-nous savoir d'eux?

Repérer ses principaux publics n'est que la première phase du travail. Il faut maintenant apprendre à les connaître, car chacun de ces publics a des attitudes et des comportements spécifiques. L'exemple suivant en illustre la complexité. Les diverses campagnes effectuées pour diminuer la consommation du tabac ont démontré que les différents publics réagissaient de façon inattendue aux annonces. Ainsi, pensant faire peur aux fumeurs en leur disant qu'ils auraient le poumon tout noir, qu'ils allaient mourir plus tôt que les autres, que les enfants portés par des femmes qui fumaient étaient plus chétifs, on s'est rendu compte que ces publicités confirmaient le choix des non-fumeurs de ne pas fumer, mais ne touchaient guère les fumeurs. En effet, ceux-ci avaient toujours des arguments qui leur semblaient rassurants comme celui de dire que « mon père a fumé toute sa vie et il est mort à 80 ans ». Ou encore, « mourir de ça ou mourir d'autre chose, de toute façon il faut profiter de la vie ». Les stratèges ont fini par comprendre que le public à rejoindre était les non-fumeurs et qu'il fallait qu'ils exigent de vivre dans un environnement non pollué. Encore une fois, la connaissance fine du public a facilité le choix des stratégies.

Leur profil

Que devons-nous donc savoir sur chacun de ses publics? Idéalement, il faut savoir qui ils sont, ce qu'ils savent, ce qu'ils pensent et ce qu'ils font. En réalité, il serait beaucoup trop fastidieux de connaître tous ces éléments pour chacun de ses publics. Mais au sujet de ceux qui peuvent être concernés par le mandat qui vous est confié, il est nécessaire d'avoir le plus de renseignements pour être en mesure de savoir comment leur parler et quoi leur dire éventuellement. Revoyons les quatre éléments qui nous permettront de mieux les connaître.

◆ QUI SONT-ILS ?

Dans un premier temps, il est utile de connaître le profil de ses publics, c'est-à-dire leur répartition selon l'âge, le sexe, la scolarité, le revenu et leur lieu de résidence (ville, banlieue, quartier).

Pour obtenir ces données, il faut faire des recherches spécifiques ou utiliser son imagination. Les bureaux de statistiques provinciaux et canadien, les analyses réalisées par les grands regroupements de producteurs et la lecture des médias qui citent de nombreuses données recueillies par divers groupes permettent d'avoir accès à une foule de données, sans se lancer au départ dans des études complexes et coûteuses.

Lorsque nous travaillons à l'interne, il faut aussi dresser le profil des ressources humaines. Dans certaines situations, il est essentiel de connaître la répartition des employés entre hommes et femmes, entre différentes ethnies, entre handicapés et non handicapés.

◆ QUE SAVENT-ILS ?

Chaque segment de ses publics partage des connaissances différentes sur l'entreprise, le produit ou les préoccupations en jeu.

On peut être concerné par une situation sans savoir que celle-ci peut avoir des conséquences pour soi. Ainsi, en quoi la construction d'un immense centre commercial en périphérie d'une ville peut-elle déranger les personnes âgées qui habitent une maison de repos au centre-ville ? Dans certaines circonstances, cette construction n'aura aucun effet sur elles. Mais, dans d'autres, ce nouveau centre commercial peut obliger de nombreux petits commerçants à fermer leurs portes, comme cela se produit chaque fois qu'un nouveau centre se construit. De ce fait, cela a privé les personnes âgées de lieux pratiques pour faire leurs courses.

Il y a, par ailleurs, des publics avertis qui suivent avec attention et passion tout ce qui peut les déranger dans le secteur d'activité qui les anime.

Où se situe le public concerné par le mandat qui vous a été confié ?

◆ QUE PENSENT-ILS ?

Savoir qu'un public donné est au courant de vos préoccupations ne vous dit pas ce qu'il en pense. Est-il attiré, indifférent ou repoussé par ce qui vous concerne ? A-t-il l'intention d'essayer votre produit ou votre service ? A-t-il une attitude positive, neutre ou négative par rapport à l'entreprise ? Manifeste-t-il des préférences à l'égard de vos concurrents ? Est-il satisfait des liens qu'il entretient avec votre entreprise ? Quel est le taux de notoriété de votre produit ?

De façon plus générale, il est intéressant aussi de savoir ce qu'un public donné pense du monde qui l'entoure. Est-il sensible ou indifférent à la protection de l'environnement ? Quelles sont ses valeurs religieuses ? Quelle est sa perception du rôle de la femme en publicité ? Il faut savoir sonder l'âme profonde du public. Pourquoi aime-t-il les faits divers ? Quelles sont ses peurs ? Ses idoles ? Ses démons ?

Que pense le public de votre entreprise ? Qu'aimeriez-vous qu'il pense de vous ? Et que pensez-vous de votre public ? Serait-il utile que certains de vos publics vous perçoivent de façon différente ? Comment et pourquoi se construit l'opinion du public pour l'entreprise ? Quelle est l'attitude du public face à de nouvelles mesures prises par l'entreprise ? Quels sont les éléments rationnels et émotifs qui sous-tendent les décisions d'achat ? Est-ce qu'après leur achat les gens regrettent peu ou beaucoup leur achat, ont-ils besoin d'un soutien après l'achat ? Quels sont les motifs les plus souvent invoqués pour adopter une attitude ? Que pense l'opinion publique ? Quelles sont les attitudes du public envers votre produit, envers la compétition ? Dans le processus d'achat, quels sont les motivations et les freins qui les guident ?

Tous ces éléments permettent déjà d'orienter le type de message que l'on établira ultérieurement.

◆ QUE FONT-ILS ?

Le public que l'on étudie nous connaît, nous apprécie, mais utilise-t-il notre produit, notre service ? Adhère-t-il à notre cause ?

Il s'agit ici de connaître ses habitudes de consommation et ses comportements. Il faut savoir que le comportement du consommateur peut-être rationnel et réfléchi, mais aussi capricieux, irrationnel et impulsif. Il recherche la satisfaction de besoins biologiques mais aussi psychiques.

Il achète pour se faire plaisir autant que par besoin. Il se laisse séduire par la valeur symbolique des produits qu'il acquiert. On peut encore décrire le profil du consommateur en le distinguant en gros utilisateur, en utilisateur moyen ou en faible utilisateur de votre produit. On peut comparer sa consommation entre votre produit et celui de vos compétiteurs.

Quels sont les processus d'adoption d'un produit, d'une idée ou d'un service? On sait que lorsqu'un produit nouveau est lancé il existe une catégorie de gens qu'on nomme les novateurs qui vont se jeter sur lui. Mais comment repérer ces novateurs? Qui sont les utilisateurs précoces de votre produit? À la suite de ces novateurs, apparaissent les premiers convertis, puis se dessine une majorité qui entraînera les retardataires.

On obtient ces renseignements par les études sur les habitudes d'achat, sur les cotes d'écoute ou par les expériences passées. Si vous avez l'intention, par exemple, de mettre sur pied une campagne de financement, savez-vous si votre cible a l'habitude de donner aux demandes de sollicitation qu'elle reçoit ou a-t-elle un comportement préférentiel pour votre organisation?

Connaissons-nous les habitudes de fréquentation des médias de notre public? Est-ce que le quotidien que l'on privilégie pour diffuser nos messages est bien celui que lit notre public? Est-ce que la station de radio que l'on croit être la meilleure pour atteindre notre public est bien celle qu'il fréquente?

Comment prendre en compte le fait que le public s'expose de façon sélective à certains messages, c'est-à-dire qu'il lit un journal plutôt qu'un autre, qu'il regarde certaines émissions de télévision plutôt que d'autres et que, de ce fait, il reçoit certains messages et en écarte d'autres. Au-delà de l'*exposition* sélective, un individu exerce une *perception* sélective. Lorsqu'il regarde une émission, il retient certains éléments plutôt que d'autres. Deux individus qui auront le même journal entre leurs mains ne liront pas nécessairement les mêmes articles. Chacun exerce un choix sur les textes qui l'intéressent. Et quelques jours après avoir lu un journal, regardé un bulletin d'information à la télévision, chaque individu ne retient qu'une partie de ce qui l'a frappé, phénomène qu'on appelle la *rétention* sélective.

À défaut de bien situer tous ces éléments, toutes les autres activités seront plus ou moins bien adaptées au problème à résoudre et à l'objectif à atteindre.

L'analyse des différents publics de l'entreprise nous fait prendre conscience que celle-ci interagit avec diverses entités. Il y a :
- les intervenants qui produisent, c'est-à-dire le public interne ;
- les intervenants qui consomment, c'est-à-dire la clientèle ;
- les intervenants qui lient, c'est-à-dire les partenaires ;
- les intervenants qui influencent, c'est-à-dire les législateurs.

Leur pattern de comportement

On a l'habitude de classer le comportement des gens selon certaines échelles. En voici quatre.

◆ DU PUBLIC INCONSCIENT AU PUBLIC ACTIF

On peut exprimer en quatre séquences le trajet que peut parcourir un public devant un fait ou une idée qui devrait le préoccuper.
- Le public est n*on concerné* lorsqu'un groupe de personnes n'est pas et ne se sent pas touché par un problème. Il peut donc évacuer ce problème de ses préoccupations. Par exemple, lorsque vous vivez à la ville, l'odeur du fumier de la campagne ne vous inquiète ni ne vous gêne guère.
- Le public est *latent* lorsque les personnes partagent un problème commun, mais elles ne reconnaissent pas que ce problème existe bel et bien, que ce problème peut avoir, à court ou moyen terme, des conséquences dans leur vie de tous les jours. Il s'agit d'un public « inconscient ». C'est donc un public concerné, mais qui ne le sait pas. Ainsi, tous ceux qui subissaient des transfusions sanguines au début des années 1980 ignoraient les dangers du sida. Ce groupe, les hémophiles par exemple, constituait un public inconscient mais concerné.
- Le public devient *averti* lorsque les personnes formant ce public reconnaissent qu'il y a bel et bien un problème. Elles sont conscientes du problème, de la situation, du défi, du changement qui s'opère. Ce fut le cas lorsque les hémophiles ont pris

conscience du drame du sang contaminé. Mais, à ce stade, le public averti reste passif.

— Le public devient *actif* lorsque les personnes s'organisent pour faire quelque chose, qu'elles passent à l'action. Ce fut le cas lorsque les hémophiles ont dénoncé la situation et ont poursuivi les responsables de la distribution du sang contaminé.

Il faut savoir que chaque étape n'entraîne qu'une partie du public concerné. Il y a encore des gens aujourd'hui qui pensent qu'ils ne peuvent pas attraper le sida même s'ils pratiquent un certain vagabondage sexuel.

On peut voir, à travers cette première approche, que définir sa cible comporte une connaissance de ses publics et aussi un choix. Plus cette connaissance sera fine, plus il sera possible d'intervenir aux différents stades de son développement.

◆ DU NOVATEUR AU RETARDATAIRE

Une autre façon de voir le public, c'est dans l'échelle de son comportement face à un nouveau produit, que ce soit un bien, un service ou une cause. Encore ici, on considère que l'on peut diviser en quatre parties les différents acteurs sociaux.

— Les *novateurs* sont ceux qui vont essayer le produit dès qu'il sort sur le marché. Leur principale caractéristique, c'est de rechercher la nouveauté. Ils achètent le produit non pas parce qu'il possède en soi des qualités qui les séduisent, mais parce qu'il est nouveau. C'est ce qui explique que, depuis des années, le Tide est toujours nouveau, avec des particules bleues, jaunes, avec ou sans phosphate, etc. Les novateurs sont des gens qui se distinguent par le goût de l'aventure, leur caractère de leader dans leur domaine. Ainsi, certains individus iront voir tous les nouveaux films tout simplement parce qu'ils sont nouveaux. D'autres achèteront les primeurs parce qu'elles viennent d'arriver. Toute l'histoire du Beaujolais nouveau repose, entre autres, sur ce concept.

— Les pr*emiers utilisateurs* suivent les novateurs. Dès qu'ils voient qu'un produit semble s'implanter, ils vont se mettre au goût du jour. Les novateurs sont ceux qui créent les tendances de la mode. Les premiers utilisateurs sont ceux qui confirment les tendances.

— La *masse des utilisateurs* va s'accrocher à la mode qui est en train de s'établir. Elle va créer l'habitude d'utilisation du produit comme allant de soi.

— Les *retardataires* sont ceux qui restent accrochés à leurs habitudes, qui ne veulent pas changer. Ce sont en même temps les fidèles qui ne changeront pas de marque parce qu'ils y sont attachés.

◆ LE PUBLIC PRIMAIRE, SECONDAIRE ET MARGINAL

Dans un plan de communication, le public primaire est celui qui est le plus concerné par la situation. Lors d'un désastre écologique, par exemple, le public primaire, ce sont les gens qui habitent directement autour de la zone dévastée.

Le public secondaire est un public un peu moins concerné par la situation. Dans l'exemple cité plus haut, il sera composé des gens qui habitent aux limites de la zone touchée ou des agriculteurs qui habitent une région limitrophe et qui ont peur des répercussions pour leurs cultures.

Le public marginal est un public qui est concerné par ce qui se passe, mais à un degré éloigné. Ainsi, tous les groupes préoccupés par la sauvegarde de l'environnement peuvent devenir des intervenants critiques dans une telle situation, même s'ils ne sont pas touchés directement.

Il appartient encore ici au communicateur de savoir lequel de ces publics l'intéresse pour sa campagne. Il ne faut pas oublier que les publics marginaux, en certaines circonstances, peuvent être peu concernés par un désastre, mais extrêmement importants au cours des débats qui ne manqueront pas de suivre. Il faut juger de l'importance que l'on va accorder à chacun de ces publics en fonction du mandat à réaliser.

À la limite, on pourrait juger, compte tenu de l'urgence, que le seul interlocuteur en qui il vaut la peine d'investir du temps, c'est le gouvernement qui peut être classé, par rapport à la crise, dans les publics marginaux. Mais c'est lui qui gère les secours, qui participe au coût de remise en état, qui impose des sanctions à ceux qui ont commis des imprudences…

Lorsque viendra le temps de déterminer la cible des communications, le communicateur choisira l'un de ces publics, qui deviendra alors la cible première à atteindre pour solutionner le mandat.

◆ SYMPATHISANT, OPPOSANT ET NON-ENGAGÉ

Les sympathisants sont ceux qui ont une attitude et un comportement favorable. Dans une stratégie, il ne faut pas les considérer comme des gens déjà acquis. Il faut les fidéliser davantage, renforcer leurs croyances pour qu'ils deviennent les porte-parole de l'entreprise en quelque sorte.

Les opposants, par contre, peuvent avoir toutes sortes de raisons de ne pas accepter le produit. Ils peuvent mal le connaître, avoir connu une mauvaise expérience ou tout simplement ne pas partager la philosophie qui anime l'entreprise. Il faut alors les persuader qu'ils ont tort.

Enfin, ceux que l'on appelle les «non-engagés», ce sont les indifférents. On peut donc vouloir les sensibiliser à notre cause, à notre produit.

4.6 Le constat

Comme nous l'avons fait précédemment, il est utile de dresser un constat des publics de l'entreprise. Quels sont ceux qui semblent les plus directement touchés par le mandat ? Que savons-nous d'eux ? Quelles sont leurs forces et leurs faiblesses face au mandat ? Quels sont les bons et les mauvais publics ?

On se rend compte ici que la seule énumération des publics d'une entreprise ne suffit pas pour prononcer un constat. Il faut surtout bien les connaître et savoir porter un jugement.

La rigueur de ce constat facilitera grandement la tâche du communicateur lorsque viendra le temps de déterminer la cible des communications que nous verrons au chapitre 5. Le travail de connaissance et de compréhension des publics ayant été fait, il ne sera pas nécessaire éventuellement de chercher ces cibles, ni de les expliquer, mais plutôt de les énoncer. Il faudra alors se rappeler que les cibles choisies devront avoir été finement scrutées, analysées et comprises.

5. LE CONTEXTE ENVIRONNEMENTAL

Lorsqu'une entreprise pose un geste, lance un produit, change de politique, elle le fait dans un cadre de temps et d'espace particulier qui peut influencer la perception de ces gestes. Il est donc utile de s'interroger sur le contexte qui existe ou qui existera au moment où l'action décidée par l'entreprise se déroulera.

Si le contexte en soi est important, la relation du contexte avec l'action donnée est encore plus essentielle. À titre d'exemple, la venue du pape dans une ville a plus d'importance pour les communautés religieuses que pour le monde économique. Ainsi, chaque action possède son propre cadre de référence qu'il faut connaître, chaque défi doit composer avec un contexte qui lui est propre. Il faut donc savoir situer l'action dans un contexte plus global et essayer de voir ce qui peut aider ou nuire à sa réalisation.

L'analyse de ce contexte relève souvent de la culture générale du communicateur, car ce contexte a de multiples facettes qui peuvent avoir des influences positives ou négatives sur l'action.

Kapferer (1978, p. 325) note que l'intention se traduira en action si la situation dans laquelle elle s'est développée demeure favorable ou s'améliore. L'environnement doit constituer un incitatif à donner suite à une intention, à passer effectivement à l'action. Et il lui donne un rôle de premier plan non seulement «dans l'acquisition de nouveaux comportements», mais «dans le maintien et la fréquence des comportements ainsi acquis». Nos habitudes dépendent largement de notre environnement, habité d'un nombre variable de stimuli qui sont autant d'instigateurs à perpétuer des réponses conditionnées.

Essayons de décomposer en parties plus saisissables le contexte dans lequel s'inscrit la demande et d'en voir les contraintes et les exigences autant à l'interne qu'à l'externe de l'entreprise, c'est-à-dire celles qui relèvent de la structure de l'entreprise (contexte interne) et celles qui relèvent de la conjoncture particulière du moment (contexte externe).

Par ailleurs, dans certaines circonstances, il faut tenir compte du contexte global de la société dans laquelle évolue l'entreprise ou ne tenir compte que du contexte propre au mandat.

5.1 Le contexte interne

Les défis internes d'une entreprise peuvent habituellement se développer en parallèle avec les initiatives externes, suivre un cours différent ou même évoluer selon un rythme opposé. Il peut exister à l'interne un climat de travail tendu et à l'externe une demande accrue pour les biens, services ou idées de cette entreprise.

Toutefois, ne pas tenir compte de la situation interne peut avoir des répercussions sur les actions externes. Lorsqu'une compagnie aérienne, en difficulté financière, a annoncé aux médias un plan de redressement interne sans avoir mis ses employés dans le coup, ceux-ci ont immédiatement observé une grève du zèle qui a paralysé les initiatives de l'employeur.

Toute campagne d'image d'une entreprise peut se voir dévalorisée par des employés mécontents qui vont contredire sur la place publique l'image que veut se donner l'entreprise ou, plus discrètement, donner aux médias des informations mettant en doute la sincérité de l'entreprise.

Au cours des dernières années, on a vu souvent les efforts positifs de revalorisation de l'image des policiers être ternis par des bavures et des comportements inélégants de certains de leurs membres.

5.2 Le contexte externe

Le contexte externe est constitué de tout ce qui peut influencer l'entreprise mais qui se produit à l'extérieur de ses cadres.

L'actualité

Au premier chef, l'actualité crée un contexte qui exige une écoute attentive pour s'assurer de ne pas faire de faux pas. Au début de la guerre du Golfe, en janvier 1990, les organisateurs du Super Bowl se sont demandé s'il était opportun de tenir une telle festivité pendant que des jeunes Américains risquaient leur vie pour la défense de la liberté. Le sujet a soulevé des débats divers dans l'opinion publique et, finalement, le consensus s'est fait autour de la réponse suivante : en ces jours de grande tristesse pour la démocratie, peut-être est-il intéressant de permettre à la population américaine de s'arracher pendant quelques heures aux horreurs de la guerre.

L'actualité crée, par ailleurs, des situations propices à certaines manifestations. Pour une garderie, la Semaine de la petite enfance propose un contexte idéal pour faire connaître ses doléances. Pour un groupe culturel, le lancement d'une politique culturelle constitue un tremplin pour relancer ses revendications. Pour un groupe contestataire, de grandes manifestations publiques organisées par d'autres lui procurent une tribune exceptionnelle. C'est ainsi que des regroupements féminins ont choisi la visite du pape pour dénoncer le sort réservé aux femmes dans l'Église. Lors des Jeux olympiques, les minorités politiques tentent de faire entendre leur voix par des coups d'éclat.

À une moindre échelle, c'est par les médias que l'on apprend les erreurs de parcours des autres. C'est ainsi que certaines entreprises ont été prises à partie pour avoir communiqué en anglais avec une clientèle francophone ou que deux groupes communautaires ont organisé un marcheton la même journée.

Par ailleurs, l'actualité peut toujours avoir raison des meilleures campagnes de communication. Que fait-on lorsque, le soir d'une rencontre prévue depuis longtemps, une tempête de neige de 50 cm s'abat sur la ville ?

Le contexte socioculturel

Le contexte socioculturel préside à la définition des valeurs d'une société ainsi qu'à l'évolution des idées et il s'apprivoise par une culture générale.

Ce contexte prescrit les frontières à ne pas franchir si l'on ne veut pas choquer et met en lumière les valeurs dominantes pour qu'on s'y greffe. De plus, il livre des milliers de petites informations qui prennent tout leur sens lorsque vient le temps de poser des gestes de communication.

Offririez-vous un beau coq de village en cuivre rutilant à un ministre flamand de passage au Québec, lorsque l'on sait que le coq est
l'emblème des Wallons et le lion celui des Flamands. C'est un peu
comme si les Belges offraient au premier ministre du Québec une belle
feuille d'érable en guise de souvenir, plutôt qu'une fleur de lys.

Il faut donc resituer dans un contexte plus large la production des
messages et des stratégies de communication. Les mots mêmes prennent
une dimension particulière selon le contexte. Certains mots sont neutres, mais l'expression «une altercation entre deux individus» met l'accent sur l'altercation. D'autres sont porteurs de jugement. Par exemple,
si on dit «un Noir a frappé un individu», cela condamne davantage le
Noir.

Les contextes évoluent. Les milieux urbains sont porteurs de culture et de violence, alors que l'espace rural s'attache aux valeurs plus
fondamentales. Les jeunes ont développé leur propre contre-culture et
les femmes ont laissé la jupe pour le pantalon depuis 20 ans. Tout bouge.

Lorsque l'on juge mal le milieu, on provoque un effet boomerang.
L'exemple classique de cet effet s'est passé pendant la crise de l'énergie.
On avait dit aux Québécois qu'il fallait économiser l'énergie, car elle se
raréfiait. Or, ce fut l'année où les Québécois ont acheté le plus grand
nombre de grosses cylindrées. Pourquoi? Parce que les Québécois en
ont conclu que, s'ils voulaient un jour posséder une telle voiture, c'était
le moment ou jamais de l'acheter.

Burgelin (1970) présentait ainsi le contexte social: si un individu-
créateur propose un scénario de film à un producteur, celui-ci ne l'acceptera que s'il croit que ce scénario fera un bon film. Pour s'en assurer,
il demandera à un distributeur s'il est intéressé par la diffusion d'un tel
film. Et celui-ci ne l'acceptera que s'il croit qu'un individu-consommateur l'adoptera. Et l'individu-consommateur qui verra un jour le film se
confondra avec l'individu-créateur et le cercle sera bouclé. La circulation du message de l'individu-créateur à l'individu-consommateur ne se
fera que si chaque partenaire évalue de la même façon le contexte
socioculturel.

Lorsque, à la fin des années 1990, on a voulu refaire le film *Les 101
Dalmatiens* avec de vrais chiens et non plus en bandes dessinées, on a fait
appel à tous les propriétaires de Dalmatiens pour prêter leur chien à

cette aventure avec la garantie que ceux-ci recevraient tous les soins requis et exquis. Mais on n'avait pas prévu la prise de position de la Société de protection des animaux, qui s'est indignée des effets pervers d'un tel film. En effet, la société avait réalisé qu'après la sortie du premier film de nombreuses familles avaient fait l'acquisition de Dalmatiens jeunes et gentils. Mais, avec la croissance, ces animaux, devenant encombrants, ont été abandonnés sans scrupule par leur propriétaire.

Le contexte urbain est souvent porteur de valeurs négatives : violence, insécurité, pauvreté, mendicité, sans-abri. Si votre mandat concerne ce milieu, il faut savoir le décrire et essayer de comprendre dans quelle mesure ces valeurs influencent le défi que vous avez à relever.

Le contexte économique

Comment réaliser un mandat qui propose une augmentation des ventes dans un contexte économique difficile ? Comment obtenir le soutien financier des divers niveaux de gouvernement lorsque l'on sait qu'ils n'ont qu'une idée en tête : réduire les subventions ? Comment essayer d'augmenter la fréquentation des musées, lorsque la première préoccupation des gens est d'équilibrer leur budget ? Comment amener les gens à opter pour le beurre lorsque la margarine coûte moins cher ?

Toutes ces préoccupations ramènent à la question suivante : comment concilier les contraintes économiques qui rétrécissent le pouvoir d'achat du public avec la volonté des entreprises de se développer ? Le contexte économique ramène l'entreprise aux questions fondamentales : si le citoyen-consommateur a moins d'argent, comment peut-on faire pour s'assurer que ce soit les autres entreprises et non la sienne qui en souffrent ?

Pour faire face à une telle situation, il faut d'abord bien évaluer le contexte économique car, pendant que le gouvernement resserre l'étau autour des dépenses publiques, les entreprises doivent trouver de nouveaux créneaux d'expansion. Ainsi, Bombardier a su diversifier ses produits pour suivre la demande des besoins de certains pays.

Plus une entreprise saura évaluer le contexte économique, plus il lui sera facile de s'y adapter. Plus une entreprise saura prévoir les grandes tendances de la société, plus elle saura s'adapter.

Le contexte économique a tué des grandes surfaces, comme la quincaillerie Pascal, mais, en même temps, il a permis à la chaîne Réno-Dépôt d'occuper un nouveau créneau.

La perception adéquate du contexte économique permet alors à certaines entreprises de mieux s'y adapter.

Le contexte politique

Certains gouvernements prônent la déréglementation et d'autres favorisent la centralisation. Selon les pressions politiques, les gouvernements sont fortement préoccupés par la consommation du tabac, par la façon dont sont gérées les réserves de sang ou par la pollution. Est-ce que votre entreprise ou votre produit sont dans le champ de mire du politique ?

Quelle est la vision de l'opinion publique sur le sujet qui vous préoccupe ? Il faut savoir que, plus souvent qu'autrement, le politique est plus sensible aux pressions qu'il reçoit qu'à la cause défendue.

Existe-t-il des courants sociaux qui peuvent amener le gouvernement à légiférer, comme on l'a vu pour l'achat et la propriété des armes à feu, pour la protection de sites historiques, pour la protection de l'environnement ?

Compte tenu que le politique intervient dans tous les aspects de la vie humaine, il est intéressant de savoir ce qui se trame dans la sphère qui vous concerne. Par ailleurs, chaque parti politique défend avec plus de détermination certains dossiers. Votre dossier fait-il partie de ceux-là ?

Y a-t-il des lois, des règlements qui vous touchent ? L'interdiction de la vente d'alcool et de cigarettes aux moins de 18 ans a-t-elle des conséquences sur votre chiffre d'affaires ?

À cette étape-ci, on ne se demande pas comment on va réagir aux situations décrites, on se contente de regarder l'état des lieux et de porter un jugement sur celui-ci.

La concurrence

Nous avons abordé la question des concurrents lorsque nous avons traité des publics d'une entreprise. Mais ils sont aussi présents dans le contexte général dans lequel évolue l'entreprise.

Pour Desaulniers (1987a, p. 65), «les échanges et les communications entre une organisation et ses marchés cibles s'accomplissent dans un espace ouvert, accessible à d'autres organisations qui cherchent à acquérir une part de ce marché, en utilisant les mêmes moyens».

«Pour identifier sa concurrence, il faut se placer dans l'optique du client potentiel. La démarche de comportement d'achat implique une phase de magasinage qui l'amène à comparer non seulement des offres similaires, mais également des substituts. Par exemple, les principaux concurrents d'une salle de cinéma sont, à divers degrés, toutes les autres formes de loisirs.»

◆ CE QU'ELLE EST

Il faut d'abord savoir identifier ses concurrents. Nous avons vu qu'il y a des concurrents directs qui offrent le même type de produit que le vôtre et des concurrents indirects qui rivalisent d'adresse pour attirer l'attention du public en leur proposant des choix opposés. Il en est ainsi des vacances où l'on peut décider de faire du ski ou de se faire bronzer au soleil. Ce sont deux éléments différents, mais l'individu qui prend des vacances a le choix entre les deux destinations. Lorsqu'il a opté pour se faire bronzer, il faut encore qu'il détermine un endroit entre tous ceux qui lui sont proposés. Et, lorsque son choix est arrêté, il doit encore désigner le transporteur qui l'y amènera.

Pour découvrir la concurrence d'un département universitaire de communication, par exemple, il faut bien sûr analyser la structure et le fonctionnement des autres départements qui offrent ce type de cours. Mais si, en analysant l'ensemble des offres d'emplois en communication parues dans les médias, on se rend compte que parfois on demande des finissants d'écoles de marketing ou d'administration, on s'aperçoit alors que la concurrence ne vient donc pas uniquement des autres départements de communication.

Idéalement, pour chaque concurrent, on devrait être en mesure de dresser son profil, le budget qu'il consacre à ses activités de communication, les objectifs et le public visés, ses points forts et faibles. À cet effet, Cossette et Déry (1987) insistent pour dire qu'il est intéressant de connaître l'importance relative de l'entreprise face aux autres entreprises de même nature ou du même milieu.

Ainsi, vous pouvez découvrir que l'entreprise est le plus grand ou le plus petit employeur de la région, qu'elle est la plus importante du genre au Québec ou au Canada, que son chiffre d'affaires est exceptionnel compte tenu de sa taille, que sa croissance est rapide, que l'évolution de son effectif est intéressante, que les emplois indirects qu'elle crée sont imposants, etc.

Ces données permettent de connaître l'importance relative de votre entreprise par rapport à la concurrence. Une société peut être la plus grosse de sa région, mais la troisième en importance parmi ses concurrents. Il est important et utile de connaître les deux éléments.

Une telle comparaison avec les compétiteurs permet également de découvrir ses forces et ses faiblesses sur le plan structurel, sa valeur relative en ressources humaines, matérielles, informatiques ou financières.

Il s'agit là d'une recherche comparée, c'est-à-dire que l'on compare nos faiblesses et nos forces à celles de nos concurrents directs et indirects. Ces données seront utiles lorsque viendra le temps d'écrire les messages et d'exprimer les forces véritables de l'entreprise.

Dans le cas d'une entreprise en situation de monopole, il faut aussi accorder de l'importance à l'analyse du contexte environnemental, car aucun monopole n'est éternel.

◆ CE QU'ELLE FAIT

Il y a également des concurrents féroces qui n'hésitent pas à dévaloriser leurs compétiteurs, parfois même en les nommant dans leur publicité, en les traînant devant les tribunaux ou en utilisant l'opinion publique pour tenter d'influencer le choix du public. Il faut donc savoir évaluer les actions des compétiteurs.

Ainsi, la concurrence n'est pas toujours passive. Elle dresse des pétitions, elle crée des regroupements pour faire valoir son point de vue, elle utilise toutes les méthodes qui lui sont permises et même celles qui sont illégales. En politique, elle utilise la propagande et la démagogie. Sur le plan commercial, elle utilise le mensonge. Sur le plan social, elle peut avoir recours au terrorisme, alors que les idées deviennent des religions auxquelles il faut adhérer sous peine de se faire exclure ou insulter. Les groupes Pro-Vie aux États-Unis n'ont pas hésité à tuer... pour empêcher les Pro-Choix d'agir.

Il arrive parfois que des concurrents dénoncent la publicité de leurs adversaires devant les autorités compétentes. Les cas célèbres concernent les soupes Campbell, accusées d'avoir fait flotter de petites nouilles sur des fragments de formica ; l'accusation fut jugée futile mais les démêlés de Campbell, avec la justice durèrent quatre ans et tout fut amorcé par son rival Heinz (Mercer, 1994). Volvo fut accusé d'avoir renforcé les structures de ses voitures dans une publicité démontrant leur résistance lors d'un «demolition derby» ; Volvo fut condamné à payer l'amende et l'agence de publicité fut renvoyée. Unilever fut accusé par Procter and Gamble de mettre sur le marché une poudre détergente tellement efficace (Omo Power et Persil Power) qu'elle brûlait les vêtements. P&G envoya des photos à tous les médias montrant les dégâts, acheta des pages de publicité pour condamner la lessive rivale. Unilever a retraité, s'est excusé, a remboursé et retiré son produit (Wentz, 1995).

En étudiant la concurrence, on peut se comparer entre entreprises, entre produits, entre activités ou budgets de communication, entre cibles visées. Lorsqu'une entreprise comme Price Costco (clubs Price) ajoute des boulangeries et des boucheries à ses magasins (Vailles, 1995), ceci perturbe le marché.

On peut donc connaître la position concurrentielle occupée par un produit, un service ou une entreprise sur un marché donné et savoir si le produit ou le service est considéré comme un leader ou un suiveur, un spécialiste ou un généraliste, un innovateur ou un conservateur, un original ou un imitateur.

5.3 Le constat

Quel constat pouvons-nous poser de l'entreprise et de son contexte? Est-il important de bien connaître ce dernier pour réaliser le mandat? Si oui, comment peut-on résumer la réflexion que l'on vient de faire?

Voici quelques exemples de constats qui vous sont suggérés.

« L'entreprise est de taille moyenne dans son secteur d'activité et ne se distingue pas de façon particulière des autres, à l'exception près que sa croissance est nettement plus importante que celle des autres. »

« Il s'agit d'une entreprise non différenciée des autres de sa catégorie et ce n'est donc pas à ce niveau qu'il sera possible d'articuler une campagne forte. »

« L'entreprise est la première de son secteur et fait figure de proue. Elle est un leader dans son domaine et est reconnue. »

« L'entreprise fabrique un produit de qualité supérieure qui se différencie avantageusement de la compétition. »

« L'entreprise est en avance dans son secteur et subit de rudes attaques de ses compétiteurs qui gagnent des points chaque année sur elle. »

6. LES COMMUNICATIONS

Afin de préparer une stratégie de communication adéquate, il est opportun de s'interroger sur les activités de communication antérieures. Ce tour d'horizon permet de revoir les stratégies qui ont déjà été expérimentées et, s'il y a eu une évaluation, de connaître les réactions des cibles aux campagnes précédentes. Ces données constituent un point de référence intéressant, car elles permettent de suivre l'évolution des campagnes et des thématiques dans le temps et d'en connaître les effets.

Les objectifs généraux du plan de communication ainsi que les moyens utilisés différeront selon qu'il s'agit de la communication interne ou de la communication externe. Les deux volets du plan, l'interne et l'externe, devront demeurer complémentaires l'un de l'autre et cohérents l'un avec l'autre puisque l'établissement, comme tout autre corps social, ne peut avoir un double langage, quoique cette approche souffre de quelques exceptions.

Le plan de communication peut se concentrer à l'interne seulement, si le mandat le justifie. Mais il faut aussi savoir qu'une campagne dynamique conçue pour l'externe peut constituer une source de motivation pour les employés qui retirent un sentiment de fierté d'appartenir à une entreprise qui reflète une image appréciée. Il faut donc garder présent à l'esprit que le personnel de l'entreprise rejoint par les communications internes est aussi un citoyen percevant les messages destinés aux publics externes.

6.1 La communication interne

Liée à la politique de gestion des ressources humaines, la communication interne a pour but d'agir auprès des membres de la communauté, de les informer et de les renseigner afin de permettre le fonctionnement harmonieux et efficace d'un établissement par nature complexe et décentralisé.

Existe-t-il un plan de communication interne? Sinon, existe-t-il des pratiques de communication comme le bulletin interne, les notes de service adressées à tout le personnel? Lorsque l'on dresse la liste de toutes les activités de communication réalisées à l'intérieur d'une entreprise, on est parfois surpris de tout ce qui s'y organise.

L'entreprise a-t-elle fait des sondages pour mesurer le taux de satisfaction de ses employés? Si oui, depuis combien de temps? L'entreprise a-t-elle pris des mesures de correction pour répondre aux principales doléances qui lui ont été formulées?

Un audit a-t-il déjà été exécuté pour évaluer le climat interne de l'entreprise et pour évaluer les forces et les faiblesses des programmes de communication interne?

L'ensemble de ces éléments donne un portrait de la situation des communications internes et permet de proposer un programme adéquat de communication interne.

Lorsque le mandat à exécuter exige une forte participation du personnel à la réalisation du plan de communication, avec les éléments précédents, il est possible de dresser un plan d'attaque efficace.

Précisons toutefois que peu d'entreprise se donnent tous ces moyens et qu'habituellement on sait peu de chose sur le climat et sur les pratiques de communication interne. Dans ce cas, il faut travailler avec les informations, les intuitions ou les indices que l'on possède, sachant d'avance que la stratégie n'aura de valeur effective que si elle corrige de vrais problèmes.

Par ailleurs, toute analyse de la communication interne trahit des malaises que vit chaque entreprise. Les employés déplorent le fait de recevoir peu d'informations, reçoivent peu d'encouragement et de soutien, ont souvent l'impression de n'être que des numéros.

Que faut-il faire alors ? Entre dénoncer la haute direction pour son manque de considération pour ses employés ou lui proposer une stratégie de revalorisation des employés, la deuxième solution est la meilleure. Et si l'entreprise considère que le climat déplorable découle d'un mauvais état d'esprit des employés, la deuxième solution s'impose davantage.

La communication au sein de l'entreprise emprunte différents canaux :

- les canaux contrôlables : les publications, le vidéojournal, les circulaires administratives, les réseaux électroniques, les relations publiques ;
- les canaux incontrôlables : les articles de presse, le bouche à oreille, les rumeurs, etc.

Il serait faux de penser que le service des communications gère et centralise à lui seul toutes les activités de communication menées dans l'entreprise.

Le président, en tant que représentant institutionnel de l'entreprise, apparaît comme le relais de communication entre l'interne et l'externe, et entre les différents sous-systèmes composant l'ensemble. Au-delà de ses prérogatives officielles, il peut, au moyen de ses discours, ses notes et circulaires, mettre en valeur une image de l'entreprise et faire émerger un sentiment d'appartenance auprès du personnel de l'organisation.

La responsabilité de la communication interne est habituellement partagée entre la direction des communications et celle des ressources humaines. Parfois le partage est harmonieux et complémentaire ;

d'autres fois, il est conflictuel. En théorie, la politique de gestion des ressources humaines appartient à la direction du même nom et la direction des communications doit agir comme conseil auprès de cette direction pour l'aider à réaliser ses mandats. En pratique, une partie de la gestion des ressources humaines repose sur la finesse et la pertinence des programmes de communication interne. Or, les avis sont partagés pour savoir laquelle des deux directions devrait gérer de tels programmes. L'accueil des nouveaux employés est-il de la responsabilité des ressources humaines ou des communications ? La réponse est double : les ressources humaines intègrent l'employé dans sa nouvelle structure de travail et lui font partager les valeurs de l'entreprise ; les communications lui transmettent l'image de l'entreprise et essaient d'en faire un ambassadeur permanent. Mais le premier demande aux seconds de lui fournir les outils techniques tels que vidéo et dépliant pour bien illustrer la philosophie de gestion ; et le second abandonne souvent au premier le soin de parler de l'image de l'entreprise.

L'enjeu de la communication interne est social, dans la mesure où celle-ci permet de mobiliser les personnes, mais il est aussi économique, car les résultats de l'entreprise en ce qui a trait au rendement sont le reflet de la dynamique interne.

Dans toute entreprise, en matière de communication, il y a un réel besoin de véhicules et de messages simples, cohérents, reliant la direction au personnel, le personnel à la direction et les membres du personnel entre eux. On peut donc étudier la communication interne selon ces trois angles.

◆ L'INFORMATION DESCENDANTE

C'est celle qui part des autorités et de la haute administration et qui redescend vers les employés. Allant de haut en bas dans la hiérarchie, l'information descendante est censée animer la communauté de travail jusqu'à entretenir la cohésion.

Comment dès lors circule l'information ? L'information adressée aux chefs de service est-elle ensuite acheminée au personnel ? Certaines catégories de personnes, à savoir celles occupant des postes de responsabilité, souffrent-elles d'une situation de surinformation (réunions, notes, échanges informels), tandis qu'une grande majorité du reste du personnel semble être sous-informée? La communication descendante est-elle suffisamment structurée, manque-t-elle de cohésion et de fluidité? Est-elle suffisamment accessible à toutes les catégories de personnels.

Les flux d'informations entre les services centraux et les unités sont-ils assez nombreux ou s'arrêtent-ils aux responsables des structures respectives, voire aux secrétariats? Se pratique-t-il une certaine forme de rétention des informations? Si oui, est-ce le résultat de la négligence ou de lutte de pouvoir? Existe-t-il une centralisation de l'information à l'interne qui laisse peu de marge à l'exercice d'un véritable échange?

◆ L'INFORMATION ASCENDANTE

Pour Peretti (1991, p. 534), l'information ascendante se présente comme un système de moyens pour solliciter l'avis des salariés ou recevoir l'expression spontanée d'un flux qui, remontant vers les instances de décision, charrie les besoins, les préoccupations, les aspirations et les propositions du personnel.

Dans l'entreprise, y a-t-il une préoccupation de cette nature? Est-elle appuyée par des pratiques de collecte de l'opinion du personnel? La lourdeur de la structure administrative et la présence du grand nombre d'employés bloquent-elles tout échange d'information véritable? Les moyens de connaître l'opinion des employés sont-ils en fait inexistants malgré le discours d'ouverture contraire des autorités?

◆ L'INFORMATION TRANSVERSALE

Bien qu'un vaste outillage de communication existe, comment se présentent les interactions entre les acteurs de l'entreprise? Existe-t-il une certaine convivialité entre les unités? Les sous-groupes qui composent l'entreprise ne font-ils que coexister ou échangent-ils des informations entre eux?

Assiste-t-on à un phénomène d'atomisation et de balkanisation de l'entreprise ou, au contraire, à une fédération dynamique d'unités différentes?

Il est utile, à la fin de la réflexion sur la communication interne, de dresser un constat du climat interne car il s'agit d'un univers en soi que l'on peut isoler des autres préoccupations de l'entreprise. Ce constat peut porter sur la direction des communications, sur la philosophie de gestion, sur les supports et les moyens, sur l'attitude des échelons supérieurs. Nous en proposons quelques exemples au point 6.4.

6.2 La communication externe

Il s'agit ici de revoir les activités de communication et les programmes mis sur pied par l'entreprise, d'analyser les grandes campagnes qu'elle a organisées et de voir quelles activités ont été évaluées.

On connaîtra ainsi les mandats donnés précédemment avec les problèmes à régler, les besoins à combler ou les défis à relever, les objectifs poursuivis, les solutions envisagées pour les atteindre et l'efficacité des actions. Cette analyse facilite la tâche du communicateur qui n'a pas à repartir à zéro lorsqu'il fait une campagne. Il connaît alors les produits, services ou idées qui ont fait l'objet de campagnes particulières. Ceci lui permet de renforcer certains axes intéressants, de découvrir qu'on a accordé peu d'attention à une étape du plan, de poursuivre certaines stratégies qui ont porté fruit ou d'éviter les avenues qui se sont avérées peu intéressantes.

Cette étape permet de découvrir quelles techniques ont été le plus souvent utilisées, quels types de médias ont été privilégiés, quels supports ont été retenus, quels ont été les budgets alloués antérieurement aux communications, quels ont été les projets rejetés. Cela donne une vue d'ensemble des expériences passées de l'entreprise.

Par ailleurs, on peut évaluer les retombées médiatiques des plans antérieurs, la façon dont les médias ont perçu l'entreprise, l'impression générale qui s'en dégage, l'image de l'entreprise qui circule dans différents milieux qui ont fait l'objet de communications spécifiques.

Dans les petites entreprises, on a tendance à croire qu'il ne se fait pas de communication, mais c'est souvent faux. On se rend compte fréquemment qu'il existe une vaste panoplie d'éléments de communication comme une carte d'affaires, des camions identifiés au nom de la compagnie, un dépliant promotionnel, quelques publicités occasionnelles dans les médias locaux, la présence du président aux déjeuners de la chambre de commerce, etc.

Les activités de communication externe regroupent toutes les actions de relations publiques, de publicité, de promotion et de communications personnalisées que nous présenterons au chapitre 8.

6.3 L'expérience des autres

Il est utile à cette étape d'aller voir ce que les entreprises de même nature et qui sont concernées par les mêmes problèmes ou les mêmes défis ont fait dans une même situation. On peut ainsi profiter de leur expérience. Les grandes campagnes sociales sur la sécurité routière, l'alcoolisme, le tabagisme ou le sida se sont souvent inspirées de ce qui avait été fait ailleurs. Car, dès qu'une campagne a été réalisée et évaluée dans un milieu donné, il est possible pour les partenaires de l'entreprise de s'en inspirer, plutôt que de reprendre le processus à zéro, de refaire les mêmes erreurs, les mêmes tâtonnements.

Sur le plan commercial, les compétiteurs ne vont pas dévoiler facilement leurs stratégies. Mais la lecture des revues spécialisées en communication comme *Info-Presse* au Québec, *Marketing* au Canada et *Advertising Age* aux États-Unis, tout comme les chroniques «communication» des grands médias, comme *Le Devoir, La Presse, Les Affaires* et *The Globe and Mail,* livrent souvent l'essentiel de ces stratégies. Des revues plus spécialisées comme *Public Relations Journal, Public Relations Quarterly, Public Relations Review, Public Relations Tactics, The Public Relations Strategist, Publics* analysent des études de cas, étudient les plans qui réussissent et essayent d'expliquer ceux qui ont échoué.

La connaissance de la stratégie des compétiteurs incite l'entreprise, soit à se démarquer, soit à s'aligner sur eux. Parfois, il faut même faire les deux. On se démarque pour affirmer sa personnalité distincte. On s'aligne lorsque l'on n'a pas le choix. Lorsque tous ses compétiteurs sont présents au même endroit, au même moment, il est inexcusable de ne pas y être, car s'absenter, c'est comme ne pas exister. C'est le cas des grands salons (de l'automobile, de la mariée, du plein air), des numéros thématiques de certaines revues, des pages jaunes...

6.4 Le constat

Le constat doit porter sur les forces et les faiblesses des communications de l'entreprise. Et celles-ci doivent être analysées en fonction des objectifs visés, du profil des clients et des techniques utilisées. Encore une fois, le constat doit reposer sur des faits et non pas sur des impressions.

Par exemple, il ne suffit pas de dire : il semble que la clientèle lit peu et qu'il y a trop d'écrits. Il faut démontrer que la clientèle de l'entreprise lit peu.

Voici donc quelques exemples de constats concernant la communication interne et externe.

CONSTAT

◆ LA COMMUNICATION INTERNE

EXEMPLE 1 :

Il n'y a pas de réelle stratégie de communication qui favorise le sentiment d'appartenance à l'entreprise.

EXEMPLE 2 :

Les missions de la direction des communications semblent en réalité assez mal définies et cette lacune pourrait être en partie à l'origine que connaît le service, à savoir la difficulté de mettre en place une réelle stratégie de communication. Il existe une réelle méconnaissance du service et de ses fonctions de la part des autres composantes de l'entreprise.

Les tâches du service des communications ne reposent sur aucune stratégie. Elles se limitent à des actions ponctuelles et à la mise en œuvre de quelques outils.

EXEMPLE 3 :

Seules les unités les plus dynamiques proposent des textes et des sujets à la direction des communications pour diffusion dans le bulletin ou à travers les autres outils : babillard, écran, vidéojournal, Radio

Campus, ce qui signifie que l'image interne de l'entreprise est présentée à travers un prisme déformé.

EXEMPLE 4 :

L'information circule mal surtout parce que le personnel des échelons intermédiaires n'est pas suffisamment sensibilisé à la nécessité d'une bonne communication.

EXEMPLE 5 :

Les supports doivent être adaptés et remodelés afin de les rendre plus conviviaux, dynamiques et modernes.

EXEMPLE 6 :

La faible information ascendante est révélatrice des dissociations internes et du manque de cohésion au sein du personnel.

EXEMPLE 7 :

Il existe un décalage entre la politique annoncée et ses effets réels sur les individus.

EXEMPLE 8 :

Le personnel cadre estime avoir de très bonnes relations avec les employés, mais ceux-ci affirment n'avoir que peu de contact avec leurs supérieurs.

EXEMPLE 9 :

Au niveau interne, on perçoit une structure organisationnelle éclatée, un cloisonnement des sous-systèmes, un déficit de rencontres interservices et interpersonnelles.

EXEMPLE 10 :

La multiplicité des acteurs et des unités à l'interne rend la communication plus difficile.

EXEMPLE 11 :

Il existe une surinformation en même temps qu'un cloisonnement des services. Les gens reçoivent une multitude de comptes-rendus de conseils, de réunions, de statistiques, de circulaires. Tous ces documents ne sont pas toujours ciblés de manière judicieuse, ils n'ont pas l'effet souhaité et leur envoi n'est pas systématiquement utile.

◆ LA COMMUNICATION EXTERNE

Si, en analysant un dépliant, on se rend compte que l'on ne respecte pas l'axe de développement, que l'on traite de plusieurs sujets, que l'information est encombrée, que le texte est trop long et que finalement personne n'aura le temps de tout lire, on peut formuler un constat à cet effet.

EXEMPLE 1 :

Le développement de relations avec le milieu correspond à une volonté manifeste des responsables de l'entreprise. Par contre, les actions de communication à destination des médias ne répondent pas à une logique, à une politique propre à l'entreprise. Elles sont davantage ponctuelles, éparses et non structurées. Seules des informations institutionnelles sont données.

EXEMPLE 2 :

L'entreprise préfère les moyens de notoriété indirects comme les colloques et le partenariat. Elle privilégie l'événementiel aux autres formes de communication.

EXEMPLE 3 :

On dénote l'existence d'une structure de transmission de l'information inadéquate ; une inflation de circulaires et de papiers ; un manque d'adéquation des messages par rapport aux cibles ; une gestion des outils d'information peu opérationnelle ; une communication ascendante et descendante déficiente.

EXEMPLE 4 :

La direction des communications est méconnue, sans stratégie de communication globale, avec trop d'actions ponctuelles.

EXEMPLE 5 :

Il existe une mauvaise connaissance de l'entreprise et de ses acteurs par les journalistes.

EXEMPLE 6 :

On constate qu'il n'y a pas de politique cohérente et établie entre le principal média et l'entreprise. On remarque une volonté d'informer les médias, mais sans stratégie d'information.

7. LA RECHERCHE

Lorsque vient le temps de délimiter l'ampleur d'un problème, d'en déterminer les variables importantes et de formuler une problématique générale, on ne peut le faire sans données sérieuses. Comment, en effet, essayer de régler un problème ou de relever un défi sans être sûr d'en connaître toutes les dimensions ?

Toute l'analyse de la situation se traduit donc par une immense recherche de données et une capacité de les interpréter. Cette recherche doit s'articuler autour des questions que l'on va poser et des éléments de réponse dont on a besoin pour poursuivre l'élaboration de la stratégie. Ce chapitre a tenté d'énoncer les principales notions qu'il fallait connaître. Nous allons maintenant nous interroger pour savoir où et comment trouver ces données.

Pour Desaulniers (1991, p. 35), l'efficacité de l'analyse dépend de trois facteurs :

- la compétence et l'expérience de la personne ou de l'équipe qui la réalise ;
- les processus, les méthodes et les techniques utilisés ;
- les données dont on peut disposer : informations internes et externes, expérience du milieu dans lequel évolue l'organisation, etc.

Delage et Dumais (1994) reconnaissent également l'importance de la recherche. «Tous ceux qui s'engagent dans des activités de communication désirent connaître la meilleure façon d'investir leur budget de communication, savoir si leur message sera le bon message et être assuré que leur campagne sera efficace. Ce sont pour ces raisons qu'il est utile d'effectuer des recherches à n'importe laquelle des étapes d'un plan de communication. C'est pour accroître la pertinence, la performance et l'efficacité des actions de communication que des outils de recherche spécifiques à ce domaine ont été créés. En dépit de l'introduction de ces produits très abordables, de nombreuses organisations ont tendance à négliger cet aspect de la planification et de l'évaluation de leurs actions de communication sous prétexte qu'ils coûtent trop chers ou qu'ils n'en comprennent pas l'utilité. »

7.1 Les données à recueillir

Pour être capable d'apporter des réponses aux diverses questions que l'on peut se poser dans la réalisation de l'analyse de la situation, il faut avoir en main un certain nombre de données.

Dans un premier temps, il faut procéder au repérage des informations nécessaires et disponibles. Quelles sont les données utiles et où et comment les trouver ? Or, au début d'une analyse de la situation, toutes les données peuvent être utiles. Pour éviter d'accumuler trop de données qui pourraient s'avérer inutiles, il faut savoir planifier sa recherche pour recueillir, au départ, les seules données qui paraissent essentielles pour le développement du plan.

Mieux vaut commencer avec moins de données et, au fur et à mesure du développement du plan, aller chercher les données manquantes. Selon le type de mandat reçu, connaître le statut de l'entreprise, son produit, son historique, tous ses publics, ne revêt pas de prime abord la même importance.

Est-on satisfait des informations dont on dispose ? Sinon, quelles informations additionnelles nous paraissent nécessaires ? Quelles études ou recherches faut-il faire ? Le succès d'un plan dépend la plupart du temps de la façon dont ces éléments seront abordés.

Le dossier d'information

Si un dossier d'information existe, c'est le premier document à consulter. Il brosse habituellement un portrait exhaustif de l'entreprise. Il facilite toute tâche de recherche ultérieure car il répond aux questions de base que l'on se pose. Mais il faut savoir que, dans les petites et moyennes entreprises, on ne prend pas toujours le temps de le confectionner, ce qui veut dire qu'au moment de la réalisation du plan il faudra que quelqu'un le fasse.

Si les informations fournies dans ce cahier semblent satisfaisantes, le travail d'analyse et d'interprétation de ces données reste à faire.

Dans le plan final, habituellement, on ne reprend que les faits pertinents de ce cahier en leur prêtant une signification particulière dans la compréhension du problème ou dans l'articulation du défi.

Les données officielles

Lorsque vous ne possédez pas de données sur votre objet précis et que vous n'avez aucun budget pour pousser plus loin l'analyse, il faut savoir qu'il existe des données officielles sur presque tous les objets. Quel que soit le thème de recherche, dans les ministères, dans les centres de recherche, dans les bureaux de statistiques, dans les associations regroupant des membres d'un même milieu, il existe une foule de données qui peuvent vous permettre d'asseoir vos conclusions sur des bases solides.

En fait, il y a peu de secteurs d'activité qui n'aient fait l'objet de recherches. Avec un peu d'imagination, on peut retrouver, au ministère de l'Industrie, toute statistique sur le commerce, au ministère de la Culture et des Communications, tout ce qui concerne la fréquentation des musées du Québec par exemple et au ministère de l'Agriculture, tout ce qui concerne la culture biologique.

Le monde universitaire s'est penché sur presque tous les domaines. Et aujourd'hui, avec Internet, il est facile d'aller chercher d'innombrables données de base. En ayant un œil ouvert sur l'ensemble de ces données disponibles, il est facile de mettre sur pied un système d'écoute permanente sur son entreprise et son environnement.

Il s'agit là de l'analyse documentaire déjà archivée. Mais il arrive que l'information soit non établie.

7.2 Les études et les analyses à réaliser

Si l'ampleur du mandat l'exige, si les fonds sont disponibles, il est alors requis de poursuivre des études fines sur l'objet du mandat.

◆ LES DONNÉES INEXPLOITÉES

En certaines circonstances, les données dont on a besoin existent, mais personne ne les a colligées, ni analysées. Une direction des communications, par exemple, peut classer dans un cahier les communiqués qu'elle publie chaque année, mais ne pas se préoccuper de les compter ni de comparer d'une année à l'autre le nombre de communiqués émis, les thèmes abordés. Elle peut compléter chaque jour une revue de presse sans se préoccuper d'analyser les tendances qu'elle décèle, ni essayer de voir la concordance ou la discordance entre ses propres communiqués et les propos diffusés par les médias.

Un magasin peut avoir la liste et les adresses de tous ses anciens clients mais n'avoir jamais fait d'effort pour en tirer des renseignements significatifs afin de mieux orienter ses efforts de vente.

◆ LES DONNÉES INEXISTANTES

Souvent, on ne possède aucune donnée pour orienter la stratégie de communication. Si une entreprise a décidé de renouveler son image, il faudra savoir pourquoi elle a pris cette décision, quelle est l'image actuelle projetée par l'entreprise et quelle est celle perçue par la clientèle. Sans étude ou sondage adéquats, on restera toujours dans le vague.

Ces sondages peuvent être réalisés par des firmes spécialisées auprès de centaines de personnes ou encore être faits à une plus petite échelle, de façon moins scientifique, auprès d'un plus petit échantillon. Ces derniers permettent d'avoir un son de cloche différent de l'impression que peuvent avoir les membres d'une entreprise, qu'ils soient communicateurs ou autres.

7.3 Les faits pertinents

Nous avons signalé qu'à l'étape de l'analyse de la situation la collecte des données se traduit par la compilation d'une grande quantité d'informations sans toujours savoir lesquelles vont être utiles et pertinentes pour la compréhension du mandat. Seules celles-là, d'ailleurs, devront être intégrées au plan.

Il faut donc éviter de mettre dans le plan de nombreux détails qui ne sont pas nécessaires à l'élaboration de votre stratégie. S'il est utile de les recueillir, il n'est pas certain qu'ils doivent figurer dans le texte. Tous les faits présentés dans l'analyse de la situation doivent ultérieurement prendre leur signification.

Ainsi, si vous dressez l'historique de l'entreprise et que vous n'en tirez pas parti dans votre plan, il vaut mieux laisser ces informations dans le dossier d'information. Mais, si cet historique vous apprend que dans le cadre du mandat qui vous a été confié se déroule un anniversaire, il vous faut en tirer profit, car tous les anniversaires constituent des nouvelles qui attirent l'attention des médias.

Par ailleurs, si au moment de définir les objectifs ou les stratégies vous vous rendez compte qu'il vous manque quelques données supplémentaires, il sera toujours temps d'aller les chercher.

7.4 Les techniques de recherche

Un plan de communication ne peut être efficace sans l'utilisation de la recherche. Pour faire de bons choix et prendre des décisions éclairées, on doit recourir à des sources d'information diverses ainsi qu'utiliser différentes techniques ou méthodes permettant de cueillir et d'analyser des données. Il faut alors mener des études sommaires ou plus approfondies selon la complexité de l'objet à saisir.

◆ LA FRÉQUENTATION DES MÉDIAS

La lecture des quotidiens et des revues spécialisées permet d'avoir accès à une foule de données de base. À défaut de la lecture de ces médias, on peut avoir recours aux index qui répertorient tous les articles de ce type de médias. Il existe un index bibliographique sur presque tous les sujets.

On peut aussi consulter les revues de presse pour connaître les préoccupations qui entourent une entreprise ou un secteur donné. La majorité des grandes organisations colligent ainsi chaque jour ce que les médias disent de leur secteur.

◆ LES TECHNIQUES D'ENQUÊTE

Les techniques d'enquête permettent de déceler des tendances et de prendre le pouls de la population avec des risques d'erreur limités. La plus connue est certes le sondage qui permet d'entreprendre de véritables études de marché et de la clientèle. Il faut alors définir ses échantillons, construire des questionnaires, les soumettre soit par téléphone, soit par la poste, soit directement auprès d'une cible facilement accessible, compiler les résultats et les analyser. On recueille ainsi des données quantitatives sur un sujet donné.

Le sondage est parfois complété par une approche plus qualitative, avec des entretiens semi-directifs auprès de quelques personnes sur le terrain même ou avec des groupes témoins Il s'agit donc d'entrevues plus ouvertes avec un échantillon de la clientèle cible à qui on laisse la possibilité de vraiment dire ce qu'elle pense plutôt que de lui demander de répondre à des questions fermées. Les interlocuteurs peuvent alors laisser libre cours à leurs sentiments plutôt que de se voir confinés dans un exercice balisé par des questions fermées. Ces entretiens ne permettent pas de dégager directement des pourcentages de satisfaction ou d'insatisfaction. Mais ils indiquent pourquoi et comment il y a satisfaction ou insatisfaction. Il est essentiel de bien choisir l'échantillon de personnes qui contribueront à l'analyse critique de l'entreprise.

Très souvent, les entreprises ne prévoient pas de fonds pour de telles recherches poussées. Il faut alors réduire au minimum le nombre de gens que l'on va rencontrer. Mais il est essentiel de prendre le pouls, même sommaire, de personnes autres que celles qui font le plan de communication.

Il faut savoir choisir la méthode la plus judicieuse, car la rigueur d'un plan tient à l'exactitude des faits sur lesquels il s'appuie. C'est pourquoi il est essentiel de citer ses sources de référence lorsque vient le temps de porter des jugements. Ceux-ci doivent être l'expression d'une analyse de faits dûment démontrés et non celle d'une impression vague.

8. LE CONSTAT GÉNÉRAL

Après l'analyse de la situation, il faut poser un diagnostic général de la situation, comme un médecin pose un diagnostic après avoir ausculté un patient, c'est-à-dire qu'il essaie de déterminer la maladie d'après les symptômes perçus. Le diagnostic constitue la phase finale et la phase cruciale de la première étape d'un plan de communication. C'est le constat final et celui-ci n'est pas un résumé, mais bien une conclusion.

Le diagnostic se construit à partir des constats qui ont été pointés dans l'analyse de la situation. Il a pour but d'examiner des faits ou des données afin de déterminer la nature et les causes de la situation actuelle (réelle) et de dégager les principaux facteurs d'une situation potentielle (éventuelle). Il permet l'identification du ou des problèmes apparents et la description des causes probables. Il doit nécessairement découler de l'ensemble des constats précédents.

La qualité du diagnostic repose :
- sur les faits recueillis ;
- sur leur description exacte ;
- sur leur analyse et sur leur interprétation.

Il faut donc maintenant conclure et porter un jugement sur les variables qui influenceront l'orientation de la campagne. Qu'est-ce qui ne va pas ? Quelles sont les forces et les faiblesses en présence ? Le jugement qui s'ensuit s'appelle parfois la problématique, c'est-à-dire le problème ou le défi que l'analyse de la situation nous fait découvrir et qu'il faut surmonter. C'est une étape cruciale et difficile, car c'est à partir de cette conclusion que va se construire tout le plan de communication.

C'est ici qu'on se rend compte de l'importance du premier volet d'un plan de communication et de la différence entre décrire et analyser une situation.

À la fin de cette première étape, les informations recueillies devraient permettre de poser un diagnostic très juste de ce qu'il faut faire, pourquoi il faut le faire et quel changement on attend de la campagne.

8.1 La difficulté de poser un diagnostic

Il est difficile de poser un bon diagnostic si l'on n'a pas fait une analyse fine de la situation au préalable. Un diagnostic étant un jugement, il faut avoir exercé son esprit critique. Le diagnostic, ou le constat général, ce n'est pas un résumé de ce qu'on sait de l'organisation, c'est une prise de position.

Cette prise de décision doit donc découler directement de ce que l'on a analysé. Si l'entreprise lance un nouveau produit, le problème est aisé à saisir : il faut le faire connaître et le faire adopter. Le diagnostic devra être capable d'expliquer les embûches qui attendent le nouveau produit et de démontrer ses qualités hors du commun. Mais, habituellement, cerner le problème constitue une tâche plus difficile car, s'il existe des situations où l'on sait ce qui ne va pas, il n'en est pas toujours de même. On ne procède donc pas de la même façon chaque fois. Parfois, on travaille sur une entreprise, parfois sur un produit, sur un service ou sur une cause. C'est à cette étape-ci, par exemple, que l'on s'aperçoit que le produit, le service ou l'idée que l'on veut proposer peut susciter des craintes et en même temps alimenter des espoirs. Mais l'analyse de la situation nous apprend parfois que l'un et l'autre ne sont pas fondés.

◆ LES ILLUSIONS DU CLIENT

Il faut toujours vérifier les affirmations de l'entreprise et ne pas les tenir pour acquis. Par exemple, elle peut affirmer qu'elle possède une notoriété régionale et qu'elle vise une notoriété nationale. Or, les analyses peuvent prouver qu'il n'y avait pas de notoriété régionale véritable.

Il arrive souvent que le client se trompe sur sa problématique, sur sa clientèle, sur ses besoins véritables. Il faut donc l'aider à s'orienter et à se définir. Il faut être critique face aux affirmations de celui-ci. Les résultats de l'analyse révèlent souvent un certain décalage entre les visions et les objectifs de l'entreprise et la réalité mise à jour par l'analyse.

Par ailleurs, l'entreprise peut avoir la ferme impression que quelque chose ne va pas bien, mais elle est souvent incapable de dire ce que c'est. Parfois, elle peut avancer une hypothèse d'explication qui n'est pas nécessairement la bonne.

C'est donc ici que l'on va reformuler le mandat à réaliser, qui parfois peut s'opposer au mandat reçu. Bien évidemment, ce nouveau mandat devra être accepté et approuvé par la direction de l'entreprise. Pour ce faire, il faudra lui présenter les arguments qui vous amènent à lui proposer de changer de cap.

◆ LA PORTÉE DU DIAGNOSTIC

Le diagnostic peut porter sur un ensemble d'éléments. Si vous faites une analyse globale de l'entreprise, le diagnostic doit porter sur l'entreprise elle-même. Habituellement, le plan de communication se dessine plutôt autour d'un élément de l'entreprise, sur un certain produit, sur le comportement de certaines clientèles cibles, sur l'insuccès de certaines communications antérieures. Dans ce cas, le diagnostic ne devrait porter que sur l'élément qui vous préoccupe.

Dans certaines circonstances, le mandat à réaliser est tellement clair qu'il n'est pas utile de consacrer beaucoup de temps à cette première étape. Mais c'est l'exception.

Et ce diagnostic doit pouvoir servir autant pour élaborer des stratégies d'entreprise, pour amorcer, modifier ou confirmer les décisions du management que pour aider à élaborer des programmes de communication. Il faut donc que les études menées par l'entreprise puissent servir à toutes ces fins.

8.2 Ce que doit contenir le diagnostic final

Nous avons établi dans ce chapitre un certain nombre de constats sur chacun des points étudiés. Dans le constat final, il faut reprendre les points forts et les points faibles établis dans les constats précédents et dresser un bilan général.

De ce fait, le diagnostic peut porter autant sur l'entreprise, ses produits, ses publics, son contexte que sur ses campagnes antérieures. Mais il faut décider parmi tous les constats lequel ou lesquels semblent les plus utiles.

Le diagnostic doit donc aller au-delà de l'expression d'un problème qui n'est souvent vu que par la lorgnette de l'entreprise. Le problème, ce n'est pas ce que voit l'entreprise, mais ce que ressent le public. Une entreprise peut sentir que le public ne l'aime pas et souhaiter se faire

aimer davantage, mais le fait que le public ne l'aime pas n'est pas nécessairement le problème. C'est peut-être plutôt le résultat du problème.
L'entreprise est-elle inconnue, méconnue, malhabile ? Le diagnostic, ce
n'est pas alors que le public n'aime pas l'entreprise, c'est que celle-ci
est inconnue, méconnue, malhabile, etc.

Comme le diagnostic est un jugement, il ne faut pas écrire par
exemple que l'entreprise a été fondée en telle année, mais dire que
l'entreprise est jeune ou vieille. Il ne faut pas écrire que sa tâche est
de..., mais plutôt qualifier la tâche de suicidaire, d'ambitieuse, de ti-
mide, etc.

8.3 Ce que ne doit pas contenir le diagnostic final

A cette étape, on a envie de formuler en même temps le problème
et les solutions, de réorganiser l'entreprise et de mieux la faire marcher,
de changer les structures et de rêver des résultats qui en découleraient.
Voici donc quelques pièges qu'il faut éviter lorsque nous posons un
diagnostic.

◆ LA RECHERCHE DE LA SOLUTION

Le diagnostic n'est pas le correctif à apporter, mais bien l'énoncia-
tion de ce qu'il faut corriger. L'enjeu n'est pas de mettre en œuvre les
moyens à utiliser, les actions à organiser ni même les objectifs à atteindre, mais plutôt d'expliciter le problème à régler. On n'a pas à formuler
ici les éléments des chapitres qui vont suivre. Et le problème à régler
doit être exposé dans toute sa complexité.

On doit pouvoir comprendre en quoi le problème pose un poids à
l'entreprise. Nous avons parlé précédemment de l'image de la police.
Tant que l'on ne nous dira pas en quoi c'est utile pour la police d'avoir
une meilleure image, même si le diagnostic démontre que la police a
une mauvaise image, il sera incomplet. Changer pour changer est inutile. Il faut que ça rapporte à l'entreprise. Et ceci doit être démontré.

◆ UNE SIMPLE ÉNUMÉRATION DE FAITS

Certaines analyses de la situation reprennent de façon méthodique
chacun de points énumérés plus haut. Mais le résultat est incomplet, car

chaque morceau est défini indépendamment de l'autre, alors que les parties devraient plutôt s'arrimer les unes aux autres, comme les pièces d'un casse-tête. Ceci témoigne d'une connaissance mal assimilée de la structure d'un plan de communication. Le but n'est pas de décrire mais de juger.

Une description trop factuelle de la situation, sans analyse, démontre que le communicateur a regardé l'entreprise, mais qu'il ne l'a pas interrogée. De ce fait, le diagnostic ne sera qu'un résumé de faits. Habituellement, cette situation se traduit par une abondance de données que l'on n'a pas su faire parler ou encore par des données présentées de façon un peu trop télégraphique qui n'aident pas à la compréhension du mandat.

Parfois, on n'arrive pas à bien saisir l'importance ou la pertinence des différents éléments qui sont exposés. Une analyse de la situation doit être présentée de façon à ce que l'on saisisse vraiment les enjeux à débattre. Si l'on cite l'historique de l'entreprise, c'est pour en tirer parti et annoncer qu'un anniversaire se prépare. Sinon, on n'en parle pas. Si l'on fait état du budget de communication de l'entreprise, c'est pour l'interroger : est-il satisfaisant, insuffisant ? Est-ce que le budget peut changer quelque chose dans le développement de votre stratégie ?

◆ UNE AFFIRMATION SANS DÉMONSTRATION

Il faut prouver et non pas seulement affirmer ; donc éviter de poser des diagnostics qui reposent sur des impressions. Ainsi, affirmer que, lorsqu'une entreprise aura créé une cohésion forte à l'interne, elle communiquera une vision positive de son image vers l'externe n'est pas une démonstration. Cet énoncé n'est pas une évidence et doit être prouvé. Il y a des entreprises qui ont une bonne image à l'externe et des tas de problèmes à l'interne.

Il faut donc éviter les affirmations non fondées, comme : « C'est par la communication interpersonnelle que l'entreprise pourra atteindre de façon optimale l'objectif de redorer son image ». Or, si l'on n'a pas démontré la force de la communication interpersonnelle, on vient de livrer une impression et ce n'est pas suffisant.

Lorsque l'on pose comme constat qu'il faut créer de meilleurs liens entre différents partenaires, il faut dire dans la problématique que ces liens n'existent pas, qu'ils ne sont pas adéquats, qu'ils laissent à désirer... avec des éléments de preuve à l'appui.

De la même façon, on peut poser le diagnostic suivant : « L'entreprise tient des discours contradictoires lorsqu'elle parle de ses différents produits. D'une part, elle met en valeur le côté traditionnel d'un de ses produits et, de l'autre, elle vante le côté avant-gardiste d'un autre produit. Ce discours contradictoire nuit à l'image de l'entreprise. Avec un message plus homogène, plus fédérateur, elle obtiendrait un effet plus grand ». Or un tel diagnostic présume de l'effet positif et dynamique d'un message plus homogène, ce qui n'a jamais été démontré.

Trop souvent, on affirme qu'il existe peu d'information sur le sujet qui nous concerne. Cette affirmation peut être vraie mais encore faut-il la prouver. Il faut plutôt dire : nous avons consulté tel index, telle banque de données, nous avons fait telle recherche et nous constatons que notre entreprise fait l'objet d'un faible pourcentage (qu'il faut quantifier) de références.

◆ REFAIRE L'ORGANISATION

Il faut éviter de juger l'entreprise et de laisser comprendre que, si elle était différente, le problème à régler n'existerait pas. Au début de l'analyse de la situation, en effet, lorsque l'on étudie le fonctionnement de l'entreprise, on peut se rendre compte très rapidement de quelques dysfonctionnements à l'intérieur de celle-ci. Cependant il ne faut jamais oublier que votre rôle n'est pas de changer l'entreprise, mais de comprendre l'entreprise pour mieux la faire connaître, la développer... Trop insister pour que des améliorations soient apportées à l'entreprise pour permettre une meilleure communication, c'est fuir le mandat qu'on vous a donné. Il faut donc apprendre à séparer les propositions sur l'entreprise et les propositions sur le plan de communication. Il ne s'agit pas ici de modifier l'entreprise mais bien de l'aider à accomplir sa mission avec ses forces et ses faiblesses. Vouloir, à tout prix, transformer l'entreprise, c'est vouloir travailler avec une entreprise différente de celle qui vous a confié un mandat. Il faut donc savoir développer une approche plus près des besoins des publics que des préoccupations de l'entreprise.

Il faut donc éviter de proposer des changements de structure et d'attitude. Suggérer le changement du nom de l'entreprise est une tentation fréquente dans la réalisation d'un plan d'image d'une organisation, mais cette démarche doit coïncider avec le mandat qui vous a été confié.

◆ NE PAS BLESSER LE CLIENT

Il faut éviter de choquer ou d'être trop sévère avec l'entreprise qui vous a commandé le plan. Il est préférable d'aborder ces questions avec un ton souple. Aucun client, que ce soit un supérieur hiérarchique ou une entreprise, n'aime se faire dire crûment la vérité ou recevoir des impressions défavorables. Il faut donc apprendre à présenter les choses en douceur. On ne vous a pas engagé pour faire un procès, mais bien pour obtenir des stratégies de communication.

Ce qui ne veut pas dire qu'il faut avoir peur dans une problématique de décrire les faits tels qu'ils vous apparaissent. Certains faits sont choquants pour les autorités et il ne faut pas hésiter à les exprimer. Mais ce n'est pas nécessaire de prendre un ton de dénonciation. Si, par exemple, vous détectez une absence totale de leadership dans l'entreprise, il y a des façons subtiles de décrire une telle situation. Plutôt que d'affirmer que l'ensemble des interlocuteurs ont signalé que le directeur manquait d'énergie ou n'était pas à sa place, on peut écrire que les recherches effectuées sur le terrain ont permis de constater que des efforts devraient être faits pour réaffirmer le leadership de la direction. Tout le monde comprendra.

Malgré certaines imperfections à l'interne, une entreprise peut mettre sur pied d'excellentes stratégies de communication. Il faut donc éviter les critiques trop négatives.

8.4 Des exemples

Des constats à la suite de mandats simples

EXEMPLE 1 :

La survie de l'organisation dépend de ses rentrées de fonds et celles-ci dépendent autant du bon vouloir de ses partenaires que de la qualité des services qu'elle offre.

EXEMPLE 2 :

Il faut convaincre les agriculteurs, qui sont, règle générale, très individualistes, de reconnaître et d'utiliser certains services collectifs pour mieux asseoir l'économie de l'agriculture dans leur région.

EXEMPLE 3 :

Il existe un véritable problème de confusion aux yeux du public entre la multitude d'organismes qui s'occupent des enfants malades. Avec la popularité des téléthons et la pluralité d'organismes qui se consacrent au bien-être de ces enfants, les gens sont portés à associer tous les organismes qui œuvrent pour les enfants malades à celui qui est le plus fortement médiatisé. Il faut faire ressortir la différence entre une organisation comme Rêves d'enfants de celle d'Opération Enfants Soleil ?

Des constats à la suite de mandats complexes

Voici le diagnostic qu'avait posé l'étude sur l'image de la Direction générale pour l'armement en France, à la fin des années 1980.

1. Diagnostic général
    1.1 Image projetée : d'une fédération d'images vers une image fédératrice
        – un contenu d'image à recentrer, sélectionner, valoriser ;
        – fragmentation, dualité, spécificité et souveraineté ;
        – organisation et fonctionnement de la communication : principes, contraintes et moyens du renforcement d'une image globale.

1.2 Image émise : un effet de fragmentation
  – l'effet kaléidoscope : une image morcelée ;
  – l'effet spectre : une image dispersée ;
  – l'effet prisme : une image déformée ;
1.3 Image perçue : un constat insatisfaisant.
  – entretiens externes : une DGA mal connue, souvent mal comprise, parfois contestée.

2. Problématique
  2.1 Une image effacée : un problème de notoriété ;
  2.2 Une image fragmentée : un problème de visibilité ;
  2.3 Une image décalée : un problème d'intelligibilité ;
  2.4 Une image contestée : un problème de souveraineté.

En quelques mots bien choisis, l'étude campait la complexité de l'image de l'organisation.

L'Ordre des infirmières et infirmiers du Québec diagnostiquait ainsi la situation à la fin des années 1990.

  – Un effectif divisé et démobilisé ;
  – Une profession dévalorisée et menacée ;
  – Un ordre professionnel critiqué ;
  – Un nouveau souffle à la présidence.

8.5 Présentation du mandat reformulé

À la fin de l'analyse de la situation, le communicateur possède toutes les informations pour donner suite au mandat qui lui a été confié, ou pour reformuler un nouveau mandat qui correspond mieux à la réalité étudiée. Ce nouveau mandat devra être compris et endossé par l'entreprise, ce qui veut dire qu'il doit s'appuyer sur une étude solide et rigoureuse.

Le mandat reformulé doit s'appuyer sur la série de constats qui a été énoncée tout au long de l'analyse de la situation.

Si nous reprenons l'exemple de la police qui souhaitait refaire son image, le mandat reformulé pourrait insister non plus sur l'image, mais sur un nouveau comportement du public face au policier.

8.6 Ce que permet un bon diagnostic

Le mandat reformulé doit déboucher sur les objectifs. Nous expliquerons au chapitre suivant comment formuler les objectifs, mais disons maintenant que le diagnostic, c'est le point de départ. L'objectif, c'est le point où l'on veut arriver.

Le rôle du plan de communication, c'est de franchir la distance entre la situation que l'on observe par rapport à celle que l'on aurait dû ou souhaiterait observer.

Seule une sérieuse analyse de toutes les informations connues sur l'entreprise et un diagnostic de qualité permettent de formuler le problème à résoudre. Et, à partir d'un diagnostic clair, la formulation des objectifs s'en trouvera simplifiée. On comprendra maintenant qu'il est essentiel de bien cerner le problème avant d'essayer de le résoudre. Les techniques, les médias et les supports n'atteignent leur véritable efficacité que s'ils aident à résoudre le problème, et non à faire connaître l'entreprise.

En conclusion, faire un bon plan de communication c'est:

- d'une part, s'assurer que le mandat a bien été analysé pour être sûr qu'il s'agissait bien du problème à régler;
- d'autre part, qu'on a bien rempli le mandat qui nous a été confié.

L'analyse de la situation doit permettre:

- de trouver l'élément sur lequel la campagne reposera;
- de déboucher sur la formulation d'un diagnostic précis qui permettra de proposer des objectifs précis et quantifiables qui donneront lieu à des stratégies appropriées.

4

LES OBJECTIFS

1. POURQUOI SE FIXER DES OBJECTIFS?

Maintenant que le diagnostic est posé, il faut le traduire en objectifs opérationnels. Qu'est-ce que l'entreprise vise exactement à présent? L'entreprise doit absolument avoir une idée très nette de ce qu'elle veut obtenir par son effort de communication.

Une bonne campagne sera celle qui atteindra les objectifs fixés et non celle qui gagnera des prix d'excellence. La définition des objectifs est une nécessité absolue pour planifier avec efficacité la campagne et pouvoir en mesurer les résultats. Car il devient extrêmement difficile d'évaluer la qualité de la campagne si les objectifs ont été mal fixés, ne sont pas réalistes ou pas réalisables. Il faut que les objectifs découlent d'une façon logique de l'analyse de la situation.

Avant d'aborder la notion d'objectif en soi, il est intéressant de faire la différence entre un but et un objectif. Le but est une intention et une orientation générale, alors que l'objectif est un résultat précis que l'entreprise cherche à atteindre.

Par exemple, une femme qui se marie peut avoir pour *but* de faire carrière à tout prix et/ou d'avoir des enfants et de les aimer. Son *objectif*, c'est, d'ici dix ans, d'avoir sa propre entreprise et/ou d'avoir trois enfants et de leur permettre de pouvoir poursuivre des études universitaires. C'est ainsi que l'on passe du général au particulier. À cette étape, confondre l'un et l'autre, c'est se priver d'un outil essentiel pour réaliser un plan de communication. On voit ici l'importance de donner aux concepts que l'on utilise une signification claire. Plusieurs campagnes de communication ont failli parce qu'on a confondu les buts et les objectifs.

Retenons qu'un but est une approche générale qui peut être partagée par plusieurs entreprises, alors qu'un objectif est propre à une entreprise en particulier. Ainsi, vouloir augmenter son chiffre d'affaires au cours de la prochaine année est un but poursuivi par toutes les entreprises commerciales. Mais augmenter son chiffre de ventes de 5 % auprès des jeunes de 15 à 20 ans est un objectif spécifique à une entreprise donnée.

Un objectif vise donc des résultats précis, quantifiables, observables et qui appartiennent à une entreprise en particulier. Et c'est en les atteignant qu'elle obtiendra un succès particulier.

Trop souvent, à cette étape-ci, on exprime davantage des vœux pieux que de véritables objectifs. Par exemple, vouloir empêcher la propagation du sida constitue un but très noble, certes, mais ne peut pas être un objectif de communication. Vouloir que les jeunes hommes de 15 à 25 ans utilisent le préservatif lorsqu'ils ont des relations à risque est un objectif.

Il faut donc savoir au départ séparer l'intention et la préoccupation de l'objectif. La préoccupation, c'est le mandat revisité. L'objectif, c'est le changement qu'on désire effectuer.

2. DESCRIPTION D'UN OBJECTIF

« Un objectif, c'est une intention d'action auprès d'une clientèle cible afin d'atteindre une situation désirée à partir d'une situation donnée. Cette intention doit être formulée de façon observable, mesurable et située dans le temps » (Desaulniers, 1985, p. 68). Elle est caractérisée par la notion d'*écart* entre la situation présente et une situation à venir.

Pour Cossette (1987, p. 57), l'objectif est l'élément *charnière* d'un plan car, à partir du moment où il est arrêté, toutes les autres étapes servent à atteindre cet objectif. Cossette raconte l'histoire d'un chef d'entreprise qui s'était donné pour objectif de faire de l'argent. Le consultant, après analyse, lui recommande, compte tenu de la conjoncture, de vendre et d'empocher un profit comme il n'espérera jamais voir. Le chef d'entreprise répond : Je ne peux pas vendre, c'est mon grand-père qui a fondé cette entreprise, je me sens responsable de mes employés. Conclusion : l'objectif premier était inadéquat.

« Un véritable objectif... nous obligera infailliblement à abandonner des choses intéressantes derrière soi » (Cossette, 1987, p. 65). « Peu de gens peuvent à la fois *exceller* en affaires et en amour, dans les arts et dans les sciences, en notoriété et en humilité, en richesse et en générosité. Il faut savoir choisir (*ibid.*, p. 85).

Desaulniers (1991, p. 88) résume ainsi les principales étapes d'un objectif :

« De quoi devons-nous parler ? (L'objet de la campagne)
« À qui devons-nous en parler (les cibles)
« Pourquoi devons-nous leur en parler ? (les tâches)
« Quel taux de changement devons-nous obtenir ?
« Dans quel délai ? (l'échéance) ».

2.1 Un objet précis

Comment traduire, de façon concrète, une intention, un vœu, un rêve ? Améliorer l'image d'une organisation est un vœu. Empêcher la propagation du sida, c'est presque une utopie.

Valéry (1973, p. 414) écrivait : « Jamais une abstraction indéfinissable ne doit être acceptée. Toute abstraction est définissable par une idée concrète + une opération. Il faut que l'abstraction puisse à tout moment être réalisée ».

Il faut donc traduire en objet précis ce qui paraît d'abord comme une orientation, un souhait. Ainsi, augmenter la notoriété de l'entreprise est un souhait général, ce n'est pas un objet précis. Il faut essayer de voir comment se manifeste de façon concrète la notoriété : par le rappel spontané du nom de l'entreprise, par l'utilisation de ses produits, par l'image positive qu'on a d'elle, etc.

2.2 Une cible

Parmi les publics de l'entreprise, quel est celui ou quels sont ceux auxquels nous voulons nous adresser maintenant? Quelle sera la cible de nos communications?

Nous donnerons plus d'explication au chapitre suivant sur cette notion de cible, mais il faut déjà savoir qu'on ne peut parler à tout le monde en même temps de la même façon. Il faut donc se choisir des cibles bien précises et définir de façon claire celles que l'on veut rejoindre.

L'objectif s'adresse toujours à une cible et vise généralement une augmentation ou une diminution de celle-ci ou de son comportement.

2.3 Une tâche de communication

Lorsque l'on définit des objectifs, on considère qu'on doit choisir entre les trois tâches suivantes:

- la connaissance : le public ne connaît pas le produit. Il faut d'abord lui donner de l'information, l'avertir de l'existence du produit, du service ou de la cause que l'on défend. On parle à sa raison ou à son imagination pour attirer son attention sur le produit. À cette étape, il faut informer, faire connaître l'entreprise et ses produits;
- l'attitude : le public connaît le produit, mais peut ne pas l'aimer. On va donc essayer de provoquer chez lui une attitude positive face au produit ou freiner l'attitude négative qu'il peut avoir développée. Il faut donc persuader le public cible des avantages distinctifs du produit proposé. «Il faut être en mesure d'évaluer le taux d'hostilité, d'ignorance, d'indifférence, d'attitude positive, de préférence, de fidélité» (Desaulniers, 1991, p. 92);
- le comportement : le public connaît le produit, l'aime mais ne l'achète pas. Il faudra donc l'amener à acheter le produit, à adopter le service, à adhérer à la cause, à passer à l'action.

Or, on se rend compte souvent que nos cibles sont à différents niveaux de connaissance, d'attitude et de comportement. Dans l'objectif, à côté de chacune des cibles que l'on veut atteindre, il faut préciser la tâche que l'on veut accomplir.

Dans la documentation, on utilise parfois les termes suivants pour qualifier ces trois niveaux : cognitif, attitudinal ou comportemental. Il existe aussi un acronyme qui résume ces tâches. Il s'agit du mot AIDA, fait des premières lettres des tâches à accomplir :

- attirer l'**Attention**   CONNAISSANCE
- éveiller l'**Intérêt**   ATTITUDE
- susciter le **Désir**   ATTITUDE
- provoquer l'**Action**   COMPORTEMENT

L'attention, c'est la notoriété ; l'intérêt et le désir, c'est la perception positive ; l'action, c'est l'achat ou l'adhésion.

Lougovoy et Huisman (1981, p. 44) proposent l'approche suivante pour traduire les différentes étapes à franchir pour amener le public à des changements de comportement.

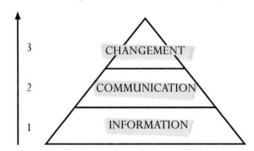

Ce schéma indique que l'information (1) est la condition même de l'étape numéro (2), la communication, et que celle-ci seule autorise le changement (3). Mais au fur et à mesure que l'on passe d'une étape à l'autre la base de la pyramide se rétrécit : il est relativement aisé de pratiquer une simple politique d'information, beaucoup plus difficile et rare de pratiquer une politique de changement.

Brochand et Lendrevie (1985, p. 117) présentent un tableau inspiré de Kotler (1988, p. 595) qui reprend les modèles de quelques auteurs qui ont adopté la même approche séquentielle pour décrire le processus de changement de comportement du public.

Revoyons une à une les trois principales tâches qui doivent faire l'objet d'un choix au niveau des objectifs.

La connaissance

Lorsque nous avons abordé le chapitre sur les notions de base, nous avons signalé que, pour faciliter un changement de comportement, il était essentiel de faire d'abord partager par la cible visée la compréhension du problème avant de lui proposer des solutions. En effet, la connaissance du problème doit précéder la proposition de solutions pour que celles-ci soient mieux acceptées.

Il en est de même au niveau des tâches de communication. Si le public que l'on désire persuader ne connaît pas le produit, les services, la cause en question, c'est sûr qu'il ne l'adoptera jamais.

C'est pourquoi, lors du lancement d'un nouveau produit, il faut faire beaucoup de bruit communicationnel pour attirer l'attention des médias et l'attention du public.

On remarquera que, pour attirer l'attention, souvent la créativité du message suffit. On ne parle pas alors uniquement à la raison, mais à l'imagination. C'est ce qui explique tous ces messages que l'on trouve amusants, mais qui ne nous apprennent rien sur le produit. Lorsqu'un commerce spécialisé dans les appareils de ventilation propose dans un message un hélicoptère accroché au plafond, ce message ne livre rien de spécifique sur les différents produits de ce commerce. Mais il attire l'attention et donne l'impression que l'on peut y trouver tout ce qu'il est possible d'imaginer comme ventilateur.

Lorsque Benetton utilise dans une de ses publicités un étalon noir qui monte une jument blanche, ça attire votre attention, mais ça ne vous dit rien du produit.

Il faut dès lors savoir que, si l'on veut seulement attirer l'attention, le type de média choisi et le type de message retenu seront différents si l'on veut provoquer un comportement particulier.

À cette première phase de connaissance, il faut attirer l'attention par tous les moyens pour mieux faire connaître le produit, le service ou la cause. L'entreprise et son produit doivent assurer leur présence au maximum auprès du public cible, doivent savoir s'identifier, se faire connaître et reconnaître par l'autre.

Cette approche s'applique à l'entreprise elle-même et à l'image qu'elle veut donner, à un produit qu'elle veut lancer, à une caractéristique mal connue d'un produit existant ou à un nouveau mode d'utilisation.

L'attitude

À cette étape, il ne faut plus seulement livrer des informations ou essayer d'attirer l'attention, il faut aussi exercer une influence, il faut séduire, justifier, convaincre le public de développer une attitude positive à l'endroit de l'entreprise ou combattre une attitude négative.

Il faut donc stimuler l'intérêt, provoquer le désir, développer l'attrait. Or, on se rend souvent compte, après analyse de la situation, que le problème se situe fréquemment à ce niveau. Comment faire pour amener le public à développer une attitude favorable à la cause proposée?

Ce qu'il faut savoir, c'est que le public connaît souvent l'entreprise ou le produit, mais il n'a pas développé d'attaches particulières à leur endroit. Il est donc indifférent. Au pire, il ne les aime pas.

De plus, l'analyse de la situation permet de se rendre compte que les gens n'ont habituellement pas d'opinion sur certaines entreprises. Ou alors ils ont une opinion bien arrêtée qui n'est pas justifiée et qui est sans fondement.

Que penser des banquiers qui font fortune alors que la société traverse des moments difficiles? Que penser des féministes, des politiciens, des homosexuels, des écologistes, des déficients mentaux, des journalistes?

Que penser, par exemple, des agriculteurs qui pourraient se plaindre parce que :
- leur récolte a pourri sur place parce qu'il a trop plu ;
- leur récolte a cuit parce qu'il y a eu trop de soleil ;
- les récoltes sont trop abondantes et les prix ont chuté parce qu'il a juste assez plu et juste assez fait soleil.

Chaque entreprise se rend compte qu'il lui est difficile de se faire aimer et accepter par tout le monde. Et lorsque tout va bien, comme pour McDonald's qui est devenu le champion de la restauration rapide, il y aura toujours des groupes contestataires qui l'accuseront de nous faire manger trop gras, de nuire à la couche d'ozone par leur utilisation de mousse de polystyrène, de négliger l'environnement en permettant le pâturage dans les forêts d'Amazonie.

Pour être capable de jouer sur les attitudes, il faut tout savoir des réactions de ses différents publics. Il ne s'agit plus uniquement de faire du bruit communicationnel, mais de bien savoir jouer sur les cordes sensibles qui touchent l'âme humaine, les intérêts et les goûts particuliers des publics.

Le domaine de l'attitude entraîne le communicateur sur le chemin de la motivation. Qu'est-ce qui incite un individu à adhérer à certaines idées, à accepter certaines approches? Lorsque l'on connaît la difficulté de cerner les raisons des attitudes des publics, on se rend compte que jouer sur ce terrain n'est pas facile.

Que faire, en effet, lorsque vous voulez faire changer d'attitude quelqu'un qui rejette votre produit ou votre cause dès le départ? Si vous essayez de lui démontrer qu'il a tort, il aura tôt fait de contourner votre argumentation par ce que Festinger (1957) appelle la dissonance cognitive. Comment convaincre un péquiste de devenir fédéraliste? Comment convaincre un fumeur de cesser de fumer? Ce sont là des changements d'attitude difficiles à atteindre. Et pourtant, on a vu l'avocat Guy Bertrand, ardent souverainiste, devenir l'ennemi juré de ce projet. Il y a quelques années, le député libéral Gilles Rocheleau, ardent pourfendeur de tout ce qui touchait les questions d'indépendance, se faire élire sous la bannière du Bloc québécois. Enfin, Lucien Bouchard, ancien ambassadeur et ministre fédéral, a bel et bien créé le Bloc québécois et est aujourd'hui chef du Parti québécois

On se rend compte alors que des changements d'attitude sont possibles. Mais ce qui les motive est difficile à comprendre. D'où la nécessité de faire des analyses fines de la situation pour savoir d'abord ce qui amène le public à faire certains choix et ce qui peut les amener à changer de choix.

Le comportement

Entre l'attitude et le comportement, il y a encore un grand pas à franchir. Il y a des gens qui pendant des années jurent qu'ils vont cesser de fumer, arrêter de boire ou de trop manger. Ils ont développé une attitude positive face à l'action à poser. Mais ils sont incapables de passer de l'idée à l'acte. Comment dès lors convaincre les gens d'agir, d'utiliser un service donné, de partager ses idées?

C'est ici que l'on va découvrir les avantages de certaines techniques. Sur le plan commercial, comment inciter de nouveaux clients à faire un premier essai? En leur offrant gratuitement cette possibilité. C'est ce que l'on appelle le domaine de la promotion.

Par ailleurs, en incitant le public à passer directement à l'action sans contrôler la connaissance et l'attitude, on risque d'avoir de sérieuses déceptions. Lorsque les gouvernements ont essayé de dire aux personnes à risque d'utiliser les condoms pour combattre le sida, on a présumé qu'elles avaient une attitude positive face au condom et une connaissance réelle de la maladie. Mais on s'était trompé.

L'instauration du changement n'est pas uniquement une question de connaissance, elle nécessite la compréhension des objectifs et l'adhésion aux modalités d'implantation. Ainsi, toute action de développement ne trouve son terme que si l'implantation est réalisée.

Une des activités vitales de toute entreprise, c'est d'influencer les décisions de sa clientèle, car sa survie dépend à plus ou moins long terme du comportement de cette clientèle.

Desaulniers (1987a, p. 7) précise ainsi cette activité: «Pensons à une entreprise de chaussures. Elle ne peut se contenter de convaincre les gens que ses produits sont les meilleurs. Il lui faut susciter un comportement d'achat. Il en est de même pour une caisse populaire qui doit inciter les gens à utiliser ses services, pour un comité de loisirs qui veut faire participer les citoyens aux activités qu'il met sur pied ou pour un magasin qui veut inciter les gens à acheter ses produits. L'organisation humanitaire veut obtenir des dons et les pouvoirs publics souhaitent des comportements de soumission à ses lois, décrets, etc.

«Dans chacun de ces exemples, l'absence de comportement de la part de la clientèle cible remettra en question l'existence même de l'entreprise. Il leur faut donc mettre en œuvre les moyens susceptibles d'influencer les individus jusqu'au déclenchement d'un comportement positif à l'égard de leurs offres».

La séquence inversée

La logique veut que l'on connaisse une chose avant de l'aimer, et qu'on l'aime avant de l'adopter. Or, la réalité est plus complexe. Il arrive en certaines circonstances qu'on fasse quelque chose que l'on n'aime pas ou qu'on adopte un produit que l'on ne connaissait même pas.

Voici quelques exemples de ces situations inversées. Vous êtes fumeur et vous n'avez pas du tout l'intention d'arrêter de fumer. Pourtant, vous connaissez bien les dangers de la cigarette. Donc, vous connaissez le produit (arrêter de fumer) et vous ne l'aimez pas (attitude négative). Par ailleurs, vous subissez un grave accident qui vous amène à l'hôpital, immobile pendant 20 jours où vous ne pouvez pas fumer. Après ces 20 jours, vous pouvez soit rêver d'enfin fumer votre première cigarette, soit vous dire qu'après tout ça fait 20 jours que vous ne fumez pas et que vous ne vous en portez pas plus mal. À ce moment, vous pouvez décider d'arrêter de fumer, donc de passer à l'action avec au départ une attitude négative.

Un autre exemple : vous n'aimez pas le Pepsi-Cola, car vous buvez du Coca-Cola depuis votre plus tendre enfance. Vous entrez dans un restaurant qui ne sert que du Pepsi. Vous demandez un Coke et l'on vous sert un Pepsi. Vous buvez un produit que vous n'avez pas demandé et que vous ne désirez pas.

En fait, lorsque l'on a besoin d'un produit et qu'il n'est pas sur les tablettes, on se rabat sur un produit de substitution. C'est vrai pour un produit de consommation courante, mais c'est aussi vrai pour un service ou pour une cause. Vous voulez par exemple voir un film. Vous allez dans un cinéma où l'on présente cinq films en même temps. Mais il n'y a plus de place pour le film que vous aviez choisi. Vous allez donc en choisir un autre que vous ne connaissez même pas, mais dont le titre et l'affiche vous plaisent.

Il faut donc retenir qu'il existe un scénario de base qui implique d'abord une connaissance du produit, ensuite, une attitude positive avant d'adopter un comportement particulier. Or, ce scénario n'est pas absolu et de multiples variantes peuvent s'y greffer.

Il faut se souvenir que les communications ne sont pas des armes à toute épreuve, capables d'induire n'importe quel comportement à l'égard de n'importe quoi. Elles peuvent agir efficacement sur les connaissances, les attitudes et les comportements dans certaines conditions seulement. Soulignons cependant qu'une foule de facteurs peuvent prédisposer ou indisposer les individus à l'égard de ce qui leur est offert. Par exemple, une publicité efficace peut avoir conduit un client potentiel dans un établissement, mais l'objet de sa convoitise n'est plus disponible, le vendeur est déplaisant ou l'objet s'avère différent de ce qu'il avait perçu.

Il faut aussi savoir que les individus ne changent pas très facilement d'idée. Celui qui possède une vieille voiture ne se laissera pas facilement convaincre de la changer s'il croit qu'elle peut encore tenir le coup.

En publicité, il y a un dicton qui dit : « Si tu veux entrer une nouvelle notion dans la tête de quelqu'un, il faut en chasser une autre ». Ce qui veut dire que la mémoire vive n'est pas élastique.

Les séquences réunies

On peut faire AIDA d'une seule traite dans une seule campagne, c'est-à-dire faire connaître le produit, le faire aimer et le faire acheter en même temps. Lorsqu'un nouveau produit de lessive est lancé sur le marché, on cherche, en même temps, à le faire connaître et à le faire acheter. Si cette approche de tout faire en même temps réussit bien sur le plan commercial, il en est autrement lorsqu'il s'agit d'attitude et de comportement à faire changer. Dans ces cas, il vaut mieux y aller par étapes et prendre le temps nécessaire pour franchir chacune d'elles de façon adéquate.

2.4 Une proportion

Une fois qu'on a déterminé ce que l'on veut faire (l'objet), à qui l'on veut s'adresser (la cible) et ce que l'on veut lui dire (AIDA), il faut maintenant préciser l'écart que l'on veut combler entre la position actuelle et celle que l'on désire.

La proportion détermine la situation désirée à partir d'une situation donnée. Cette intention doit être formulée de façon observable, mesurable et située dans le temps. Il faut préciser la quantité de changements que l'on veut obtenir, sinon, le moindre changement suffira pour dire qu'on a réussi la campagne d'information.

Un objectif doit toujours s'exprimer en termes mesurables, c'est-à-dire en valeur absolue ou en pourcentage. Par exemple, l'objectif peut s'exprimer ainsi : accroître d'ici un an la notoriété de la marque de 30 % à 50 % auprès des jeunes gens de 15 à 20 ans. Ou encore : faire en sorte que 5 000 jeunes de 15 à 20 ans adoptent d'ici un an le nouveau produit.

Reprenons l'exemple de la police qui veut redorer son image. Son objectif, c'est que les gens l'aiment davantage. Or, si l'on ne connaît pas le public cible et si l'on ignore quelle est la proportion de changement visé, de ce fait, un seul petit changement suffira pour considérer que la campagne a réussi. Si un corps de police donne à une firme-conseil en communication des dizaines de milliers de dollars pour améliorer son image, le président de cette firme peut, par exemple, convaincre sa famille et ses voisins que les policiers sont des êtres exceptionnels et considérer que son mandat a été rempli, car on ne lui a pas précisé auprès de qui il fallait repenser l'image et on ne lui a pas donné une proportion à atteindre. Sans cible ni proportion, tout succès, même limité, peut être considéré comme bon.

De plus, si on ne précise pas les objectifs, comment réussir à différencier de façon prioritaire les actions à entreprendre. Il peut y avoir dix, vingt actions possibles pour atteindre un objectif flou. Avec un objectif bien circonscrit, on se rend compte qu'il y a une gamme restreinte d'actions susceptibles d'atteindre la cible.

La tâche devient en effet plus complexe lorsque l'objectif est d'amener 10 % de plus de jeunes de 15 à 25 ans (cible) à avoir un comportement moins agressif lorsque les policiers les interpellent. On se rend compte ici que, pour augmenter de 10 % un comportement, il faut connaître le pourcentage de gens qui adoptent le comportement avant le début de la campagne. Ceci est le point le plus délicat de toute campagne. On ne connaît pas le point zéro, le point de départ. Alors comment peut-on juger du point d'arrivée ?

Il faut donc quantifier les objectifs, mais il faut aussi préciser pourquoi on dit qu'on choisit une augmentation de 5 %, de 7 % ou de 9 %. Il serait facile dans un objectif de dire qu'on recherche une augmentation de clientèle de 25 %. Mais si l'analyse de la situation nous dévoile que, depuis cinq ans, il y a une perte de clientèle de 5 % par année, il serait plus réaliste de dire que l'objectif est de freiner la baisse de clientèle et non de l'augmenter.

La proportion doit être un écart à combler. Idéal certes, mais aussi réaliste. Il est inutile de se donner des objectifs trop ambitieux que l'on ne pourra jamais satisfaire. L'important à ce stade-ci, c'est d'exprimer ses objectifs en buts mesurables à atteindre de la façon suivante :

- d'abord, essayer de déterminer les résultats attendus à la fin de la campagne et les actions que l'on aimerait que notre clientèle pose à la suite de cette campagne d'information ;
- ensuite, il faut exprimer les résultats que l'on vise en termes mesurables. Il ne faut pas se demander si notre clientèle connaît mieux l'entreprise, mais plutôt viser à ce que les sondages démontrent que la notoriété de l'entreprise a augmenté de 10 % au cours de la dernière année. Ou que les coupures de presse soient favorables à l'entreprise dans une proportion de 20 % de plus que l'année précédente.

Voici quelques objectifs quantifiés :

- faire en sorte que 60 % des élèves fréquentant les classes de 6e année du primaire d'un territoire donné fréquentent à la prochaine rentrée l'école secondaire X plutôt que la Y ;
- augmenter de 5 % le nombre de personnes qui attachent leur ceinture de sécurité parmi les derniers récalcitrants ;
- augmenter la consommation du miel de 1 % par année auprès des jeunes de 8 à 15 ans ;
- réduire de 20% les comportements de vitesse illégale.

Ce qu'il faut savoir, c'est qu'il est plus intelligent d'organiser une campagne de communication avec un objectif qui précise la quantité de changements que l'entreprise souhaite, qu'une campagne vague et ambiguë.

Il faut se souvenir qu'à la fin de la campagne il faudra évaluer chacune des actions de communication. Or, si vous ne fixez pas de limites à atteindre, comment allez-vous savoir que votre campagne a été bien menée?

2.5 Une durée

Il faut maintenant établir le temps dont on compte avoir besoin pour réaliser le mandat. Est-ce que l'entreprise veut améliorer son image sur une période de dix ans, dix mois, dix jours? Est-ce que l'on veut empêcher la propagation du sida au cours de ce siècle? Il y a alors de bonne chance de réussir sa campagne. Ou au cours de cette année, où il y a de bonne chance d'échouer.

3. OBJECTIFS GÉNÉRAUX ET SPÉCIFIQUES

Lorsque vient le temps de fixer les objectifs, on se rend souvent compte que l'on vise des résultats différents selon le type de cible auquel on s'adresse.

Ainsi, si l'on veut faire consommer davantage de beurre à la population, par exemple, on fait face au problème suivant: il y a des gens qui ne voient pas la différence entre consommer du beurre ou consommer de la margarine. Ils ont un problème de connaissance. D'autres sont au courant de la différence mais, comme ils trouvent que la margarine se tartine mieux, ils ont une attitude positive face à la margarine. Enfin, d'autres savent qu'il est préférable de se nourrir de produits naturels et de développer notre agriculture, mais achètent quand même de la margarine.

Nous sommes face à un seul problème: augmenter la consommation du beurre, mais avec des cibles qui ont des attitudes et des comportements différents. Pour concilier tout ça, il y a deux façons de faire dans les objectifs: on crée un objectif général et des objectifs spécifiques; ou on crée plusieurs objectifs.

L'objectif général vise habituellement la connaissance. On peut dire à l'ensemble de la population que le nouveau Coca-Cola existe. Il s'agit donc d'attirer l'attention sur le produit. C'est ainsi qu'en 1996 le ministère du Revenu a lancé une grande campagne pour contrer le travail au noir. Il a utilisé la télévision, à l'heure de grande écoute, pour alerter l'ensemble de la population à ce problème. Puis il a établi des objectifs spécifiques pour chaque cible particulière : les travailleurs à pourboires, les travailleurs de la construction. Ces objectifs visaient l'attitude et le comportement.

Chaque objectif spécifique s'adresse à une cible spécifique et devra donner lieu à une stratégie spécifique.

Ainsi, si, en principe, le résultat attendu est le même pour tout le monde, c'est-à-dire augmenter les ventes, la tâche à accomplir (AIDA) auprès des diverses cibles est différente.

Il arrive parfois que l'on désigne sous-objectifs, ou objectifs secondaires, les objectifs spécifiques. Et en d'autres circonstances, on ne fera pas la distinction entre objectif principal et objectifs spécifiques, mais on parlera de l'objectif 1, de l'objectif 2, etc. Ce qu'il faut retenir, c'est que chaque objectif peut donner lieu à des stratégies, des techniques et des supports différents. Plus vous retenez d'objectifs, plus vous aurez à construire des stratégies différentes pour la même campagne. Chaque objectif doit être construit de la même façon, avec les cinq éléments mentionnés plus haut.

Le problème à régler peut comporter de multiples facettes : un conflit de travail à l'interne, une image négative à l'externe, une mauvaise fabrication du produit venant de l'étranger, tous ces éléments peuvent être pris en considération par des objectifs spécifiques.

Prenons l'exemple d'une entreprise, comme un hôtel, qui traverse une grave crise avec ses employés et où ceux-ci décident d'avoir recours à la grève du zèle. Que se passe-t-il alors ? Tous les services tournent au ralenti, les clients attendent des heures avant d'obtenir ce qu'ils ont commandé et ils décident de bouder cet hôtel. On voit ici comment une réputation peut se perdre à la suite d'un conflit interne et comment l'image de marque d'une entreprise est importante pour sa survie.

Dans le cas qui nous préoccupe, il pourrait y avoir un objectif principal qui serait de faire revenir la clientèle, et un objectif secondaire qui serait de créer un climat plus serein au sein de l'entreprise.

Chaque objectif doit avoir un plan de communication qui lui est propre, car, en principe, il s'adresse à une clientèle différente à qui l'on veut faire adopter une tâche (AIDA) différente.

Les objectifs doivent donc être très concrets et posés par ordre d'importance pour la réalisation du mandat. Ils peuvent viser l'interne ou l'externe, le court terme ou le long terme.

Pelletier (1977) rappelle que, dans une entreprise, chaque unité administrative peut avoir des objectifs différents. Pour lui, quand on demande à différents responsables d'une même entreprise dans quelles circonstances ils utilisent les communications, ils fournissent généralement des réponses très différentes. «Le directeur des ventes peut concevoir que la publicité est destinée à donner à ses vendeurs des points de discussion. Le directeur de la publicité peut espérer que la publicité commerciale augmentera les ventes à court terme. Le directeur général peut penser que la publicité va affermir le nom et la réputation de l'entreprise.»

Ainsi, à l'intérieur d'une même entreprise, on peut avoir des préoccupations différentes qui peuvent amener à poser des objectifs différents. À titre d'exemple, l'objectif marketing de McDonald's peut être d'ouvrir un nouveau magasin tous les mois dans un pays donné. Il faut donc que l'entreprise définisse les critères géographiques déterminant l'endroit où elle pourra s'implanter, les critères de rentabilité selon la population desservie et le prix de ses produits. Après cette opération, on demandera au secteur communication de faire connaître toutes ces décisions.

◆ LES OBJECTIFS INTERNES ET EXTERNES

On peut aussi diviser les objectifs entre internes et externes.

La communication interne a pour but de permettre la circulation des informations auprès du personnel et le développement d'une vie communautaire à l'intérieur de l'entreprise.

Les objectifs de communication externe sont plus faciles à établir puisqu'ils répondent à des besoins explicites et manifestes de l'entreprise la plupart du temps et visent toute cible externe. Nous proposerons plus loin des exemples de ces différents objectifs.

4. CE QU'IL NE FAUT PAS FAIRE

◆ UN OBJECTIF N'EST PAS UNE PROBLÉMATIQUE

Il faut éviter de retranscrire la problématique sous forme d'objectifs. Les objectifs doivent aider à résoudre la problématique et non pas à l'exprimer d'une autre façon. En voici un exemple.

La problématique : L'organisation a besoin de mobiliser son public interne.

L'objectif principal : Promouvoir un sentiment d'appartenance auprès des membres.

L'objectif secondaire : Favoriser une participation plus prononcée au sein de l'encadrement.

L'objectif ne comprend pas les cinq éléments requis. De plus, les deux objectifs ici sont plutôt des *moyens* de mobiliser le public interne. Ils relèvent de la stratégie et non des objectifs. Voici quatre exemples de formulation adéquate des objectifs de la même problématique.

L'objectif 1 : Au cours des deux prochains mois (durée) la haute direction tiendra un séminaire de deux jours (objet) auprès de ses cadres supérieurs (cible) pour qu'ensemble ils établissent des actions à entreprendre (tâche) pour augmenter de 25 % le taux de satisfaction des employés au travail (proportion) au cours de la prochaine année.

L'objectif 2 : Au cours des 12 prochains mois (durée), les cadres de l'entreprise auront organisé, auprès de leurs employés (cible), trois manifestations distinctes (objet) pour qu'ils développent une attitude positive (tâche) qui se manifestera par une augmentation du taux de satisfaction au travail de 25 % (proportion).

L'objectif 3 : D'ici un an (durée), l'administration recrutera (objet) 50 % (proportion) de

	ses cadres (cible) à l'intérieur de l'entre-prise en convainquant (tâche) ses employés de l'intérêt de poser leur candidature.
L'objectif 4 :	Diminuer (objet) de 25 % (proportion) d'ici un an (durée) le taux d'absentéisme des employés (cible) en revalorisant leur participation à l'entreprise (tâche).

◆ L'OBJECTIF DOIT DÉCOULER DU MANDAT

Il faut que les objectifs soient en lien direct avec le mandat. On a parfois l'impression que les objectifs sont incohérents et qu'ils arrivent de nulle part. Ils peuvent être intéressants en soi, ils peuvent même répondre à des préoccupations réelles de l'entreprise, mais ils ne répondent pas à la préoccupation qui vous a été confiée.

En fait, le maillage entre l'analyse de la situation, la problématique, les objectifs et la cible doit être harmonieux. Il ne faut pas que l'on ait l'impression qu'il s'agisse de chapitres sans relation les uns avec les autres.

Ainsi, si dans vos objectifs vous vous proposez de redorer l'image de l'entreprise, il faut avoir prouvé que celle-ci avait une mauvaise image auparavant.

5. DES MODÈLES D'OBJECTIFS

Exemple 1 :

L'entreprise vise à convaincre (tâche) 25 % (proportion) des résidents d'un nouvel immeuble qui vient de s'établir à proximité de son commerce (cible) d'utiliser ses services au moins une fois (objet) d'ici un an (durée).

Exemple 2 :

D'ici un an (durée), convaincre (tâche) les autorités concernées (cible) d'aider à la création (proportion) de l'entreprise par l'attribution d'un fond de démarrage (objet).

EXEMPLE 3 :

Au cours de la prochaine année (durée), l'entreprise offrira de nouveaux services (objet) pour maintenir (tâche) sa clientèle actuellement en décroissance (cible), au même niveau que l'année précédente (proportion).

6. QUELQUES PISTES DE PRÉOCCUPATION

Un objectif s'articule autour d'une préoccupation que l'on traduit ensuite selon les cinq paramètres indiqués plus haut. Une autre façon de faire, c'est de présenter la préoccupation, puis de la faire suivre d'un phrase intitulée : RÉSULTATS VISÉS. On complète alors dans cette phrase, de façon plus précise, les paramètres d'un objectif.

6.1 La conversion facile

Dans la plupart des cas, il est facile de traduire une préoccupation en résultats visés. Voici quelques exemples de cette façon de faire :

◆ LA PRÉOCCUPATION

- Améliorer qualitativement la circulation de l'information à l'interne.

◆ RÉSULTATS VISÉS

D'ici un an, aucun employé ne pourra dire qu'il n'était pas au courant d'une grande décision de l'entreprise.

◆ LA PRÉOCCUPATION

- Faire connaître les services de l'entreprise auprès de la population de son territoire.

◆ RÉSULTATS VISÉS

Lors du sondage qui sera effectué dans un an, au moins 50% des hommes de 18 à 54 ans répondront de façon spontanée qu'ils connaissent l'entreprise et les services qu'elle peut leur offrir.

6.2 La conversion complexe

Dans d'autres cas, la conversion entre la préoccupation et les résultats attendus est moins évidente. En effet, s'il est relativement aisé d'élaborer des objectifs commerciaux, il peut être plus compliqué de traduire des préoccupations d'ordre institutionnel en objectif déterminé et chiffré. En voici quelques exemples.

◆ PRÉOCCUPATION

– Développer les sentiments d'appartenance, d'attachement, de fierté et de soutien à l'égard de l'entreprise.

◆ RÉSULTATS VISÉS

Avant de préciser les résultats visés, il faut s'interroger ici sur la préoccupation. Disons d'abord qu'un sentiment ne se perçoit pas nécessairement de façon évidente. Vous pouvez détester votre patron et lui sourire chaque fois que vous le rencontrez. Vous pouvez avoir une passion pour quelqu'un et figer à chaque fois que vous êtes en sa présence. Pour savoir comment traduire la préoccupation en objectif, il faut chercher une expression concrète de ce sentiment. Un sentiment d'appartenance se traduit par une loyauté, par une fidélité. On pourrait ainsi traduire la préoccupation par les faits et gestes suivants.

D'ici un an, le nombre d'employés à quitter l'entreprise aura diminué de 50%.

ou encore

Dans les sondages internes, le nombre d'employés à dire qu'ils quitteraient volontiers l'entreprise si on leur offrait un travail équivalent aura diminué de 50%.

7. LES CRITÈRES D'EFFICACITÉ

Lorsque l'on arrête les objectifs, il faut toujours avoir en tête la façon de les évaluer. Si l'on ne peut trouver des façons de le faire, mieux vaut changer d'objectif. Ainsi, il faut être capable de prévoir les résultats anticipés et les moyens de les contrôler.

Si l'achat se mesure bien, il n'en est pas de même de la notoriété, de la sympathie que dégage une entreprise ou de la conviction qu'une organisation veut faire partager. Encore faut-il savoir qu'une excellente campagne de communication peut n'apporter que des résultats très négatifs. Le lancement du nouveau Coke en 1986 fut fait avec fanfare et trompette et, pourtant, les consommateurs n'en ont pas voulu. Au Québec, en 1996, la publicité pour la bière Grand Nord fut remarquée, aimée, retenue... mais la bière ne s'est pas bien vendue.

Ainsi, au moment de la formulation des objectifs, il faut déterminer les mesures qui seront nécessaires aux différents stades d'appréciation de la campagne et surtout préciser quantitativement le ou les points de repère.

Il faut donc avoir en tête des indicateurs de performance qui permettront de bien adapter les objectifs, car ce sont ces critères d'évaluation qui seront utilisés pour mesurer l'efficacité de la campagne.

Il faut formuler les objectifs avec un objet, une tâche, une proportion, une durée et une cible, car ce sont tous là des éléments facilement contrôlables.

L'objectif, c'est, tout compte fait, le résultat attendu.

5

LE PUBLIC CIBLE

Dans le chapitre sur l'analyse de la situation, nous avons abordé la notion de *public* et nous avons spécifié qu'il s'agissait de tous les gens qui de près ou de loin pouvaient intervenir avec l'entreprise. Parmi ces gens se trouve la *clientèle* qui n'est donc qu'une partie du public de l'entreprise, la *clientèle* étant constituée des personnes qui achètent déjà le produit, qui utilisent les services ou qui adhèrent à la cause proposée. Il faut donc choisir parmi ces publics celui à qui l'on doit d'abord s'adresser pour remplir le mandat qui nous a été confié. Ce public devient la cible.

La *cible* représente le public précis visé dans les objectifs. Dans un plan de communication, la cible n'est pas nécessairement la clientèle. Dans certains cas, en effet, on peut essayer d'aller chercher une nouvelle clientèle, donc on vise des gens qui ne sont pas encore clients. Dans d'autres circonstances, on peut viser la clientèle existante et essayer de la fidéliser.

Les notions de publics de l'entreprise, de clientèle et de cible sont donc des notions différentes. Dans ce chapitre, nous allons essayer d'identifier le public cible de nos objectifs. En fait, la cible est celle que l'on veut rejoindre, que l'on vise, c'est l'identification du destinataire du message.

Il faut savoir qu'«un programme de communication, c'est le projet d'une organisation qui veut intéresser des publics cibles à ses offres dans un contexte formé de concurrents et de partenaires» (Desaulniers, 1987a).

Pour le Service d'information et de diffusion du bureau du premier ministre de France (1986, fiche 11), dans un plan de communication, «une préoccupation constante doit être la définition précise des publics concernés par le problème traité et l'adaptation des techniques et langages susceptibles de les atteindre et de les impliquer».

Qu'elle poursuive des objectifs politiques ou idéologiques comme les gouvernements ou les églises, qu'elle privilégie des objectifs économiques comme les entreprises, qu'elle défende les intérêts de ses membres comme les syndicats ou les regroupements professionnels, qu'elle vise des fins charitables comme la Croix-Rouge, toute organisation ne peut survivre sans l'appui d'un certain public et sans la contribution d'autres publics. Pour réaliser le mandat reçu, certains publics seront plus adéquats que d'autres. Ils deviendront nos cibles et celles-ci doivent découler directement des constats posés au chapitre 3 sur les différents publics. La pertinence de leur choix doit s'imposer car elle aura été justifiée plus tôt. Les énumérer ne suffit plus, il faut qu'elles s'imposent d'elles-mêmes. Il faut donc que dans le chapitre sur l'analyse de la situation les constats nous amènent à trouver normal le choix de la cible.

Il faut établir une distinction entre les publics et la masse en général. En fait, la masse est quelque chose de flou et d'inactif qui n'est pas homogène, alors qu'un public est un groupe de personnes qui ont quelque chose en commun.

Pour désigner des publics plus précis, on utilise les termes segments de marché, niche, positionnement. En somme, on cerne un certain public qui a quelque chose en commun. «L'étude descriptive et explicative des comportements et des attitudes du public, à l'égard de l'objet d'une cause sociale, fait souvent apparaître que ce public n'est pas homogène» (Lindon, 1976). C'est pourquoi les responsables de la cause sociale se doivent de segmenter le public en sous-groupes homogènes de la population pour pouvoir appliquer une stratégie concrète et définie pour la cible. Sans le processus de segmentation, il serait utopique de vouloir rejoindre efficacement ceux à qui le message est destiné.

1. UNE QUESTION DE CHOIX

L'analyse de la situation a mis de l'avant le problème à régler ou le défi à relever et a pointé les gens directement concernés. Or, lorsque le problème est bien cerné, il peut s'accompagner d'une cible, ou d'une série de cibles évidentes, mais ce n'est pas toujours le cas.

Par exemple, vous voulez, au cours de l'année, augmenter de 10% le nombre de voiture Jetta vendu par rapport à l'année précédente. Normalement, l'analyse de la situation vous a permis de dresser un profil de la clientèle actuelle, celui du public qui aime votre voiture et qui ne l'achète pas pour une raison ou une autre et celui qui ne veut pas de votre voiture. Comment déterminer la meilleure cible pour atteindre votre objectif? Allez-vous rester dans le créneau des gens fidèles ou allez-vous essayer de viser une nouvelle clientèle?

Vous voulez accélérer la consommation de produits biologiques? À qui s'adresser? Aux grandes surfaces de vente pour qu'elles accordent plus de place à ces produits, aux petites boutiques spécialisées, au public sympathique à l'environnement?

À chaque problème ou défi, différentes cibles peuvent être retenues. Quelle cible choisir pour diminuer l'usage du tabac, augmenter la consommation des œufs, développer la foi religieuse, changer de comportement face aux pratiques sexuelles?

Dans certaines situations, la cible s'impose d'elle-même. Lorsque vous voulez fidéliser une clientèle à un produit, la clientèle est déjà connue. Lorsque vous voulez atteindre une nouvelle clientèle, il faut vous assurer qu'elle réponde à l'image du produit. Reprenons donc les exemples cités plus haut.

Quelle est la clientèle de la Jetta? Elle n'existe pas en soi. La Jetta peut servir comme deuxième voiture à madame, comme voiture d'étudiant, comme voiture pour personnes âgées qui désirent rester jeunes.

Pour stopper la consommation du tabac, on peut penser aux jeunes, parce que fumer est une habitude que l'on peut garder toute sa vie et qu'il vaut mieux la bloquer au départ que d'essayer de la corriger ensuite. Mais on peut aussi se dire que les fumeurs ne veulent rien savoir d'arrêter de fumer, alors on va s'adresser aux non-fumeurs pour qu'ils persistent dans leurs décisions et qu'on respecte leur droit de vivre dans un environnement sain.

Deux éléments à retenir au départ : quelle cible répond le mieux à l'objectif ou avec quelle cible sera-t-il possible de mieux réaliser l'objectif ?

Dès lors, comment détermine-t-on le public à rejoindre ? Habituellement, un plan de communication se construit autour de l'objectif et non de la cible. On ne se demande donc pas quel public on veut rejoindre, mais plutôt quel objectif on veut atteindre et quel public sert le mieux cet objectif ?

Le public cible n'existe donc pas en soi. C'est une décision qui doit s'appuyer sur l'analyse de la situation, sur les sondages effectués. Et l'on peut encore se tromper, mais on ne le saura qu'après la campagne, lors de l'évaluation.

Vise-t-on à fidéliser le public actuel, à recruter de nouveaux clients, à sensibiliser des intermédiaires pour qu'ils recommandent notre entreprise, à combattre certains adversaires, à animer les sympathisants, à alimenter les journalistes, à gagner les récalcitrants, à vaincre la résistance interne ? Le choix ultime appartient à celui qui conçoit le plan de communication. Mais il faut qu'il concentre ses efforts sur un groupe bien défini.

Comment peut-on considérer les gens qui ne s'intéressent pas à notre produit ? De différentes façons. On peut les ignorer parce que l'on veut se concentrer sur nos clients actuels. Mais une personne qui ne s'intéresse pas à notre produit aujourd'hui peut s'y intéresser un jour. Si vous n'avez pas d'animaux domestiques, inutile d'essayer de vous vendre de la nourriture pour chats. Le jour où vous aurez un animal, il sera temps de vous sensibiliser. Mais, si vous n'avez pas de voiture aujourd'hui, on peut présumer qu'un jour prochain vous en aurez une. Et on peut s'imaginer que vous serez fidèle longtemps à votre première marque de voiture. Voilà donc un public non intéressé, mais intéressant. Enfin, vous n'avez jamais pensé acheter une piscine. Mais votre beau-frère vous parle tellement souvent de la sienne que vous finissez par succomber…

Par ailleurs, il faut aussi tenir compte des gens qui ne s'intéressent pas à votre produit ou service, car ils peuvent devenir des opposants. Faire de l'hydravion n'exerce aucun attrait pour un certain public. Mais si celui qui veut mettre sur pied une école de pilotage d'hydravion ne me préoccupe pas de ce public, peut-être aura-t-il la mauvaise surprise de le voir manifester contre les bruits éventuels qu'une telle entreprise peut causer dans son environnement. Voici pourquoi les non-intéressés peuvent devenir intéressants dans certains cas.

2. LE GRAND PUBLIC COMME CIBLE

Concernant le grand public, il est un principe à retenir : faire une campagne où la cible est le public en général est assurément une campagne ratée, car on ne peut pas parler de la même façon à tout le monde.

Prenons l'exemple de Coca-Cola. On peut présumer que la cible à rejoindre est le grand public en général puisque des enfants de 7 ans comme des personnes âgées de 77 ans peuvent boire du Coke. Mais en réfléchissant un peu, les gens de 7 à 37 ans, par exemple, boiront certainement plus de Coke que ceux de 57 à 77 ans, ne serait-ce que parce que cette tranche d'âge est plus nombreuse démographiquement et qu'il sera plus facile de le lui en faire boire. Mais on n'amènera pas de la même façon des jeunes et des personnes âgées à boire du Coke. Il faudra donc deux stratégies différentes et deux objectifs différents. Pour les jeunes, il faudra leur faire découvrir le Coke en jouant sur la connaissance du produit. Pour les personnes âgées, il faudra susciter des achats plus fréquents en jouant sur le comportement.

À cette étape-ci, il est possible que l'on pense à une cible dont il n'a pas été fait mention dans les publics de l'entreprise au chapitre 3. Alors, il faut retourner en arrière et compléter cette partie.

Si vous ne spécifiez pas de cible particulière et que vous parlez au grand public, vous aurez du mal à trouver un axe et des stratégies adéquates. Nous le verrons plus loin. Mais il faut retenir que les gens n'ont pas tous la même perception de votre produit ou service, la même attitude et les mêmes comportements face à celui-ci. Pour être en mesure de parler à ces différentes personnes et d'utiliser un langage qu'elles comprendront facilement, il faut donc la définir, la morceler en fonction des objets que l'on vise, des tâches de communication que l'on s'est données et du changement que l'on recherche.

Si vous voulez augmenter les ventes de votre produit de 10% au cours de l'année, ce sera plus facile si vous ciblez une clientèle susceptible *a priori* d'aimer votre produit, que de cibler une clientèle que vous allez d'abord devoir convaincre d'aimer votre produit, puis de l'acheter.

On ne peut pas faire une campagne pour dire à tout le monde le même message. Ainsi, comme nous l'avons noté, pour les jeunes gens, les policiers incarnent une menace ; pour les personnes âgées, ils représentent une sécurité.

Pour Nicaise (1991), « toute la question du marketing aujourd'hui se résume simplement : viser juste plutôt que ratisser large. Connaître son client et le fidéliser au lieu de travailler la masse du marché. "Nous quittons l'ère du mass marketing pour entrer dans celle du one-to-one marketing", écrit l'Américain Stan Rapp dans *The Great Marketing Turnaround* ».

Et il poursuit : « Une raison principale, lumineuse : la valeur d'un client ne doit pas se mesurer à l'achat du jour, mais dans celui de tous les achats qu'il effectuera dans sa vie de client s'il reste fidèle. Sans oublier la valeur ajoutée de tous ses amis auxquels ce client satisfait aura recommandé le produit ».

3. RESTREINDRE LES CHOIX

On peut partir de l'idée que chaque individu est unique et qu'il faut essayer de l'atteindre dans sa spécificité. Mais alors il faudrait parler à chaque consommateur, à chaque client, à chaque adhérent. S'il est intéressant de savoir d'abord comment se comporte l'individu isolément, il faut ensuite l'examiner en groupe et, par la suite, évaluer son attitude et son comportement. C'est ici que prennent force toutes les études sur les changements d'attitude et de comportement. Ce sont là des gestes individuels. Et pourtant, aucune entreprise ne peut parler à chacune de ses cibles une à une.

Lorsqu'une entreprise développe une excellente compréhension des individus qu'elle veut rejoindre, elle peut donc plus facilement adapter son message à leurs préoccupations.

Mais, en même temps, il faut transmettre son message à son public cible avec le minimum de perte. Il faut donc trouver la technique ou le média qui va le rejoindre de la façon la plus efficace et la moins onéreuse. Nous reverrons cette question au moment de parler des médias, mais il faut déjà savoir que mieux on connaît sa cible, plus facilement se trouve le média qui convient. Ainsi, pour un petit détaillant, est-il utile d'utiliser la radio pour annoncer des spéciaux, alors que la radio atteint un public beaucoup trop large pour la cible à rejoindre et qui ne se déplacera jamais jusqu'à lui pour acheter ses produits ? Il vaut mieux alors rechercher un public de proximité.

L'important est de communiquer avec le marché cible retenu et non avec le plus grand nombre de gens possible.

De plus, avec une cible bien cernée, les stratégies de communication seront plus faciles à établir. Si vous voulez exploiter un gîte rural de trois chambres et que votre cible recoupe les 40 à 50 ans, comment peut-on les rejoindre à l'échelle du Québec, sans budget adéquat ? Alors, plutôt que de miser sur une cible si dispersée, il faut chercher des multiplicateurs, comme le Club automobile, ou trouver une catégorie de gens bien précise, comme les représentants de commerce, ou viser une région en particulier. On peut également aller chercher sa clientèle éventuelle auprès de sa propre clientèle en lui consentant des rabais pour chaque nouveau client qu'elle vous amène. Ou essayer de convaincre la clientèle de passage de choisir votre gîte plutôt qu'un autre établissement.

Prenons le cas d'une campagne sur le sida. La cible première, est-ce que ce sont les gens séropositifs et les gens atteints du sida pour qu'ils ne répandent pas la maladie ? Ou pour qu'on leur accorde plus d'attention, de compassion et de soin ? Est-ce que ce sont les gens « sains » pour qu'ils n'attrapent pas la maladie ? Ou est-ce que ce sont les groupes plus à risque : les homosexuels, les drogués, les prostitués, etc.

Il faut ensuite dresser une hiérarchie des cibles. Par qui commence-t-on ? Si l'on vise les gens « sains », est-ce qu'on s'adresse aux jeunes de 12 à 15 ans pour les sensibiliser au moment où ils découvrent la sexualité ? Aux jeunes de 15 à 25 ans qui correspondent aux groupes que l'on dit avoir une sexualité très active ? Aux 25 à 40 ans qui après quelques années de vie commune avec un partenaire trouvent que l'herbe du voisin est un peu plus verte ? Ou aux 40 ans et plus qui veulent se trouver une deuxième jeunesse ?

La cible externe comprend donc un large éventail de possibilités incluant les partenaires, les relayeurs, les gouvernements, les clients et les opposants. Quelle cible choisir ? Il n'y a pas d'évidence. C'est une question de choix. Et celui-ci doit être éclairé. Et il le sera d'autant plus que l'analyse de la situation aura été bien faite. En fait, on choisit la cible qui aide le mieux à remplir le mandat. Et c'est ici qu'on se rend compte qu'une bonne analyse de la situation nous permet de prendre la meilleure décision. Mais on s'aperçoit aussi à cette étape que cette analyse comporte des lacunes car elle ne nous permet pas de faire un choix éclairé, il manque des données pour prendre une décision. Il faut donc reprendre les recherches. C'est le phénomène de l'aller-retour dont nous avons parlé.

Rappelons ici qu'il est possible, lorsque nous devons intervenir auprès de plusieurs cibles, d'attribuer un objectif par cible ou de regrouper sous un même objectif plusieurs cibles.

4. QUELQUES EXEMPLES

4.1 Le député

Prenons l'exemple d'un député qui, à la veille des élections, désire attirer l'attention des médias pour entretenir une bonne image auprès de ses électeurs et assurer sa réélection. Si les sondages qu'il possède lui confirment qu'il est très en avance sur ses adversaires et que sa défaite est quasi impossible, on lui conseillera certainement de reformuler son objectif pour que ses activités de communication gèrent mieux ses ambitions.

S'il souhaite obtenir la plus forte majorité de l'histoire de son comté, les cibles à atteindre seront différentes que s'il ne vise qu'à être réélu, car il lui faudra convaincre d'une part les neutres d'opter pour son camp et, d'autre part, les sympathisants d'aller voter en grand nombre, surtout lorsque l'on sait que, quand un candidat est en avance, ses partisans ont tendance à ne pas croire utile d'aller voter. Ce sont là des cibles précises et circonscrites.

Si ce député est tenté de se dire : comment, dans les circonstances (la réélection et la majorité historique) puis-je utiliser les communications et les médias pour augmenter mes chances de devenir ministre ? La première question que l'on se pose alors est de savoir qui est la cible visée ? Or, seul le premier ministre peut décider qui sera ministre. On peut alors se dire que le premier ministre se fait certainement conseiller par quelques personnes. Et on établit la cible de la campagne à six personnes seulement. Si l'on réussit à convaincre ces six personnes que le candidat est ministrable, il sera probablement ministre.

Une double stratégie sera alors utilisée dans ce cas. Premièrement, essayer d'obtenir l'attention des médias à l'échelle de tout le Québec et non plus seulement les médias régionaux pour donner l'impression que le candidat possède une envergure nationale en utilisant un discours lui permettant de s'élever au-dessus de la mêlée, comme un ministre. Mais deuxièmement, et surtout, développer des rapports interpersonnels entre le candidat et les six personnes concernées.

4.2 La santé

Au début des années 1980, on a voulu changer les habitudes de consommation alimentaire des Québécois et inciter les gens à manger moins de viande et plus de poisson. Pour certains, le premier réflexe fut de s'adresser bien sûr à la femme qui fait les courses et achète la nourriture. Mais les études ont révélé que c'était une très mauvaise cible, car, en fait, si l'on ne mangeait pas de poisson à la maison, c'était souvent parce que le mari n'aimait pas ça. Lorsque l'épouse se fait dire trois ou quatre fois par son mari en déposant le poisson sur la table : ça fait combien de fois que je te dis que je déteste le poisson ?... Eh bien, les enfants ne mangent plus de poisson.

Dans cette situation, la cible à viser était l'homme. Mais, dans la réalisation du message, on aurait pu utiliser des enfants pour parler à l'homme : « Papa, papa, pourquoi on ne mange jamais de poisson à la maison?» Les enfants deviennent ici le public *dans* le message et non pas le public *du* message.

Les États-Unis fonctionnent avec un système de santé différent du nôtre et n'offrent pas de couverture universelle à sa population. Dans ce cas, quel est le public cible d'un hôpital privé qui vise les patients qui demandent des chirurgies à longue hospitalisation. Est-ce le patient lui-même, ou le médecin qui a posé le premier diagnostic, ou le spécialiste qui dirige ultimement le patient vers l'hôpital, ou la compagnie d'assurances qui doit payer pour les frais? Si les patients ont en majorité des plans collectifs de santé, la compagnie d'assurances peut suggérer des hôpitaux. Si les individus ont des plans privés, les hôpitaux doivent choisir entre le spécialiste, le médecin traitant ou le patient lui-même (Super, 1986).

4.3 La cigarette

Pendant de nombreuses années, on a déployé de grands efforts pour convaincre les fumeurs de cesser de fumer. Or, les enquêtes ont dévoilé que c'étaient les non-fumeurs qui réagissaient le mieux aux campagnes antitabac, car ces campagnes les confirmaient dans leur décision de ne pas fumer.

On a alors changé le ton des campagnes. On a demandé aux non-fumeurs de faire respecter leur droit à un environnement sain. Et c'est ce qui a donné lieu aux lois et règlements qui protègent les non-fumeurs dans les lieux publics. Une telle approche constitue un rappel constant aux fumeurs qu'ils s'adonnent à un plaisir qui constitue un danger pour eux-mêmes et pour les autres.

4.4 La Régie des rentes

La Régie a pour mandat, chaque mois, de verser des pensions aux personnes ayant atteint l'âge de 65 ans. Quelle est la cible première de cet organisme? Ceux qui paient pour faire vivre la Régie, soit l'ensemble des travailleurs et des employeurs, ou ceux qui reçoivent des prestations de la Régie?

En fait, ce sont les deux. Mais, comme c'est le ministère du Revenu qui gère les entrées de fonds, c'est lui qui intervient auprès de la première cible. Lorsque vient le temps d'augmenter les cotisations, la Régie se rend compte que cette première cible est aussi importante.

4.5 L'éducation

Pendant longtemps, on a considéré les élèves comme un des publics internes des institutions scolaires. Puis on les a considérés comme le produit brut qui entre dans une école et qui en ressort, en principe, transformé en individus plus savants. Ensuite, on les a considérés comme la clientèle externe venue chercher des services pour lesquels elle paie. Selon l'angle de vue retenu, la stratégie ne sera pas la même, les techniques, les médias, les supports et les messages seront différents.

5. QUELQUES CONSEILS

— Éviter de confondre la cible d'un objectif avec les personnages des messages. La cible peut être un certain groupe et la stratégie peut utiliser un autre groupe pour la rejoindre. Ainsi, on utilise souvent les enfants en publicité pour atteindre les parents. Les enfants ne sont pas la cible.

— Éviter d'avoir des cibles trop vastes, trop nombreuses. Il faut les restreindre, les diviser, les morceler, les limiter et les mettre par ordre d'importance et de priorité. Elles doivent correspondre, dans cet ordre, à l'ordre des objectifs. En principe, il y a autant de cibles que d'objectifs.

— Exclure les cibles n'ayant pas de lien direct avec les objectifs.
— Bien connaître le groupe cible sur les plans géographique et démographique. Dans quel groupe d'âge se situe-t-il? Quel est son niveau de scolarité, son statut social, son revenu? Quand achète-t-il? De quelle façon paye-t-il? Quelle quantité de produits achète-t-il? Quelles sont ses habitudes de consommation, ses habitudes de vie?

— Un message est efficace s'il est d'abord perçu par ceux que l'on vise et si ceux-ci sont capables de se procurer le produit ou le service.

— Il faut se rappeler que la cible peut être la clientèle qui utilise le plus le service aussi bien que celle qui l'utilise le moins.

— Il faut se souvenir de la Loi de Pareto qui stipule que 80% des produits de certaines entreprises sont consommés par 20% de la clientèle. Il en est ainsi des buveurs de bière. Les gros buveurs qui représentent quelque 20% de la clientèle accaparent 80% de la consommation.

— Les enfants seront les consommateurs de demain. Et comme il est plus facile de créer une opinion ou un comportement que de le modifier, il est intéressant d'accorder une certaine attention à ce public cible car, s'il prend certaines habitudes, il peut les conserver toute sa vie.

6

L'AXE DE COMMUNICATION

Avec l'axe, on entre dans le champ de la réalisation du plan de communication lui-même. À cette étape, nous connaissons bien le problème à régler ou l'enjeu à relever, nous avons établi l'écart à franchir entre la situation actuelle et la situation souhaitée dans les objectifs, maintenant, il faut déterminer le thème central de la stratégie et des messages. Qu'allons-nous dire à notre cible? Que voulons-nous qu'elle retienne de notre campagne? C'est ce qui nous conduit à choisir un axe de communication à partir duquel nous déclinerons l'ensemble de nos messages.

L'axe est une notion difficile à saisir et difficile à définir, car c'est en somme la création d'un concept spécial qui n'existe pas en soi. À titre d'exemple, vous avez des fruits et légumes à vendre : votre axe peut concerner la fraîcheur de vos produits, leur bas prix ou la santé qu'ils sont censés procurer. Tout dépend du mandat à exécuter et de l'attitude de la cible face au produit en question.

On définit l'axe avant la stratégie, mais en fait les deux éléments sont très liés, tout comme la cible fait partie intégrante de l'objectif. En effet, selon l'axe choisi, on n'adoptera pas nécessairement la même stratégie. Ainsi, si l'on veut convaincre en profondeur une cible restreinte, il faut utiliser une stratégie de communication interpersonnelle ;

si l'on veut faire connaître un nouveau service à un grand groupe, les médias de masse s'imposent.

La définition de l'axe s'appuie sur l'analyse de la situation. Prenons l'exemple de la barre de chocolat Crispy Crunch de Cadbury (Strauss, 1996). On essayait de vendre le chocolat à des adolescents alors que les consommateurs étaient des jeunes adultes. L'étude a démontré que les adolescents choisissent leur barre de chocolat en fonction de sa grosseur (plus c'est gros, mieux c'est) plutôt qu'au goût et Crispy Crunch n'est pas une grosse barre de chocolat. Par ailleurs, les jeunes adultes ont affirmé que c'était le goût de la barre qui les séduisait. L'axe et la cible étaient ainsi trouvés.

1. DÉFINITION DE L'AXE

L'axe est un concept complexe et doit pouvoir répondre à la question suivante : « Comment doit-on s'y prendre pour véhiculer ce qu'on veut faire passer comme message ? » L'axe est donc une réponse au problème soulevé.

Cette réponse doit être concentrée en une seule idée et en une seule phrase. C'est donc l'idée essentielle, l'idée de base, l'idée maîtresse autour de laquelle tous les messages seront construits. C'est elle qui donnera le ton à la campagne. C'est en quelque sorte la thématique de la campagne.

On l'appelle l'axe, car elle doit être la colonne vertébrale ou l'épine dorsale autour desquelles doivent pivoter tous les éléments de la campagne. Comme un axe, et selon la définition du *Petit Larousse illustré*, elle est la ligne qui passe par le centre d'une chose, elle est la pièce servant à articuler une ou plusieurs autres pièces qui décrivent autour d'elle un mouvement circulaire. C'est aussi la ligne idéale autour de laquelle gravite la politique d'un parti, d'un pays.

On l'appellera tantôt l'idée charnière, l'élément fédérateur des messages, le fil conducteur de la campagne. Il devra servir à l'articulation des thèmes entre eux, ce qui permettra une plus grande cohérence et une uniformité dans les messages.

Collard et Chiasson (1992, p. 41) définissent ainsi l'axe : « Un axe de communication représente l'idée centrale d'où partira l'ensemble de vos communications, un peu comme un "corridor" qui réunit un ensemble de pièces dans une grande maison».

Les Américains parlent de USP, «Unique Selling Proposition», le point d'ancrage de toute campagne, soit l'unité de l'axe. Dans ce cas, l'axe est aussi appelé la promesse. Il dégage les aspects du produit retenu comme bénéfice par le client : Pourquoi l'acheteur désire-t-il ce que vous vendez ? Et pourquoi l'acheteur l'achèterait-il chez vous plutôt que chez la concurrence ?

Les Français parlent de positionnement psychologique. Selon Leduc (1987), le positionnement représente la façon dont on souhaite que le public auquel on s'adresse perçoive le produit par rapport aux autres concurrents. Il donne une personnalité et une certaine réalité psychologique au produit. On va donc apporter une valeur ajoutée symbolique au produit en même temps qu'on va essayer d'éveiller dans l'esprit de la cible des cordes sensibles.

L'axe, c'est donc aussi le positionnement. «Pour positionner efficacement votre firme ou votre service, vous devez définir la place que vous voulez occuper dans l'esprit des consommateurs par rapport à la concurrence. Les chances de succès d'une organisation sont plus élevées si ses clientèles cibles la perçoivent comme étant supérieure à ses concurrents et si elle se distingue de ces derniers en offrant certains avantages exclusifs» (Delage et Dumais, 1994, p. 17).

Desaulniers (1991, p. 142) parle de PODD, c'est-à-dire d'une Proposition d'offre désirable et distinctive. Cossette (1987, p. 72) parle de «motivation clé».

2. COMMENT CONSTRUIRE UN AXE

Comme l'axe doit être une réponse à l'objectif, il va donc se construire à partir des mêmes éléments.

◆ L'OBJET

Si l'objet a une importance particulière pour la cible, on ne devra pas en rire. On a appris, par exemple, que l'humour n'était pas une approche pour la voiture. Pourquoi? Parce que la voiture représente pour une grande partie de la population quelque chose de sérieux. C'est un objet de séduction, c'est un objet de valorisation, c'est un objet de statut social, c'est un objet de travail. De ce fait, on n'aime pas qu'on s'amuse au sujet de cet outil précieux. Selon l'objet, certaines approches ne seront pas retenues. Il y a déjà eu des publicités d'humour autour de la voiture et les sondages ont démontré que les gens avaient bien retenu le message, mais qu'ils n'avaient pas adopté le comportement souhaité.

S'il s'agit d'un produit nouveau qui est lancé, l'accent peut être mis sur la nouveauté ou sur une qualité particulière du produit. S'il s'agit d'un changement de comportement souhaité, l'accent peut être mis sur les bénéfices qu'en retirera la cible.

L'axe est le résultat d'un choix. Il ne s'impose pas comme un constat de l'analyse de la situation. Mais il faut en même temps qu'il s'articule autour de cette analyse.

Molson a voulu créer une bière dont le positionnement serait axé d'abord sur la fraîcheur, et aussi une marque dans laquelle les consommateurs d'ici se reconnaîtraient. Il fallait un nom qui soit associé à la fraîcheur, et aussi qui transmette cette idée de proximité, de complicité. En créant un nom, on s'approprie déjà tout un territoire de communication. C'est ainsi qu'est née la Grand Nord (Ducas, 1995).

◆ LA CIBLE

Il est primordial de savoir s'adapter à la cible visée. Par exemple, si elle est jeune, il faudra trouver des éléments qui les touchent. Or, on sait que ce groupe est plus audacieux que celui des personnes âgées et plus critique face à la société. On n'hésitera donc pas à leur proposer un axe qui correspond à cette approche. C'est ainsi que McDonald's a choisi dans l'une de ses campagnes un axe «délinquant» pour annoncer ses produits.

Lorsqu'il y a quelques années American Express a lancé une campagne autour de l'axe: «American Express, c'est la SÉCURITÉ», cette entreprise n'a jamais dit que tel était son axe. Mais c'est cet axe qui a permis de développer le thème qui est devenu son slogan, «Ne partez pas sans elle». Il faut toutefois savoir que cette entreprise aurait pu tout aussi bien avoir pour thème «Partez avec elle». Mais l'élément négatif renforçait l'axe. Ce sont des études d'attitude de son public cible qui lui ont fait faire ce choix.

C'est en vertu du même axe que toute l'industrie des alarmes de protection s'est développée. Mais cette industrie a choisi de jouer sur la «sécurité-peur». La majorité des messages portent en effet sur la sécurité que vous pouvez obtenir et les peurs que vous pouvez chasser en ayant un système d'alarme. Ces systèmes sont partout : dans les voitures, dans les maisons, etc. Et, maintenant, on a des porte-documents avec des serrures intégrées...

On choisit l'élément psychologique qui orientera la perception du consommateur, qui le séduira. Ce qui est plus difficile, c'est de trouver cet élément psychologique. Qu'est-ce qui est assez fort pour entraîner un comportement souhaité de la part de ses publics ? En y répondant, on se rend vite compte que l'on peut jouer facilement sur les besoins fondamentaux de l'être humain.

Lorsque plusieurs cibles sont retenues dans un plan de communication, il faut que l'axe soit fédérateur entre les différentes cibles. On ne vend pas de la même façon un produit à un jeune qu'à une personne âgée. Et il est impossible de considérer son produit à la fois comme extrêmement moderne et avant-gardiste pour plaire aux jeunes, et conservateur et attaché aux valeurs traditionnelles pour plaire aux personnes âgées. Il faut donc trouver un axe qui sera conjugué de façon différente selon les cibles, mais qui conservera son identité.

Si l'axe se structure autour du thème de l'efficacité, on peut le décliner de la façon suivante :

- un produit efficace pour les jeunes parce qu'il leur permet de... ;
- un produit efficace pour les femmes parce qu'il leur permet de... ;
- un produit efficace pour les personnes âgées parce qu'il leur permet de...

Ainsi, on peut servir un même axe à diverses clientèles, sans trahir ni l'axe ni la spécificité de la cible.

◆ LA TÂCHE

Selon la tâche retenue, l'axe pourra mettre l'accent sur une approche qui veut attirer l'attention, en travaillant sur l'imagination ou la raison, ou sur une approche qui vise le changement d'attitude, en travaillant sur le positionnement psychologique. Nous donnerons quelques exemples de ces éléments plus loin.

On aura alors recours, selon le cas, à un simple axe de connaissance ou à un axe de changement de comportement.

Qu'est-ce qui caractérise un axe de communication fort? L'axe de communication fort est celui qui réussit le mieux à capter dans une formule brève les trois éléments à couvrir.

3. L'AXE, LE SLOGAN, LA SIGNATURE

Il s'agit de trois éléments différents. L'axe, c'est le THÈME de la campagne. C'est lui qui orientera le choix du slogan et de la signature.

Le slogan, c'est la phrase clef, la phrase coup de poing qui accompagne tous les messages, c'est une formule brève, concise, facile à retenir et qui frappe l'esprit. Elle doit traduire l'axe. Dans le célèbre slogan : «On est six millions, faut se parler», l'axe utilisé pouvait être la solidarité. Et le slogan cité en est dérivé. Il arrive parfois que l'axe et le slogan soient identiques. Ainsi, le slogan aurait pu être : «Soyons solidaires». Il faut retenir que, si le thème et le slogan peuvent être identiques, ce n'est pas habituellement la même chose et il ne faut pas les confondre.

Le slogan doit être justifié dans chacune de ses parties : pourquoi l'a-t-on choisi et comment il atteint les objectifs et l'axe de communication retenu.

Des slogans comme «Taxer les livres, c'est imposer l'ignorance», deviennent pratiquement des proverbes. Ils ont leur vie propre et demeurent ancrés dans la société, même s'ils ne sont plus soutenus par la communication.

La signature est un troisième élément d'identification d'une entreprise. Elle apparaît sur le papier à en-tête et c'est elle qui signe les messages.

Pendant des années, le Mouvement des caisses Desjardins accompagnait d'une signature particulière chacune de ses composantes. Pour les caisses, on utilisait «Desjardins, une ressource naturelle», alors que, pour la section assurance, c'était «Assurance-vie Desjardins, à chaque passage de la vie». On retrouvait donc sur chaque document l'identification de l'entreprise suivie de la signature institutionnelle appropriée. Encore une fois, dans certaines circonstances, la signature peut devenir le slogan, mais on doit les considérer comme deux entités distinctes qui, à l'occasion, peuvent utiliser la même voie.

4. QUELQUES EXEMPLES

Chaque entreprise va choisir l'axe qui correspond le mieux au message qu'elle veut voir retenir par ses cibles.

◆ LA SANTÉ

Depuis quelques années, les consommateurs sont de plus en plus conscients des éléments qui peuvent affecter leur santé. Ils surveillent leur ligne, ce qu'ils mangent, de quoi sont composés les produits qu'ils consomment. De ce fait, la santé devient un axe intéressant. En plus, il se conjugue à tous les produits. Par exemple, Seven Up a adopté la santé pour vendre ses produits. Son slogan est devenu: «Seven Up, la boisson sans caféine». On nous vend également des produits sans cholestérol, des aliments sans sucre. C'est donc un axe particulier qui peut être décliné en fonction des produits à vendre.

◆ LA SUPÉRIORITÉ

Les consommateurs veulent avoir ce qu'il y a de mieux, de meilleur et de plus important. Si l'on choisit ce type d'axe pour ses communications, on fera alors toute une série de messages comparatifs dans lesquels son produit sera meilleur que celui de son concurrent. C'est ainsi que Coca-Cola et Pepsi-Cola se sont livré une guerre sans merci pendant quelques années. Les compagnies de détergents se comparent également pour laver plus blanc que blanc.

◆ LA NOUVEAUTÉ

Le consommateur, tout au moins le novateur, aime ce qui est nouveau. C'est pour cette raison que l'on lance des nouveaux produits ou que l'on ajoute des éléments nouveaux aux anciens produits. L'important, ce n'est pas la granule bleue que l'on ajoute au savon, c'est que c'est nouveau.

Pour les Super Bowl de football, la nouveauté devient l'axe. Les pauses publicitaires font partie du spectacle. L'événement oriente alors la création.

◆ LE DÉFI

Après une étude auprès des jeunes, Pepsi a fait sa campagne au Québec sur le thème du défi, dans les années 1990. Toutes les publicités avec Claude Meunier le montraient dans des positions de défi : seul au milieu des requins, escaladant des montagnes, sautant d'un pont, etc.

◆ LA DÉTERMINATION

À la fin des années 1980, Renault avait conçu sa campagne sur un seul axe : la détermination. L'axe de la campagne s'est alors décliné de la façon suivante :
- « Déterminé à être aussi efficace que l'entreprise privée »,
- « Déterminé à donner un bon service », etc.

◆ L'EFFICACITÉ

La publicité de Bell Canada, à la fin des années 1980, claironnait : « L'efficacité passe par Bell ». Il s'agissait là d'un thème institutionnel, de l'axe de communication qu'avait alors choisi l'organisation pour définir sa personnalité. Un tel thème est un excellent véhicule de l'image de l'entreprise. Il agit sur l'imagination en représentant l'entreprise chaque fois qu'il est utilisé.

Un axe peut évoluer dans le temps. Quelques années après cette campagne sur l'efficacité, « Bell cherche à se positionner comme "la" compagnie qui peut nous aider à communiquer quel que soit le moyen utilisé. Bell est impliquée dans d'autres moyens de communications que le simple téléphone : le satellite..., le téléavertisseur... Internet... On cherche à positionner Bell comme le guichet unique où l'on peut s'adresser dès que l'on veut communiquer, dit François Forget, vice-président à la Création de l'agence Cossette Communication-Marketing. Et on veut souligner que Bell offre aux gens des produits adaptés à leurs besoins» (Ducas, 1998).

L'idée de l'efficacité fut aussi utilisée, dans les années 1980, par Hydro-Québec: l'électrifficacité. «Le but de la campagne promotionnelle d'Hydro-Québec comporte plusieurs volets, souligne M. Yvon Martin, président de Publicité Martin. Nous devions rapprocher Hydro-Québec de ses clients par un contact humain et chaleureux. Nous devions bâtir une nouvelle image qui met en évidence Hydro-Québec comme vendeur d'électricité et non seulement comme producteur d'énergie ou encore comme bâtisseur de projets aussi gigantesques que celui de la Baie-James» (Girard, 1986).

◆ LES SERVICES

Pendant des années, Hydro-Québec a axé sa communication sur le fait que cette entreprise était un «bâtisseur». Hydro construisait les plus gros barrages au monde, les lignes de transmission d'électricité les plus importantes. Dans les années 1990, Hydro a abandonné cet axe pour devenir un distributeur de services efficace et conscient du besoin de ses consommateurs de diminuer le coût de leur facture d'énergie. Nous sommes donc loin du temps où Hydro-Québec incitait les gens à acheter des cadeaux «électriques».

◆ ET QUELQUES AUTRES

Maxi essaya de développer l'axe: «Tous les services au même endroit» («one stop shopping»), d'où l'idée d'avoir un guichet automatique à la porte, des fleurs, l'acceptation de cartes de crédit.

Le parc Forillon orchestra ses messages autour de l'axe: «L'harmonie entre l'homme, la terre et la mer».

La fête nationale du Québec a opté une année pour l'axe LA FIERTÉ:

— Fierté d'appartenir au peuple du Québec,
— Fierté de nos ressources,
— Fierté d'arborer notre drapeau,

— Fierté de célébrer, partout en même temps, notre sentiment d'appartenance,

— Fierté, d'œuvrer pour la fête nationale.

Dans une campagne pour revaloriser l'enseignement, le ministère de l'Éducation choisit, comme axe, la formule de «la tranche de vie» qui permettait de démontrer, d'une façon émotive et non didactique, tout le contexte humain de l'interrelation entre l'enseignant et l'élève. On y voyait des enseignants apporter une attention particulière à l'élève dans ses apprentissages. Le slogan utilisé dans cette campagne fut : «L'école, un pays de connaissances».

La Centrale de l'enseignement du Québec reprit le même thème du témoignage vivant et de l'interaction directe et positive entre l'enseignant et l'élève. La première campagne en 1985 portait comme slogan : «Vos enfants comptent *(sur)* pour nous». En 1998, le slogan était : «Nos profs, on leur doit tant».

En 1995, un entrepreneur en pompes funèbres, Urgel Bourgie, lança une campagne fort remarquée dans les médias écrits. Son axe était l'indifférence du consommateur face à la mort. Les images montraient des gens en train de profiter de la vie et le slogan s'annonçait ainsi : «Trop heureux pour penser à la mort, la vôtre ou celle des autres»; ou «Trop en forme pour...», ou «Trop occupé pour...» La signature qui accompagnait cette publicité était : «Ici comme ailleurs, les rituels qui entourent la mort se déroulent selon la volonté de chacun. Pour nous, c'est une question de respect».

À partir de l'axiome qui veut que nous ayons besoin de vacances lorsque nous nous sentons fatigués, déprimés même et manquons d'entrain, Tourisme Québec a choisi comme axe de montrer le produit touristique québécois comme un remède, une potion. Cet axe fut illustré par l'image qui veut que, lorsque l'on a besoin de vacances, on a le teint vert.

Lorsque, dans les années 1990, le port de Québec se cherchait un axe, un seul pôle de référence autour duquel toutes les activités promotionnelles devaient converger, il réalisa qu'il aurait avantage à se démarquer en humanisant sa promesse. L'image présentée a souvent été impersonnelle : des grues, des gros navires, d'immenses tas de marchandises. L'axe choisit fut l'ouverture sur le monde, à la fois exotique et fascinant, et son élément humain. On y ajouta la signature suivante : « Où l'eau nous porte » avec le slogan : « La face cachée du port de Québec ».

Le message consistait à faire comprendre qu'au-delà d'une infrastructure des individus, des hommes et des femmes, contribuent à faire circuler des biens et des services ici et à l'étranger.

5. LA FORMULATION DE L'AXE

L'axe se formule en une phrase tout au plus. On explique tout simplement que l'axe sera LA DÉTERMINATION, si c'est un seul mot, ou L'ENTREPRISE A DÉCIDÉ DE METTRE L'ACCENT SUR L'EFFICACITÉ, si c'est une phrase.

Dans un ou deux paragraphes qui peuvent être posés avant ou après la mention de l'axe, on précise les raisons qui ont amené à adopter cet axe en particulier. Il faut donc justifier l'axe en quelques lignes.

Lors d'une campagne de communication réalisée pour la Journée internationale des musées, des étudiants ont proposé comme axe LE DIVERTISSEMENT, en voulant souligner le fait qu'aller dans un musée n'est pas une corvée, mais un plaisir. Le slogan alors suggéré était : « Venez vous a... musée ».

Pour expliquer cet axe, l'équipe précisa qu'« étant donné que notre objectif général est de démythifier l'image ennuyeuse des institutions muséales, l'idée maîtresse de la campagne reposera sur la notion de plaisir ».

L'axe de communication choisi se résume par l'idée que les musées permettent à leurs visiteurs de s'évader de leurs préoccupations quotidiennes pour s'offrir des moments de plaisir et de relaxation. L'élément principal de cet axe est l'évasion. Par cette idée maîtresse, il sera possible de présenter les musées comme un lieu de détente, où l'on peut sortir de la routine et où les couples peuvent se retrouver pour faire contrepoids à cette idée que les musées sont un lieu de culture hautain et ennuyant.

7

LA STRATÉGIE

La stratégie détermine les approches requises pour réaliser le plan. L'analyse de la situation nous a permis de connaître l'entreprise, ses publics, son environnement et ses rivaux. On sait maintenant ce que l'on veut dire, à qui on veut le dire, mais on ne sait pas encore comment le dire. La stratégie va nous aider à trouver ce comment. Il faut maintenant que l'entreprise s'adapte à son milieu et qu'elle trouve les bons outils pour influencer l'attitude et le comportement de sa cible.

Selon les tâches à accomplir et l'attitude positive ou négative de la cible face au produit, il faudra adopter des approches différentes. Voyons donc ces approches que nous allons présenter en fonction des principales tâches à accomplir.

1. LES APPROCHES POUR ATTIRER L'ATTENTION

Pour attirer l'attention sur la nouveauté d'un produit, d'un service, d'une idée ou d'une cause nouvelle, on peut habituellement présumer que la cible n'a pas développé d'attitude positive ou négative parce qu'elle ne le connaît pas. La tâche à accomplir consiste à sensibiliser la cible à l'existence de cette nouveauté. On ne lui demande pas d'aimer ou d'adopter le produit, mais d'apprendre à le connaître.

1.1 Les principes

À cette étape, les stratégies sont relativement simples et elles reposent sur trois principes distincts.

Faire du bruit

La cible ne connaît pas le produit. En même temps, elle est soumise chaque jour à des milliers de sollicitations dans les différents médias. La publicité, par tous les moyens, la bombarde de messages. Ce n'est donc pas tant la présence du produit ou la rationalité du message qui compte que l'ampleur du bruit communicationnel fait autour du message.

Le bruit communicationnel se compose de toutes les interventions qu'une entreprise fera autour du nouveau produit. Pour attirer l'attention, il faut se démarquer, c'est-à-dire par exemple utiliser la couleur dans les quotidiens et le noir et blanc dans les revues en couleur. C'est utiliser les panneaux-réclame grand format en même temps que la télévision.

Lorsqu'une émission est regardée par des millions d'individus, comme les Jeux olympiques, le Super Bowl ou les grands téléromans, certains annonceurs vont passer deux, trois ou quatre annonces différentes sur un nouveau produit. Qu'on le veuille ou non, le bruit communicationnel fait autour du nouveau produit attirera l'attention.

La répétition

Les études sur le comportement humain, en particulier celles de Pavlov, ont démontré que l'on peut inculquer certains réflexes à force de répétitions. L'exemple toujours cité est celui du chien à qui, chaque fois qu'on lui donne de la nourriture, on fait entendre le bruit d'une cloche. Il associera donc le bruit de la cloche à celui de la nourriture et de ce fait salivera dès qu'il entendra le bruit d'une cloche, même s'il n'y a pas de nourriture.

C'est ainsi que l'on apprend aux ours à danser dans les cirques. On les habitue à danser au son d'une musique sur une plaque chauffante. Ainsi, au fur et à mesure que la plaque chauffe, l'ours lève une patte pour la refroidir. En même temps que la plaque chauffe de plus en plus, on accélère le rythme de la musique. Lorsque le réflexe est bien ancré dans la tête de l'ours, on n'a plus besoin de la plaque chauffante, la musique suffit et l'ours comprend qu'il doit danser.

C'est aussi sur ce principe de la répétition que repose toute la publicité des nouvelles marques. On voit cinq, dix, vingt fois le même message pendant une période de temps relativement courte, quelques semaines, pour inculquer le message dans la tête des gens, par la répétition. Chaque semaine, on reverra donc les mêmes campagnes de bière et, même si on n'est pas soi-même un buveur de bière, on finira par savoir que telle nouvelle bière vient d'arriver sur le marché.

La création

La création dans le message revêt une très grande importance. À ce stade-ci, il faut capter l'imagination, interpeller la cible, attirer l'attention. Il faut donc construire des messages originaux, utiliser des techniques nouvelles et mettre les personnages dans des situations inattendues. C'est ce qui explique le succès d'attention, en partie, de la publicité de Claude Meunier pour Pepsi, de la publicité d'un hélicoptère renversé qui joue le rôle d'un ventilateur ou des images controversées de Benetton.

Ces trois éléments traduisent les principes qui doivent guider un message qui veut attirer l'attention. Cette approche vaut aussi bien pour les services et les causes que pour les produits. On verra dans le point suivant qu'il n'est pas nécessaire d'avoir un gros budget pour faire des campagnes qui touchent l'imagination.

1.2 Les techniques de communication

Pour attirer l'attention, toutes les techniques sont bonnes. Il n'y a pas de techniques de communication spécifiques à cette tâche. Ce qu'il faut savoir, c'est que certaines techniques exigent des déboursés plus élevés que d'autres et qu'elles n'atteignent pas toutes le même nombre de gens en même temps.

On peut très bien, en relations publiques, donc avec un petit budget, faire des plans de communication intéressants. Ainsi, au milieu des années 1990, les distillateurs de Montréal ont voulu sensibiliser la population au fait que près de 80% du coût d'une bouteille d'alcool servait à payer les taxes. Qu'ont-ils fait? Ils ont organisé un petit défilé dans Montréal avec des employés marchant dans la rue, formant la configuration d'une bouteille et tenant tous un parapluie dans la main. Vu de haut, on voyait que 80% de la bouteille était dessinée en rouge, et le reste en jaune. Les journalistes convoqués à cette manifestation et bien postés sur le haut des édifices ont donc capté cette bouteille vivante et colorée. Les grands quotidiens du Québec ont repris en couleur cette photo et les stations de télévision n'ont pas manqué de la rediffuser.

Lorsque l'entreprise dispose d'un budget plus substantiel, elle a recours à la publicité. C'est ce que fait Benetton, Pepsi et la majorité des grandes firmes qui veulent nous faire connaître un nouveau produit.

On peut aussi utiliser la communication interpersonnelle, c'est-à-dire la communication directe entre l'annonceur et quelques individus. En Grande-Bretagne, une compagnie aérienne a fait produire un court film présenté dans les salles de cinéma avant la projection principale. Le film publicitaire montrait un couple s'embrassant sur les bords de la Seine à Paris. Soudain, dans la salle, parmi les spectateurs, une jeune fille se lève et injurie le jeune homme de la publicité en l'accusant de la tromper avec une autre fille à Paris pendant qu'elle l'attendait sagement. Devant ces cris, le jeune homme de l'annonce cesse ses doux baisers et regarde directement la jeune fille et lui dit: «T'en fais pas mon amour, ce n'est qu'une annonce publicitaire pour telle compagnie. Je te reviens tout de suite et je t'aime!»

Pour l'annonce d'un nouveau film d'horreur dans lequel on pouvait voir des serpents, on a envoyé une copie du film dans 700 clubs vidéo accompagnée d'un vrai serpent. L'idée a eu son effet. D'une part, elle a effrayé les propriétaires et, d'autre part, elle a certainement attiré leur attention. Ensuite, elle a intéressé les médias qui ont repris l'information. Enfin, elle a indisposé les mouvements de défense des animaux qui ont protesté et ont ainsi créé un second intérêt médiatique pour la nouvelle.

On se rend donc compte qu'il peut y avoir de nombreuses approches pour attirer l'attention et que ce n'est pas la technique qui est en cause ici, mais bien l'originalité du message qui va attirer l'attention.

Si toutes les techniques sont bonnes, certaines sont toutefois meilleures. En effet, si vous devez rejoindre une cible extrêmement réduite, par exemple, les propriétaires de Jaguar, mieux vaut utiliser la communication directe. Elle est en effet plus efficace compte tenu de son coût. Nous aborderons ces notions dans le chapitre sur les médias.

2. LES APPROCHES POUR SUSCITER UNE ATTITUDE POSITIVE

2.1 Les principes

Cette approche consiste à présenter un message de façon à ce que la cible l'accepte parce qu'elle l'a bien assimilé. L'entreprise cherche à faire intérioriser le message par la cible. C'est l'approche idéale en communication car, une fois que le message est accepté, il s'ancre dans la tête de la cible et acquiert une autonomie qui lui est propre.

Le meilleur exemple de cette approche se retrouve dans les campagnes de communication sur le port de la ceinture de sécurité en voiture, avant qu'il n'y ait une loi. Après avoir vu et compris les dangers de conduire sans avoir attaché sa ceinture, un bon nombre de personnes ont développé une attitude positive face à ce geste, ce qui a permis ultérieurement le passage facile à l'action. Dans cette approche, on essaye donc de changer la mentalité de la cible pour l'amener à accepter la proposition qui lui est faite.

On estime, en effet, qu'il devient très difficile de faire adopter un comportement à une cible qui n'a pas déjà une attitude favorable face au produit. Une personne qui n'aime pas les sports d'hiver restera insensible à toutes les sollicitations pour l'inciter à fréquenter des stations de sports d'hiver.

Il s'agit ici d'utiliser une communication *persuasive* qui va jouer sur la motivation. Elle s'oppose à la communication *incitative* qui va plutôt provoquer un comportement attendu sans égard à la motivation.

2.2 Les techniques

Les techniques sont assez diversifiées pour amener la cible à opter pour une attitude positive, mais ces techniques varient selon l'effort que l'on va lui demander.

L'engagement léger

Pour Desaulniers (1991, p. 104), les stratégies persuasives, qu'il nomme les stratégies internes, sont fondées uniquement sur les communications, soit de masse, soit personnalisée. Elles se distinguent par le degré de participation exigée du public cible. Les communications de masse fonctionnent à sens unique et à distance. Le rôle du public est plutôt passif. Elles sont plus efficaces pour maintenir ou renforcer des attitudes que pour les modifier ou en créer de nouvelles. Elles sont également puissantes pour attirer l'attention sur un sujet, en faire un événement, assurer sa présence dans le paysage.

La communication personnalisée se fait sans intermédiaire. Mais le degré de participation varie entre, par exemple, une conférence à laquelle on assiste de façon passive et un stage de formation où chaque participant doit s'investir dans l'apprentissage.

Lorsque l'on demande à la cible d'avoir une attitude positive face à un objet, un service ou une cause et que cette situation ne l'engage peu et requiert une participation plutôt légère de sa part, il est possible d'avoir recours aux communications de masse, soit les journaux, la radio ou la télévision. Ces médias permettent de renforcer l'attitude positive déjà existante ou de susciter une telle attitude lorsque le public n'est pas hostile à la cause.

Inciter les automobilistes et leurs passagers à attacher leur ceinture n'exigeait pas un effort important pour la majorité des gens. On a donc utilisé la télévision pour les sensibiliser à ce phénomène. C'est aussi cette technique qui fut utilisée pour sensibiliser les gens au problème du travail au noir ou au sort des assistés sociaux.

Lorsque l'on dispose de peu de budgets pour les amener à opter pour une attitude positive, on utilise alors les relations publiques, les relations de presse ou la communication interpersonnelle.

Dans la plupart des cas, les gens sont davantage indifférents qu'hostiles à la cause qu'on leur propose. Lorsque la cible a développé une attitude négative face à la cause, les communications de masse sont alors incapables de les faire changer d'idée. C'est ainsi que quelque 35 % des automobilistes n'ont jamais voulu attacher leur ceinture au volant. Toutes les campagnes publiques de sensibilisation ne feront pas changer d'idée le travailleur au noir qui profite de ce système. Il faut alors utiliser des stratégies de communication interpersonnelle. Ce sont les seules qui peuvent venir à bout des résistances.

Mais il est vrai qu'il est difficile de parler individuellement à une cible qui comprend des milliers de personnes. On a alors recours à la communication à double niveau dont nous avons traité au point 3.3.1 du chapitre 1. On adresse d'abord l'information aux leaders d'opinion qui ont déjà une attitude favorable à la cause et ceux-ci la redirigent vers un deuxième niveau par des rencontres interpersonnelles.

L'engagement profond

Lorsque l'on recherche un engagement profond de la part des gens, on doit utiliser d'autres stratégies que les stratégies de masse. On amènera difficilement quelqu'un à opter pour une nouvelle religion, à déménager du quartier où il habite depuis 20 ans ou à changer d'habitude alimentaire par une campagne de publicité à la télévision. Il faut essayer d'avoir des rapports plus en profondeur avec la cible visée. C'est ici que les communications interpersonnelles deviennent essentielles. On reparlera de ce type de communication dans le chapitre suivant, mais il s'oppose aux communications de masse en ce sens qu'il s'exerce à partir d'un contact direct entre la cible et l'émetteur du message.

Si l'on reprend l'exemple du changement de religion, on se rendra compte que la pastorale se fait en petits groupes, que les témoins de Jéhovah font du porte à porte et discutent avec les gens qui veulent bien entamer le dialogue, donc qui ont une attitude positive face à eux. Ceux qui ont une attitude négative leur ferment les portes. L'église de scientologie recrute ses membres par des contacts directs.

Tous les gens qui changent d'alimentation, soit parce qu'ils deviennent végétariens, soit parce qu'ils ont opté pour la méthode Montignac, ont d'abord passé par une période d'attitude avant d'adopter ce comportement. Les mass médias peuvent créer une attitude positive de changement, car bien des gens sont prédisposés à changer car ils ne se sentent pas bien, veulent maigrir, ne veulent plus manger de produits chimiques. Mais, pour opter pour une voie particulière, il faut que quelqu'un ait suggéré ou recommandé un tel choix.

On voit donc ici que, selon la participation demandée à la cible, on aura recours à des stratégies de communication différentes. Nous verrons plus loin que, selon l'identité de la cible, on pourra préciser davantage les techniques choisies.

3. LES APPROCHES POUR PROVOQUER UN COMPORTEMENT

Pour provoquer un changement de comportement, il faut aller plus loin que de susciter une attitude positive. Au point précédent, nous avons cité l'exemple du port de la ceinture où il a été possible de susciter une attitude positive par une stratégie de communication. Mais de nombreuses personnes ont continué de conduire sans attacher leur ceinture, même si elles étaient d'accord que c'était plus sécuritaire pour elles de le faire. Alors, comment réussir à faire passer d'une attitude négative à un comportement engagé? On aura donc recours à des stratégies différentes selon l'état d'esprit de la cible.

3.1 Les principes

Lorsque les gens font preuve d'une attitude positive face à un objet ou une cause, ceci n'implique pas nécessairement qu'ils vont passer à l'action, qu'ils vont changer de comportement. Lorsqu'ils manifestent une attitude indifférente ou négative, ils développent même une résistance aux changements. Alors, quelle stratégie utiliser pour amener les uns et les autres à franchir le cap du comportement?

En fait, plusieurs voies peuvent amener les gens à choisir un comportement donné. On peut opter pour un processus d'influence psychosocial comme l'éducation. Il s'agit là d'un processus lent qui appartient davantage à la famille ou à l'école qu'aux communications.

Dans une société, les grands changements de comportement prennent de dix à quinze ans avant de devenir réalité et sont influencés par de multiples facteurs.

On peut également favoriser l'option marketing, soit changer le prix, le goût, la distribution ou la présentation du produit, du service et de la cause et ainsi essayer d'attirer de nouveaux adeptes.

On peut privilégier une stratégie de récompense/facilitation ou de coercition/pénalisation. Dans le premier cas, on incite le public à opter pour un certain comportement en lui offrant un cadeau financier ou moral. À titre d'exemple, on peut lui donner un coupon rabais pour l'inciter à un achat qu'il ne ferait pas sans celui-ci ; ou lui décerner un honneur pour marquer son comportement exemplaire.

Dans le deuxième cas, on lui impose un comportement par la contrainte légale, financière ou morale, c'est-à-dire qu'on peut proposer une amende, comme dans le cas du port de la ceinture en voiture, ou mettre des freins matériels comme l'augmentation des taxes sur les produits du tabac pour en diminuer la consommation. Il faut reconnaître que les gouvernements sont peu enclins à user de leurs pouvoirs pour décréter des lois ou des règlements de nature coercitive et que les tenants de cette stratégie ultime doivent pendant longtemps se rabattre sur les communications de masse pour changer des attitudes dans l'espoir de modifier un comportement ou d'en susciter un nouveau.

La dernière avenue pour changer de comportement, c'est la nécessité. Un individu peut manifester une attitude raciste. Mais, devant l'arrivée fortuite d'un nouveau venu de couleur dans son bureau ou dans son édifice, il peut être obligé de l'accepter et de se comporter de façon civilisée avec lui. Après quelque temps, il peut même changer d'opinion, au contact de ce nouveau venu.

Ces différentes approches n'ont pas toute la même valeur selon les prédispositions préalables de la cible.

Selon Lindon (1976), il existe quatre types de comportements :
- comportements uniques et superficiels
    ex. : vaccination contre la grippe
- comportements uniques mais profonds
    ex. : signature d'un manifeste

- comportements répétitifs et superficiels
  ex. : éteindre la lumière pour économiser l'énergie
- comportements répétitifs et importants
  ex. : l'habitude de fumer.

Une attitude négative

Même si vous savez que la cible a une attitude négative au départ face au comportement souhaité, il est important de savoir si l'engagement de cette cible est superficiel ou profond face à la cause ou à l'objet concerné.

Si l'engagement est léger, il est plus facile de l'amener à changer de comportement. À titre d'exemple, si la cible recherche un légume vert dans un supermarché, comme des haricots, et s'il n'y en a pas, elle peut très bien opter pour des épinards comme produit de remplacement, même si elle ne les aime pas particulièrement.

Si l'engagement est profond, la stratégie à suivre est plus délicate. Car, dans l'exemple précédent, si la cible déteste les épinards, elle préférera ne pas avoir de légumes verts plutôt que de manger ce qu'elle considère comme une horreur ! Ou, encore, il y a des quartiers dans une ville où l'on rêve d'habiter, et d'autres où l'on n'y habiterait pour rien au monde.

Ainsi, lorsque l'attitude est négative et que l'engagement est profond, il y a peu de chance que l'on amène quelqu'un à opter facilement pour un changement. Il faut donc, dans ce cas, avoir recours à des stratégies de coercition/pénalisation. Pour obliger les enfants à manger des épinards, on les menace de les priver de dessert. Pour obliger les automobilistes à attacher leur ceinture au volant, on leur donne des amendes et on inscrit des points d'inaptitude à leur dossier de conducteur.

Cette idée de coercition s'exprime aussi à l'extérieur de la loi. Ainsi, si un patron a une attitude extrêmement négative face aux revendications syndicales, les employés peuvent avoir recours à la grève qui est une activité de coercition pour obtenir gain de cause.

Il existe de nombreuses formes de contraintes. Certaines peuvent être morales, d'autres sociales, d'autres économiques. Ainsi, les gens qui

ont une attitude discriminatoire, donc négative, face à certaines minorités peuvent se voir condamner sur la place publique pour avoir pro-
noncé des mots déplacés à leur endroit. Certains politiciens qui ne
pensent pas toujours à ce qu'ils disent ainsi que certains représentants
d'organismes qui disent tout haut ce qu'ils pensent tout bas sont souvent
appelés à s'excuser sur la place publique. Ils y sont forcés par l'opinion
publique. C'est ainsi que se construit toute la stratégie autour de la
rectitude politique, du *politically correct*. Dès que quelqu'un déroge à
cette politique, il se voit critiqué sur la place publique.

Il faut savoir que les mesures coercitives n'ont pas toujours des
résultats probants car, d'une part, il n'est pas toujours facile de les
appliquer et, d'autre part, le public récalcitrant passe outre à ces éléments. Ainsi, malgré la hausse des taxes et du prix du tabac, les ventes
de cigarettes augmentent d'année en année.

Une attitude positive

«Les stratégies de récompense... ne s'avèrent efficaces que pour
stimuler des comportements chez des individus déjà favorablement
prédisposés mais inactifs», signale Desaulniers (1991). Ainsi, malgré
tous les coupons rabais que l'on pourrait lui offrir, une cible qui n'aime
pas les épinards n'en achètera pas.

Pour aider quelqu'un qui a une attitude positive à adopter un comportement d'achat ou d'adhésion, l'approche de récompense/
facilitation est importante. Cette approche consiste à récompenser l'individu s'il pose le bon geste ou à faciliter sa tâche pour qu'il pose le bon
geste.

Ainsi, si une marque d'essence vous propose un coupon rabais de
1 $ applicable à un plein de 25 litres, vous serez certainement incité à
acheter chez un détaillant de cette bannière, même si la marque vous
indiffère. Le comportement désiré est facilité par la récompense. Si on
vous offre 13 oranges à la douzaine, on facilite votre achat. C'est ainsi
que l'on pourra amener les gens à poser certains gestes, en leur facili-
tant la tâche. En mettant des bibliobus à la disposition des gens qui ont
peu l'habitude d'aller dans les bibliothèques, on peut provoquer un
premier comportement positif pour stimuler la lecture.

On peut transposer la même approche sur le plan social. Si vous adoptez un comportement donné, vous serez socialement reconnu. C'est ainsi qu'on amène les gens à participer à des campagnes de financement en les récompensant socialement par la publication de leur photo dans les médias, en les remerciant publiquement. Les décorations officielles de toute nature relèvent de cette approche.

Encore ici toutefois, selon que l'engagement soit léger ou profond, l'approche récompense/facilitation devra être plus ou moins forte. En fait, cette stratégie n'est efficace que pour stimuler des comportements chez des individus déjà favorablement prédisposés mais inactifs. Mais, avec les récompenses, les changements d'attitude peuvent n'être que transitoires.

On peut aussi avoir recours aux communications de masse, lorsque l'attitude est positive face à un objet. Selon les études, une personne qui porte attention à un message publicitaire est généralement déjà convaincue de sa proposition. Les communications de masse servent donc au renforcement des attitudes et de stimulation des comportements chez les publics convertis (Desaulniers, 1991, p. 107). Selon la théorie de l'implication minimale de Krugman, les autres ne se laissent convaincre par les messages que dans les cas d'offre banalisée, c'est-à-dire qui ne nécessitent qu'une faible participation de leur part.

Le comportement et l'engagement

L'approche récompense est un excellent déclencheur d'un premier comportement. Mais elle ne réussira pas à vaincre facilement la résistance d'une attitude négative. Si l'on n'aime pas la nourriture de McDonald's, ce n'est pas avec un coupon rabais que l'on va y amener un consommateur hostile. Mais il est plus facile de convaincre quelqu'un de venir essayer un nouveau produit McDonald's qui, somme toute, ne demande que peu d'engagement, que de demander à un catholique de devenir musulman, juif, hindouiste, qui exige un profond changement dans les valeurs de l'individu.

Ces exemples permettent de voir comment se structure une stratégie en fonction de différents paramètres et montrent la portée et les limites des stratégies de récompense et de coercition.

On se rend compte, par cette analyse des différentes stratégies, que ce n'est pas la stratégie en soi qui est intéressante, mais bien ce qu'elle vise. Ainsi, une campagne qui retient l'attention de toute une population peut paraître un immense succès. Mais si ce que vous voulez c'est amener les gens à changer de comportement et que personne ne le fait, vous venez de rater votre campagne, même si vous avez eu un grand succès de notoriété.

Il faut donc continuellement garder en tête les objectifs visés. Car un individu peut très bien être exposé au message, il peut même le retenir, mais ceci ne signifie pas qu'il va changer de comportement. Entre l'exposition au message, sa rétention et l'action, il y a différents stades d'efficacité.

3.2 Les techniques

Lorsqu'il s'agit de coercition, on a recours à deux avenues, soit la réglementation, soit la pression sociale. La réglementation s'exerce autant dans l'entreprise privée que dans l'entreprise publique. Les compagnies d'assurances augmentent les primes si vous êtes fumeur, ne couvrent pas les motocyclistes qui roulent sans casque; les banques imposent des frais pour les comptes à découvert, pour les chèques sans provision. Les entreprises publiques imposent des amendes, des sanctions diverses allant de la suspension de permis à la prison.

Sur le plan social, les techniques sont plus subtiles. Comment pénaliser quelqu'un qui ne partage pas les vues souhaitées : on le boycotte, on l'isole et, dans certains cas extrêmes, on a recours à la violence contre lui. C'est ainsi que les briseurs de grève s'exposent à quelques dégâts à leur voiture, à leur propriété ou même à des blessures. On a vu d'autre part des médecins pratiquant l'avortement subir de graves blessures et même être tués par des militants Pro-Vie.

S'il s'agit de récompense, on peut avoir recours aux techniques traditionnelles. Sur le plan commercial, la promotion demeure une technique qui a fait ses preuves : on vous propose un coupon rabais, une prime, la possibilité de gagner un voyage. Sur le plan social, la mise en valeur des individus qui adoptent la cause est fréquente : ce sont les prix d'honneur de toutes natures, les marques d'excellence, comme l'employé(e) du mois, la reconnaissance sociale par l'appréciation des autres. Tous ces gestes sont habituellement soutenus par des activités de relations publiques qui permettent aux médias de relayer l'information au grand public ou aux cibles visées.

Lorsque les changements de comportement sont profonds et répétitifs, on peut également avoir recours à l'intervention personnalisée, car celle-ci aura un effet certain sur les attitudes.

4. LES APPROCHES POUR UNE COMMUNICATION INTERNE

En matière de communication interne, les mêmes principes que ci-dessus peuvent s'appliquer, puisque l'on peut trouver des situations où les employés offrent une résistance au changement, manifestent une attitude négative ou sont tout simplement indifférents aux propositions qui leur sont présentées. Toutefois, certaines approches sont plus spécifiques à la communication interne.

4.1 Le projet d'entreprise

Le projet d'entreprise est le support, le creuset dans lequel doit s'exprimer une organisation. Une des premières finalités de ce projet est de réduire, voire de faire disparaître les cloisonnements qui peuvent exister au sein de l'entreprise, entre personnel administratif et personnel professionnel, entre travailleurs et penseurs.

Un tel projet poursuit l'objectif de fédérer l'ensemble des travailleurs autour d'un même objet. Il permet à chacun des membres de l'entreprise de participer à la mutation en profondeur qui doit s'accomplir. Le résultat débouche habituellement sur une meilleure cohésion interne, mais aussi sur une image rassérénée de l'entreprise dans son environnement.

Selon Boyer et Equilbey (1986, p. 16), le projet d'entreprise comprend au moins quatre composantes :

— Une vision de l'avenir se traduisant dans un grand dessein correspondant à la vocation de l'entreprise ;

- une volonté partagée d'atteindre cette fin malgré les obstacles liés à la conjoncture et les risques du futur ;
- un système de valeurs-pivots ;
- des priorités bien arrêtées et des axes à privilégier pour l'action.

La notion de projet d'entreprise se confond souvent avec la notion d'orientation stratégique. Les entreprises font face de plus en plus à des défis nouveaux que la compétition appelle. Si, au début des années 1990, la recherche de la qualité totale dans les entreprises mobilisait le personnel, le nouveau millénaire et la mondialisation exigent une réingénierie nouvelle. Le personnel doit maintenant épouser l'esprit féroce de la concurrence.

Dorénavant, on exige du personnel qu'il soit proactif, qu'il fasse les premiers pas devant le consommateur/client. On lui demande de rentabiliser son service, d'opter pour l'esprit d'entrepreneuriat.

À titre d'exemple, pour illustrer ces nouveaux projets d'entreprise, Hydro-Québec a demandé à ses différents services, donc à son service de communications, d'équilibrer leur budget. La division qui s'occupait d'amener les visiteurs sur les chantiers de construction, et qui offrait un service de courtoisie, a décidé de continuer à offrir le même service, mais de le faire payer. Pour avoir des clients payants, il fallait offrir un service sans faille. Ce service, qui émargeait alors au budget de l'entreprise, rapporte maintenant des revenus.

Il n'appartient pas au communicateur de penser ces nouvelles orientations stratégiques, mais il doit jouer un rôle actif pour les faire connaître, les faire accepter et intégrer par le personnel.

4.2 Une politique de communication

Au chapitre 1, nous avons glissé un mot sur ce que devait être une politique de communication, soit un ensemble de règles qui doivent gérer la communication dans l'entreprise. Ces règles traitent du programme d'identité visuelle, de l'identification du porte-parole, de la diffusion des communiqués, des prises de position publique, des règles de la publicité et de la commandite. Il importe, en effet, qu'une entreprise gère la circulation des informations qui la concernent de façon à ce qu'elles lui soient favorables. D'autres se chargeront de véhiculer les propos négatifs, qu'ils soient exacts ou erronés.

Au-delà de ces règles, on présente également le système de valeurs qui doit guider le personnel, comme le sentiment d'appartenance, de loyauté et de fierté d'une part, et, d'autre part, les valeurs d'efficacité que l'on exige du personnel.

Un plan de communication interne doit présenter les outils requis pour implanter et valoriser ces valeurs. Comme, toutefois, plusieurs entreprises n'ont pas cru nécessaire d'établir de telles valeurs, la direction des communications, dans son plan interne, peut les suggérer.

4.3 Des activités de communication

Un plan de communication interne s'articule enfin autour d'un certain nombre de tâches dont nous avons traité au point 6.1 du chapitre 3. La direction des communications doit donc concevoir des stratégies de communication pour les rendre fonctionnelles. Leur spécificité vient du fait que la cible est captive, qu'elle est en état de dépendance hiérarchique et qu'elle détient en même temps le pouvoir d'aider ou de nuire à la réussite de l'entreprise.

Une approche paternaliste peut être aussi fructueuse ou désastreuse qu'une approche autoritaire. La possibilité d'offrir des avancements de carrière, des augmentations de salaire, des tâches plus gratifiantes en ce qui concerne la responsabilisation sont des éléments qui n'existent pas lorsque l'on s'adresse à des cibles extérieures. Elles font toutefois partie de l'approche récompense/facilitation.

Les approches spécifiques à la communication interne sont donc limitées, mais elles existent. L'accueil des nouveaux employés ne peut pas se traiter de la même manière que l'accueil des nouveaux clients. Et de cet accueil peut résulter un engagement profond envers l'entreprise ou un certain cynisme. Un employé mécontent se gère de façon différente qu'un client mécontent et, dans certaines circonstances, peut provoquer de plus grands remous qu'un consommateur/citoyen frustré.

Les outils utilisés seront également spécifiques. La transmission de l'information se fait entre autres par le bulletin interne. Et celui-ci peut être écrit, sonore (les bulletins téléphoniques) ou visuel (les programmes de télévision interne). L'entreprise a le contrôle total de son discours, puisqu'il n'y a aucun intermédiaire entre elle et sa cible. Et elle ne peut se contenter de faire circuler l'information, il lui faut obtenir l'adhésion de son personnel, favoriser la cohérence, le consensus et la continuité, développer la fonction identitaire de l'entreprise et matérialiser les valeurs fondamentales aux yeux de tous, ainsi que la culture et la personnalité. Il s'agit là d'une approche beaucoup plus globale que celle que l'on retrouve dans la communication externe.

5. D'AUTRES APPROCHES

Nous avons présenté les grandes approches en communication. Toutefois, d'autres avenues viennent se greffer à ces approches principales.

5.1 La stratégie de pression et d'attraction

Aussi connue sous ses vocables anglais de *push and pull*, cette stratégie implique deux tendances, soit que l'on pousse le produit ou le service vers le client, soit que l'on attire le client vers le produit. Dans le premier cas, on incite le client à essayer le produit en le lui offrant et, dans le deuxième cas, on demande au client de venir lui-même se procurer le produit.

La stratégie de pression est une stratégie de promotion bien connue. Elle est utilisée pour attirer l'attention sur un produit ou pour provoquer un premier essai. C'est ainsi que dans les supermarchés on vous offrira de goûter à certains produits en les poussant vers vous. C'est la même stratégie qui est utilisée lorsque vous recevez des échantillons d'un produit par la poste. Dans les deux cas, il s'agit de communications interpersonnelles.

La stratégie d'attraction joue sur l'attitude et le comportement du consommateur, mais elle est intéressante surtout lorsque l'engagement requis est léger. Elle implique toutes les activités de communication de masse. La personne visée est chez elle, regarde la télévision par exemple, et on lui envoie un message lui disant qu'il serait intéressant de boire une bonne bière de marque X. Cette personne doit donc sortir de chez elle, aller chercher la bière, puis la boire. On a donc attiré le client vers le produit.

Ces stratégies ne s'opposent pas à la première typologie. Elles se juxtaposent à elle. On peut attirer l'*attention* sur un produit, un service ou une cause, provoquer une *attitude* positive à leur endroit ou susciter un *comportement d'action* avec la pression ou l'attraction. Ce qu'il faut se rappeler, c'est qu'avec l'approche de la pression il faut faire le premier pas, offrir le produit ou présenter de façon concrète le service.

5.2 La stratégie directe ou indirecte

Cette stratégie consiste à viser directement la cible que l'on veut rejoindre, ou à utiliser des leaders d'opinion, des novateurs, qui à leur tour vont parler à la cible. C'est en somme la stratégie de la communication en escalier, dont nous avons déjà parlé.

On la mentionne de façon spécifique lorsque l'on sait que la cible à atteindre est imperméable à certains discours. Ainsi, pour certains adolescents, toute forme d'autorité est rejetée. Pour les rejoindre, on va donc utiliser des témoignages de jeunes en qui ils ont confiance.

5.3 La stratégie intensive ou extensive

Cet élément traite de la durée de la campagne. Désirons-nous faire une campagne de courte durée, donc intensive, ou une campagne de longue durée, donc extensive? En effet, une campagne peut être concentrée dans une courte période de temps, soit une semaine, un mois, deux mois, ou encore être présentée durant toute l'année.

Même si elle est présentée toute l'année, sera-t-elle répartie de la même façon toute l'année ou y aura-t-il des périodes intenses et des périodes plus lentes? Ainsi, on peut manger du beurre toute l'année. Mais à quel moment dans l'année juge-t-on important de faire des campagnes sur la consommation du beurre? Veut-on choisir les périodes où la consommation est la plus élevée dans l'année pour amener les gens à rester fidèles au beurre? Ou va-t-on choisir le moment où la consommation est peu élevée pour l'augmenter?

Ces décisions doivent découler de l'analyse de la situation réalisée plus tôt. Lorsque l'on n'est pas capable de prendre une décision à cet effet, il faut alors faire des recherches additionnelles et compléter l'analyse de la situation. Nous avons d'ailleurs déjà fait état à quelques reprises dans ce document des allers et retours que l'on doit effectuer tout au long du plan entre les différentes parties.

Il faut se rappeler que la durée permet d'assurer le temps nécessaire à une bonne pénétration et éviter les effets de saturation.

Desaulniers (1987a, 111) apporte quelques remarques intéressantes sur la notion de durée :

- « La continuité est influencée par les effets de mémorisation, de seuil et d'oubli ;
- « Dans le cas des causes sociales, les programmes continus sont préférables aux programmes discontinus ;
- « Pour lancer une opération, il faut privilégier les campagnes denses et courtes ».

5.4 La stratégie de portée ou de fréquence

Il s'agit de savoir si l'on veut rejoindre beaucoup de monde en même temps, donc si l'on veut obtenir une grande portée dans nos communications, ou si l'on désire parler plus souvent à la même cible, c'est-à-dire lui parler à une fréquence plus élevée.

Cette décision se prend selon la connaissance et l'attitude de la cible face au produit. Lorsque l'on cherche à attirer l'attention sur un produit, un service ou une cause nouvelle, on privilégie la portée. Dans un premier temps, on souhaite que le plus grand nombre de personnes soient au courant de cette nouveauté. Lorsque l'on cherche un changement d'attitude et de comportement, on va viser la fréquence, en choisissant une cible donnée et en lui répétant le message. La répétition est, en effet, un élément de fréquence.

Mais la fréquence entraîne parfois des effets de saturation, c'est-à-dire qu'après un certain temps on se lasse d'entendre parler du même produit et on n'y porte plus attention.

Tous ces éléments doivent être réunis dans une stratégie globale où, selon chaque cible à rejoindre, une approche adaptée à ses préoccupations est retenue. Renforcer une idée déjà acceptée ne requiert pas la même stratégie que convertir quelqu'un à une idée qui lui est hostile. C'est donc une combinaison de ces différentes approches qui permettra de réussir ses campagnes de communication.

6. QUELQUES CONSEILS

◆ UNE STRATÉGIE PAR OBJECTIF

Il faut construire ce chapitre en s'assurant que chaque stratégie sera directement reliée à un objectif. Pour ce faire, il faut présenter les stratégies de la façon suivante :

«Pour réaliser l'objectif 1, nous allons adopter une stratégie de communication de masse, car c'est une technique idéale pour faire connaître un produit».

«Pour réaliser l'objectif 2, nous allons adopter une stratégie de récompense parce que notre cible semble indifférente au service offert et a développé une attitude plutôt neutre».

Chaque stratégie doit être en mesure de faciliter l'atteinte d'un objectif déterminé, sinon, il faut l'éliminer. Elle peut sembler intéressante en soi, mais ne pas répondre au mandat qui vous a été confié.

◆ ÉVOCATION DE SITUATIONS NON EXPLORÉES AUPARAVANT

Si, pour justifier certaines stratégies, on doit refaire une démonstration différente de celle qui a été présentée dans l'analyse de la situation, cela signifie qu'on a présenté au début une analyse incomplète qu'il faut maintenant reformuler, ou que l'on s'engage dans une voie qui s'éloigne du mandat et de l'objectif retenus.

◆ LE POUVOIR MAGIQUE

Il faut aussi éviter de donner un pouvoir magique à certains gestes. Ainsi écrire que «la presse sera le relais qui permettra de médiatiser notre image et d'atteindre nos cibles» est un vœu plutôt qu'une certitude. S'il est vrai qu'elle permettra de médiatiser l'image, rien ne dit qu'elle va rejoindre les cibles retenues car comment sait-on qu'elles seront exposées et attirées par les informations contenues dans les médias ? Paraître dans les médias ne constitue pas *de facto* une activité magique de sensibilisation au message !

◆ LIEN AVEC LA CIBLE

Les stratégies doivent être en lien direct avec la cible visée. Il faut les hiérarchiser et se demander, si on n'avait qu'une seule stratégie à réaliser, laquelle on privilégierait. De cette façon, on élimine les bonnes idées qui sont intéressantes en soi, mais pas nécessairement essentielles.

8

LES TECHNIQUES, LES MÉDIAS
ET LES SUPPORTS

Nous allons voir dans ce chapitre comment on concrétise les stratégies dans des techniques, comment on choisit les médias les plus appropriés et comment on utilise différents supports pour compléter le plan de communication. Il faut retenir que chacun de ces éléments ne prend sa véritable dimension que lorsqu'il vient aider à l'atteinte d'un objectif. Il ne s'agit pas ici d'utiliser un certain nombre de techniques et de moyens, il s'agit de trouver ceux qui sont les mieux adaptés pour réaliser le mandat à accomplir.

Les techniques et les moyens sont indéfinis et ne dépendent que de l'imagination du communicateur. Tous les jours, un spécialiste de la communication propose une nouvelle avenue. En relations publiques, tout type de manifestation attire l'attention des médias. Entre une démonstration de quelques milliers d'individus et le piquetage d'un seul individu revêtu d'un déguisement approprié à sa cause, l'effet peut être le même. En publicité, on a maintenant recours aux œufs, aux bancs publics, aux paniers d'épicerie, aux couloirs d'édifices publics comme support publicitaire. Ce qu'il faut, c'est trouver le meilleur média, le meilleur moyen pour parler à la cible visée.

Cette étape permet de choisir les combinaisons d'actions et de moyens qui optimiseront les chances d'influencer les connaissances, les attitudes et les comportements des publics cibles et d'opérationnaliser les stratégies.

Il faut maintenant déterminer quelle est la meilleure technique pour diffuser un certain type de message à une clientèle donnée. Est-il mieux d'aller à une exposition ou de faire de la radio ? L'écrit atteint-il vraiment la cible ou si celle-ci ne lit plus ? L'individu reçoit des centaines de messages publicitaires, est-il encore réceptif ?

Il faut se souvenir qu'une seule technique n'apporte jamais toutes les solutions. Mais il faut savoir les juger et les évaluer.

1. LES TECHNIQUES

Dans le chapitre précédent, nous avons parlé de deux grandes techniques, soit les communications de masse et les communications personnalisées. À chacune d'elles, se greffent des techniques particulières. Nous allons les passer en revue.

1.1 Les communications de masse

Les communications de masse s'adressent à une masse indifférenciée, alors que les communications personnalisées s'adressent à une cible bien définie. Ceci ne veut pas dire que les communications de masse ne sont pas ciblées, mais elles visent plutôt des masses définies et non des individus définis comme dans l'autre type de communication.

Les principales communications de masse sont les suivantes :

Les relations publiques

Les relations publiques visent à créer un sentiment de sympathie et de confiance entre une entreprise et ses publics. Pour ce faire, on aura recours à toutes sortes d'activités qui permettront d'attirer l'attention des médias ou de sa cible. À l'inverse de la publicité, les relations publiques essaient d'obtenir des espaces gratuits dans les médias.

Les relations publiques utilisent pour premier outil les relations de presse, mais aussi les manifestations de toute nature comme les anniversaires, les visites d'usines, les inaugurations, les lancements, etc. Ce qu'il faut retenir des relations publiques, c'est qu'elles couvrent une gamme étendue d'activités et qu'il est difficile de pouvoir les énumérer toutes.

Mais avec un peu d'attention, en regardant les émissions d'information et les émissions où se suivent de nombreux invités, on essaiera de comprendre comment les individus qui y sont présentés ont pu faire pour se rendre là. C'est ici que l'on apprendra que, la plupart du temps, ils font reposer leurs interventions sur une nouvelle. Ils lancent un livre, un disque, un spectacle, ils dénoncent une situation, etc. Ou, encore, ils créent un événement qui attire l'attention des médias. Ça peut être une marche, une pétition, le dépôt d'une gerbe de fleurs, enfin tout ce que l'imagination peut formuler est bon si c'est fait dans l'optique de la logique des médias qui préfèrent, nous l'avons signalé, le spectaculaire à l'ordinaire.

Elles visent souvent à développer l'image et la notoriété de l'entreprise, mais elles peuvent servir à toutes les autres tâches de communication que nous avons énumérées plus haut. Nous avons cité précédemment l'exemple des distillateurs qui se sont promenés à Montréal en formant une bouteille colorée avec des parapluies de couleurs différentes. Il s'agit là d'une activité de relations publiques dont le but était d'attirer l'attention.

Les relations publiques concernent d'abord les relations non commerciales. Elles portent sur l'entreprise, son image et son rôle social. Mais elles sont aussi utilisées pour faire mousser les produits et les services, les causes et les enjeux d'une entreprise.

Dans cette optique, les relations publiques sont autant une approche, un état d'esprit, une fonction de gestion qu'un ensemble de techniques. C'est une activité permanente qui s'exerce autant à l'interne qu'à l'externe de l'entreprise.

Les exemples de relations publiques sont innombrables. Le Manoir Ronald McDonald est une activité de relations publiques. Lorsque les grandes sociétés comme Hydro-Québec, Bell ou Bombardier subventionnent un concert symphonique ou un opéra, ce sont des relations publiques tout autant que lorsque le petit épicier de campagne apporte sa contribution à la fête de la Saint-Jean-Baptiste locale. Tout ce qui attire l'attention sur la personnalité et les activités de l'entreprise sont des relations publiques. Être conférencier à la Chambre de commerce ou au club Richelieu, être le président d'honneur d'une collecte de fonds constituent des activités de relations publiques. Une année, des employés de Télécâble Mille-Îles ont posté leurs camions dans certains secteurs que la police estimait plus dangereux et y ont fait une distribution de bonbons, en collaboration avec des épiceries locales.

C'est donc un moyen de communication peu coûteux et très efficace si on le maîtrise bien.

Les relations de presse

Les relations de presse sont toutes les relations qu'une entreprise peut établir avec les médias et qui consistent à leur demander de faire part à leur public des activités de l'entreprise, de ses points de vue et de sa personnalité. Essentiellement, ce sont donc toutes les activités qui cherchent à attirer l'attention des médias. Les formes qu'elles peuvent prendre sont nombreuses et les principales sont les suivantes : le communiqué, la conférence, les rencontres, le point de presse. Chacune de ces activités est plus ou moins complexe, car il faut savoir comment présenter le communiqué pour qu'il soit repris par les médias, comment organiser une conférence de presse, déterminer quand et où elle doit se dérouler et quelles seront les thématiques abordées.

Le communiqué de presse permet aux médias de connaître la nouvelle sans avoir à se déplacer. Il existe plusieurs sortes de communiqués (Dagenais, 1996) dont le communiqué invitation aux médias pour assister à une conférence de presse ou le communiqué nouvelle envoyé quelques semaines avant l'événement pour favoriser la parution d'articles et de reportages radiophoniques et télévisuels.

Les avantages du communiqué sont nombreux :

— Facilité et rapidité de réalisation ;
— Efficacité pour rejoindre un ensemble de médias ;
— Économies possibles ;
— Diffusion de données exactes ;
— Bon contrôle de l'information ;
— Source de documentation pour le journaliste.

Le communiqué est sans contredit l'outil de base en relations publiques. À condition qu'il soit bien fait, que l'information soit pertinente et réponde aux dimensions d'une nouvelle, il sera publié dans les médias. C'est la porte d'entrée la plus facile pour faire connaître son point de vue. Mais il faut savoir qu'un communiqué repris dans les médias ne nous dit pas qui l'a vu, ni ce qu'en pensent ceux qui l'ont vu.

La conférence de presse constitue un événement en soi (Dagenais, 1997). Elle a plus de force qu'un communiqué, car elle permet aux journalistes d'interroger le conférencier et de prendre connaissance d'une documentation plus abondante. Mais elle oblige aussi les journalistes à se déplacer. Il faut donc que la nouvelle justifie ce déplacement, sinon les journalistes bouderont la conférence ou lui apporteront des échos négatifs.

Le dossier de presse constitue le complément d'une conférence de presse. Mais il peut avoir une diffusion plus grande que l'événement de presse proprement dit. Le dossier peut être acheminé à tous les partenaires qui s'intéressent à l'objet de la conférence, être remis à des journalistes qui plus tard s'intéresseront au même objet et même être présenté à des visiteurs ou des individus qui souhaitent obtenir des renseignements sur le même sujet.

Les relations de presse sont complétées par des rencontres moins formelles comme des petits-déjeuners de journalistes, des tables rondes avec des éditorialistes, une participation aux émissions d'affaires publiques de la radio ou de la télévision, des points de presse, etc.

Parallèlement, il existe une foule d'activités prévues pour les médias, comme les premières ou les avant-premières de cinéma et de spectacles, les essais d'équipement, etc. Ainsi, au début de l'hiver 1995, Bombardier a lancé une campagne de revalorisation de la motoneige. L'entreprise a envoyé à une soixantaine de journalistes du Québec un certificat leur donnant droit à une randonnée en motoneige Ski-doo. Le certificat a été envoyé dans une caisse en bois, qui contenait aussi, sur un lit de neige artificielle, divers éléments de la panoplie du motoneigiste : une fausse clé (à échanger contre une vraie chez un concessionnaire), une casquette de laine polaire, une vidéocassette sur la sécurité à motoneige et le catalogue des derniers modèles de Ski-doo (Ducas, 1996).

◆ LA LISTE DE PRESSE

L'outil de base des relations de presse est une liste de presse. Quels sont les journalistes qui couvrent le secteur d'activité en jeu, quels sont ceux qui lui sont sympathiques ou opposés? Quels sont les recherchistes des grandes émissions d'information et d'affaires publiques? Qui sont les responsables de rubriques susceptibles de s'intéresser au sujet? Quel est le nom des chroniqueurs spécialisés?

Une fois ces listes constituées, il faut déterminer si l'on veut rejoindre des journalistes surtout de la presse écrite, de la presse électronique ou de la presse spécialisée. Lesquels seront les plus aptes à atteindre la cible visée?

Quel type de média est le meilleur pour rejoindre sa cible? Les quotidiens sont lus par une mince partie de la population. La radio est beaucoup écoutée par les jeunes. Les revues offrent une qualité d'impression, une vie plus longue et un certain prestige que n'ont pas les quotidiens. Ils sont de plus très ciblés : les revues de jardinage, de ski, d'appareils de haute-fidélité ou d'informatique s'adressent à un public circonscrit avec des intérêts évidents pour le produit.

◆ L'INTÉRÊT DE LA NOUVELLE

S'il est relativement facile de déterminer quelle émission ou quel journal serait le plus avantageux pour diffuser votre information, il devient plus difficile de savoir si votre produit ou votre nouvelle a assez d'intérêt pour satisfaire les exigences de ceux qui sélectionnent les informations à ces médias.

Ce qu'il faut retenir dans les relations de presse, c'est que les journalistes sont très sollicités par toutes les entreprises. Il faut donc savoir mettre en valeur les côtés les plus positifs de son entreprise et savoir à quel moment et dans quelles circonstances il vaut mieux se taire, etc.

Il faut également connaître la façon dont ils procèdent, leur logique. Pour attirer les médias dans les lancements ou les conférences de presse par exemple, il est bon d'inviter une personnalité, un ministre ou une vedette et de savoir mettre l'accent sur la contribution de la personnalité à l'événement. Sa présence constitue un atout supplémentaire pour la couverture médiatique.

Pour réaliser toutes ces tâches, il est préférable d'avoir recours à des spécialistes en communication qui utilisent leurs relations avec les médias. Les journalistes ne sont pas dupes des tentatives d'influence et de séduction que les relationnistes essaient d'exercer sur eux. Pour gagner leur respect, il faut respecter les normes d'éthique et de rigueur qui s'imposent.

Les affaires publiques

Les affaires publiques constituent une partie du vaste champ des relations publiques, mais elles se cantonnent dans les relations gouvernementales et communautaires.

De plus en plus, toutes les entreprises doivent interagir avec les différents niveaux de gouvernements qui gèrent l'ensemble des activités humaines, de la morale publique à l'étiquetage des pots de confiture. En même temps, elles évoluent dans des communautés aux attentes précises, parfois partenaires, parfois capricieuses, parfois hostiles.

Les entreprises peuvent réagir aux décisions des différents gouvernements ou des diverses communautés qui les entourent ou peuvent proagir.

Les affaires publiques comprennent donc l'ensemble des techniques et des approches que vont utiliser les entreprises dans leur rapport avec ces cibles particulières. Elles vont utiliser certes les relations publiques et les relations de presse pour se créer une opinion publique favorable à leur point de vue face à leurs démarches devant les instances publiques, mais aussi le lobby, cette forme de démarche particulière qui a pour but d'essayer d'influencer le cours des décisions publiques. Le lobby est légal, régi par une loi qui oblige les entreprises à dévoiler le nom de leur représentant, les lois ou règlements qu'elles veulent influencer, et le montant d'argent qu'elles sont prêtes à débourser pour arriver à leurs fins.

C'est en vertu de cette approche que l'on voit régulièrement dans les médias des appels à l'opinion publique pour contrer ou appuyer une loi qui se prépare.

Le lobby a donc recours aux médias de masse pour attirer la sympathie du public au point de vue soutenu, et aux relations interpersonnelles pour faire valoir ce même point de vue auprès des décideurs politiques. Les techniques de relations interpersonnelles sont de deux ordres : officielles et officieuses. Sur le plan officiel, le lobby donnera lieu à des rencontres de discussions, à l'élaboration de documentation bien étayée pour appuyer les revendications de l'entreprise, à la participation à des commissions parlementaires ou à des groupes de travail. Sur le plan plus officieux se retrouvent les déjeuners dits d'affaires, les billets de concerts ou de sports, les invitations au golf, au chalet de pêche ou de chasse, etc.

La propagande

La spécificité de la propagande se reconnaît dans le fait qu'elle cherche à imposer une idée. Ce qui la différencie des relations publiques, c'est davantage la façon dont le discours est construit que la façon dont il est transmis. C'est une approche qui veut inculquer une philosophie, une façon de penser à des gens. En ce sens, elle dépasse la notion de diffusion de l'information, car elle essaie manifestement et par tous les moyens d'amener sa cible à partager ses idées. C'est le domaine de la doctrine.

La propagande comprend un certain nombre de règles qui lui sont propres. En dernier ressort, on pourrait presque dire que la propagande se soucie peu des moyens et que ce sont les fins qui comptent. C'est ainsi qu'elle n'hésite pas à utiliser la démagogie, le mensonge et la défiguration des faits pour imposer sa philosophie.

Si toutes les propagandes comportent un caractère de manipulation car elles essaient d'imposer à l'autre un point de vue jugé irréfutable, elles n'ont pas toutes recours à des méthodes abusives. Lorsque les Américains diffusent le mode de vie américain, la musique américaine et les valeurs américaines sur leur radio Voice of America aux pays du bloc de l'Est et en Chine, ils ne mentent pas. Ils disent vrai, mais ils essaient d'imposer leur point de vue à des gens qui ne partagent pas la même idéologie. Ils exercent une pression sociale. Lorsque la religion catholique brandit le spectre de l'enfer à ceux qui ne suivent pas ses préceptes et ses principes, elle utilise un moyen de coercition morale sans aucun doute.

La propagande se résume à toute tentative d'amener un public à adhérer à une cause. Le monde politique utilise la propagande pour nous faire adhérer à leur credo : quel qu'il soit, il a recours à toute la gamme des stratégies classiques de la propagande, avec des demi-vérités, des mensonges, de la contre-information et des faits véridiques. Comme il ne s'agit souvent que de mots, il est difficile de savoir qui dit vrai et qui ment. Les exemples sont nombreux où les promesses fermes électorales d'abolir ou de maintenir certains services pour s'attirer la faveur du public se perdent au lendemain d'une victoire.

Desaulniers (1991, p. 123) apporte avec la notion de propagation une nuance intéressante à celle de propagande. Le terme est connu dans le cas de la propagation de la foi et a remplacé celui de propagande qui était en vigueur jusqu'à l'après-guerre.

« La propagation est une technique qui vise à maintenir au sein d'un groupe la cohérence du message idéologique, le respect des normes sociales et la cohésion de l'action ainsi qu'à assurer son développement par le recrutement de nouveaux adhérents. »

Elle coïncide avec ce que Jowett et O'Donnell (1992) appellent la propagande blanche, c'est-à-dire celle qui se démarque clairement et qui diffuse des informations que l'organisation juge vraies. Elle se distingue de la propagande grise où l'identité de l'émetteur et l'information qu'il diffuse soulèvent quelques interrogations. Enfin, la propagande noire comprend celle où l'émetteur se cache derrière une fausse identité et où les propos émis sont mensongers.

La publicité

À la différence des techniques précédentes, la publicité implique un coût d'achat des espaces que l'on veut retenir. Ce qui veut dire que l'entreprise choisit le média dans lequel elle veut faire passer son message, choisit le message qu'elle veut diffuser et choisit l'emplacement souhaité. Alors qu'en relations publiques, on propose aux médias des informations et que ceux-ci choisissent le traitement qu'elles auront, en publicité, c'est l'entreprise qui choisit, mais elle doit payer.

La publicité s'inscrit habituellement dans les grands médias traditionnels, soit les médias écrits, la radio, la télévision ou l'affichage. Mais en fait, dès que l'emplacement est payé, cela devient de la publicité. C'est ainsi que l'on retrouve cette technique sur les ballons gonflables, sur les napperons de restaurant et même sur des panneaux réservés à cette fin dans les ascenseurs ou les toilettes. Nous reparlerons des différents médias dans le point suivant.

La publicité peut également prendre différentes formes. Il y a la publicité commerciale, institutionnelle, sociale, de sympathie, de prestige, de soutien, de plaidoyer. Nous n'entrerons pas dans les détails de ces différentes formes de publicités, mais il faut savoir qu'elles répondent à des mandats différents. Si votre mandat initial est de vendre un produit, vous allez utiliser la publicité commerciale. Si vous mandat est d'augmenter la notoriété de votre produit, vous allez utiliser la publicité institutionnelle. Et si le mandat est de soutenir une cause, vous allez avoir recours à la publicité sociale.

La publicité peut servir pour attirer l'attention sur un produit, un service ou une cause, pour susciter la confiance ou pour provoquer l'acte d'achat ou d'adhésion.

Outre le fait qu'il s'agit d'une information payée et contrôlée, la publicité, contrairement aux relations publiques qui ne sollicitent habituellement qu'un passage dans les médias, privilégie la répétition. C'est ainsi qu'on verra le même message diffusé des dizaines de fois pendant une période plus ou moins longue, selon que la stratégie intensive ou extensive aura été retenue.

◆ LE CHOIX DES MÉDIAS

Quels sont les éléments dont nous disposons pour choisir un emplacement publicitaire plutôt qu'un autre ? Comment élaborer la stratégie média ? Quels supports publicitaires doit-on adopter ? Il s'agit de déterminer quel média ou quelle combinaison de médias est le plus apte à atteindre les objectifs. Il faut trouver parfois des médias qui pourront tout autant soigner l'image de l'entreprise que vendre un produit donné.

Ce choix se fait en fonction d'un certain nombre de critères dont voici les principaux :

— la valeur des auditoires cibles : si nous devons rejoindre une cible particulière, il faut absolument utiliser le média le plus fréquenté par cette cible. Des analyses fines du profil des auditoires de tous les médias existent et permettent de savoir quel média et quelle émission ou rubrique sont les plus fréquemment utilisés par la cible ;

— les principaux marchés : il faut savoir, sur le plan géographique, où habite notre cible : au centre-ville, en banlieue, dans une ville de moyenne importance, à la campagne, dans une région en particulier ? Il faut ensuite trouver le média qui couvre le mieux ce marché et notre cible ;

— la contrainte du budget : selon les budgets disponibles, on aura recours à certains médias plutôt qu'à d'autres. Même si la télévision semble être le meilleur média pour rejoindre sa cible, si vous ne disposez pas des ressources nécessaires, il faut chercher un autre média. Lorsque plusieurs médias peuvent rejoindre de façon presque identique et efficace la cible, on utilise une notion comptable pour savoir lequel choisir, le CPM, soit le coût par mille. Comme le prix d'une annonce varie d'un média à l'autre, d'une rubrique ou d'une émission à l'autre dans le même média, on cherche à savoir combien on doit débourser pour rejoindre 1 000 individus de notre cible. Ceci permet de se rendre compte que certains médias coûtent trop cher pour les cibles à atteindre ;

— la portée et la fréquence : il y a des médias qui touchent en même temps de grandes cibles, comme les téléromans regardés par des millions de personnes. Ce sont des émissions de grande portée. D'autres médias, comme la radio, touchent moins de gens, mais comme les mêmes personnes écoutent les mêmes émissions — chacun, par exemple, est fidèle à son émission du matin — on peut passer plusieurs fois le même message avec l'assurance de rejoindre plusieurs fois la même cible : ce sont des médias de fréquence. La portée est le nombre de gens différents qu'on peut rejoindre. Et la fréquence est le nombre de fois qu'on rejoint chaque individu ;

— la concentration : lorsque l'on réalise une campagne de publicité, on se concentre sur un média principal, que ce soit la télévision ou les panneaux-réclame par exemple, et un ou deux médias secondaires qui viennent compléter la stratégie visée en optant pour le média principal. On ne se disperse pas dans les quatre grandes familles de médias.

La communication directe

Il se passe un phénomène particulier dans les habitudes d'écoute du public face aux émissions de télévision. D'une année à l'autre, la part d'écoute des grands réseaux de télévision diminue au profit des réseaux spécialisés. Le téléspectateur n'est plus fidèle à une chaîne de télévision ; maintenant, il fait des choix dans ce qui lui est proposé, il zappe, il enregistre pour regarder plus tard, il écoute des films qu'il a loués. Bref, le public se morcelle sur les différents canaux ; il se segmente de plus en plus difficilement en unités homogènes.

Dès lors, les annonceurs ont constaté que désormais, à la télévision, ils s'adressaient à un public trop différencié et ont opté pour la communication directe, c'est-à-dire pour parler directement à leur cible. Deux techniques s'offraient à eux : la promotion et la publicité directe. La promotion s'exerce, par exemple, sur les lieux de vente où l'on incite le public à goûter et à essayer le produit qu'on lui offre. La publicité directe consiste à écrire directement à la cible, à lui téléphoner pour lui proposer des produits et des services.

Nous parlerons de ces techniques plus loin, lorsque nous aborderons la communication personnalisée, mais il faut savoir ici qu'il s'agit de diverses formes de publicités, puisqu'on devra payer pour atteindre sa cible. On comptabilise même en coût par mille ce qu'il faut débourser pour rejoindre une cible donnée par la communication directe.

La commandite

La commandite se situe également dans la foulée de la publicité puisqu'une entreprise doit payer pour obtenir la visibilité que lui offre la commandite. Celle-ci fait connaître l'institution par sa participation à des avenues sociales, culturelles, environnementales ou sportives. L'entreprise, plutôt que de faire connaître son produit, son service ou son idée, s'associe à un événement, à une action, à une œuvre et espère que le public remarquera sa participation et en retirera une sympathie pour la marque ou pour l'entreprise.

La commandite consiste à débourser un certain montant d'argent ou à offrir certains services et à exiger en échange que le nom de l'entreprise paraisse de façon très évidente durant toute la durée de l'événement.

C'est une façon de procéder qui permet, à faible coût habituellement, d'avoir des retombées de renommée. Les médias s'associent de plus en plus à certains événements en en faisant la promotion et en associant leur nom à ceux-ci pour en retirer des bénéfices de notoriété. Il s'agit d'ententes de partenariat où la promotion donnée est chiffrée en nombre de minutes de temps d'antenne et en montant d'argent équivalent.

En conclusion, on peut donc résumer les principales avenues qui permettent de guider les choix de l'entreprise en publicité :

- l'entreprise veut contrôler le contenu et l'emplacement de son message de façon absolue ;
- l'entreprise veut rejoindre rapidement la masse de sa cible en même temps ;
- l'entreprise veut pouvoir répéter son message.

Pour choisir le média requis, il faut qu'il puisse rejoindre de façon manifeste la cible retenue, qu'il offre un contexte éditorial en harmonie avec le produit et qu'il présente des coûts concurrentiels.

1.2 Les communications personnalisées

Les communications personnalisées impliquent que les deux parties se parlent directement sans médiation. C'est en quelque sorte ce que l'on appelle une communication de proximité, c'est-à-dire que la distance entre l'entreprise et la cible est réduite au minimum. Lorsque la source peut atteindre sa cible, lui parler et essayer de la convaincre du bien-fondé de son produit, de son service ou de son idée, répondre directement à ses réticences ou alimenter ses convictions, elle peut plus facilement la séduire ou la convaincre.

Nous avons vu au niveau des stratégies que l'efficacité de certaines d'entre elles passait par la communication directe ou personnalisée.

Cette forme de communication se manifeste dans des cadres formels comme une réunion de travail ou informels comme une conversation fortuite entre deux individus.

Certaines démarches impliquent un contact direct entre les parties, comme un téléphone, ou aucun contact direct et sans que la participation de l'une ou l'autre partie ne soit requise, comme la sollicitation postale personnalisée ou la présence à une conférence sans qu'il n'y ait d'échange direct entre le conférencier et son assistance. Voyons quelques-unes de ces approches.

De personne à personne

Il s'agit d'un ensemble de relations où les deux parties interagissent l'une avec l'autre.

❖ La rencontre directe

On regroupe ici toutes formes de rencontres entre deux individus. Ce type de communication est intéressant en ce sens qu'il permet à la source d'adapter son discours selon l'attitude positive ou négative de la cible. Le discours est donc parfaitement contrôlé.

Ces rencontres individuelles prennent la forme d'entrevues, de conversations, de confidences, de présentations, de rendez-vous, de repas. Les rumeurs de bouche à oreille en font également partie, car elles colportent toutes sortes d'informations. La sollicitation directe en sonnant à la porte en est un autre exemple.

❖ Le téléphone

Le téléphone constitue un outil de communication entre deux personnes. Tous les services de renseignements sont des dialogues entre deux personnes. Le recours aux lignes 1 800 constitue une nouvelle utilisation de la relation interpersonnelle que permet le téléphone. Le télémarketing en est une autre : quelqu'un appelle chez vous et vous propose d'acheter un produit, de verser un don pour une cause, d'essayer un service. Les cibles sont habituellement choisies selon le profil du client recherché.

L'entreprise peut utiliser l'approche du téléphone pour suggérer la visite d'un représentant, la démonstration d'un produit.

❖ Le publipostage

L'utilisation du courrier pour atteindre sa cible directement à la maison constitue une autre façon d'utiliser les communications personnalisées. La source peut ainsi concentrer sa distribution, contrôler la qualité de production, expliquer avec autant de mots et de couleurs qu'elle le souhaite le produit ou le service qu'elle veut offrir, opter pour un ton de confidence et de proximité en utilisant le nom de l'interlocuteur plusieurs fois dans la lettre pour lui rappeler que c'est bien à lui que l'on s'adresse.

On l'appelle publipostage puisqu'il s'agit de publicité postale. C'est là une autre forme de communication directe, que l'on appelle parfois marketing direct. L'émetteur connaît le profil de son interlocuteur et sait pourquoi il veut le rejoindre.

Cette communication est intéressante, car elle permet de viser très étroitement la cible choisie. On la sélectionne en fonction du profil de la personne que l'on recherche. Cette technique repose donc sur des listes d'envois. Il existe un marché pour ces listes par corps professionnels, ou par appartenance à certains groupes. Ces listes peuvent être préparées de façon plus ponctuelle. Ainsi, chaque fois que l'on remplit une carte de garantie, on répond habituellement à trois ou quatre questions concernant l'âge, le revenu et la profession. Dès que tout est informatisé, il est possible de faire de nouveaux recoupements.

❖ La promotion

Il s'agit d'une technique qui propose directement au client le produit à vendre. Elle se pratique, par exemple, dans toutes les grandes surfaces d'alimentation. Au bout des allées, on vous propose des mets à goûter. Il s'agit encore d'un contact direct entre la source et la cible, contact qui permet un échange dans un contexte détendu. Elle est utilisée comme déclencheur pour attirer l'attention, faire goûter une première fois. La promotion, nous l'avons signalé, est l'exemple type de la stratégie de pression.

Sur le plan social, on retrouve le même phénomène par toutes les sollicitations directes à la porte de vos résidences, lorsqu'un individu sonne à votre porte pour vous proposer ses produits ou ses services.

❖ *Les expositions*

Les expositions réunissent une source avec une large partie de la cible, mais il s'agit toujours d'un contact direct. Dans son stand, le représentant de l'entreprise engage des conversations directes avec le public qui s'arrête. Lorsque l'hôte du stand a acquis une certaine expérience de ce genre de technique, il n'attend plus que le public s'arrête devant lui, il le sollicite directement dans les allées, en tenant d'engager un court dialogue qui débouchera peut-être sur une longue conversation.

On retrouve ce type d'activités autant dans les grands salons spécialisés que dans les centres commerciaux, dans les congrès et colloques, dans les rencontres touchant des groupes de même intérêt.

Une entreprise peut ainsi rencontrer en quelques jours des milliers de personnes et engager une communication directe entre ses représentants et le public présent.

Quand utiliser les expositions ?

- Lorsqu'il faut une rencontre personnelle plutôt qu'une rencontre de masse ;
- Lorsqu'on ne veut pas ou ne peut pas regrouper facilement une cible dispersée qui vient d'elle-même en fonction de ses intérêts voir une exposition donnée ;
- Lorsqu'on a des produits à montrer ou des services à vendre à une clientèle captive.

Les rencontres en petits groupes

Il existe un certain nombre d'activités qui permettent à la source de rencontrer directement quelques personnes cibles en même temps qui peuvent interagir ou échanger entre elles.

Cette deuxième approche permet une économie de temps puisqu'on ne rencontre pas les gens un à un. Dans certains cas, elle facilite la diffusion d'une même message à un même groupe tout en profitant de la dynamique ainsi créée pour canaliser en même temps les réactions diverses que peut provoquer l'échange.

❖ *Les réunions*

Les réunions de toute nature regroupant quelques individus constituent le modèle de ce type d'approche. Que ce soit des réunions de personnel, des réunions de cuisine en campagne électorale, des réunions d'un petit groupe venu échanger avec une personnalité, il s'agit toujours d'une rencontre où l'interaction demeure possible entre les parties.

❖ *La conférence*

Les Chambres de commerce, les clubs Richelieu, Kiwanis et les autres, les Amis de toutes natures, les membres d'associations aussi diverses que les cartophiles, les orchydophiles, les mycologues organisent régulièrement des conférences ou des causeries.

Chaque semaine, dans les grands médias écrits, on retrouve l'annonce de dizaines de conférences organisées par des organisations professionnelles ou amicales. Les universités organisent de telles conférences pour toute personnalité de passage dans ses murs.

Il s'agit là d'occasions de réunir de façon spontanée des gens autour d'une même idée.

❖ *La formation*

Plusieurs entreprises organisent des rencontres de groupes qui peuvent se dérouler sous forme de séminaires, de colloques ou de sessions de perfectionnement. Encore une fois, la source est en contact direct avec la cible, mais cette fois-ci la source rencontre plusieurs parties de la cible.

Plusieurs grandes entreprises vont ainsi offrir des séminaires à une certaine clientèle pour la familiariser avec leur type de produit. IBM a pendant longtemps offert de tels cours à des cibles différentes pour les sensibiliser au développement de l'informatique.

Ce genre de formation s'exerce dans toutes sortes d'activités. La veille des élections, on organise des séances de formation pour les préposés aux relations publiques, pour les préposés aux salles de vote. La veille d'une grande organisation, on rassemblera tous les bénévoles pour leur prodiguer les dernières consignes.

Sur le plan social, on peut initier de petits groupes à de nouvelles idées en les incitant à suivre de petits séminaires d'initiation.

Dans l'organisation de telles activités, il faut toujours se poser la question suivante : est-ce que la cible sera prête à investir une heure ou une journée de son temps pour connaître votre service, votre cause ?

❖ *Les événements*

Toute entreprise peut organiser des événements comme des lancements, célébrer des anniversaires, pour rassembler des gens autour d'un objet précis et ainsi pouvoir leur parler directement.

Les rencontres en grands groupes

Certaines rencontres d'une source avec un grand groupe permettent aussi de provoquer des échanges interpersonnels. Les congrès, grandes conférences, célébrations, journées portes ouvertes constituent d'autres exemples de même nature.

1.3 Les communications internes

Ce qui distingue les communications internes des deux précédentes, c'est la clientèle cible visée : les communications organisationnelles visent d'abord et avant tout le public interne d'une entreprise.

Pour Desaulniers (1987b, p. 8), « il s'agit de l'ensemble des échanges fonctionnels et psychosociaux au sein d'une organisation. Les communications fonctionnelles doivent assurer la diffusion des orientations et des objectifs, la cohérence et l'efficacité des activités, le contrôle et l'évaluation des résultats. Les communications psychosociales visent à développer et à maintenir un climat positif, la motivation du personnel, la cohésion d'ensemble ».

Dans les faits, la communication organisationnelle va avoir recours aux mêmes approches que la communication de masse ou la communication personnalisée, selon les objectifs et les cibles visés.

Le journal interne, les programmes de formation interne, les babillards, le journal télévisé, les bulletins téléphoniques, les mémos, les rencontres avec la haute direction, les fêtes de Noël, les épluchettes de blé d'Inde pour les employés, les parties de golf sont toutes des activités destinées à renforcer les objectifs internes de communication. On peut ainsi transposer toutes les techniques externes à l'interne.

1.4 Les techniques coercitives et de récompense

La coercition et la pénalisation

Sur le plan légal, les loi, règlement, décret, décision qui entraînent des limites dans le comportement des gens constituent des coercitions.

Sur le plan des affaires, toute restriction qu'imposent des contrats est de même nature. Ainsi lorsque les fumeurs paient leur prime d'assurance plus cher, lorsqu'on interdit dans un bail d'avoir des animaux dans un logement, ce sont là des gestes qui obligent les individus à certains comportements pour s'éviter les pénalités proposées.

Sur le plan social, les grèves, les lock-out, le terrorisme sont des formes directes de coercition, tout autant que le rejet social de celui qui ne satisfait pas aux normes édictées.

La récompense et la facilitation

Sur le plan légal, on récompense ceux qui paient leur permis de conduire par la poste en leur offrant un rabais par exemple. On facilite la tâche de ceux qui remettent leurs armes à feu illégales, pendant une période donnée, en effaçant leur délit.

Sur le plan des affaires, on offre des primes, des cadeaux, des rabais pour vendre certains produits ou services.

Sur le plan social, on offre des honneurs, des décorations, du prestige. Ou alors on offre de la santé, du bonheur, du succès. Ainsi, celui qui ne fume pas sera en meilleure santé, celui qui ne boit pas aura une meilleure vie familiale, celui qui travaille réussira.

1.5 Quelle technique choisir?

Pour choisir une technique, il faut revenir aux objectifs et se demander quelle technique atteindra la cible avec le plus d'efficacité pour exécuter la tâche à accomplir selon le budget disponible?

Selon la tâche à accomplir, certaines techniques sont plus adéquates. On n'utilise pas les communications de masse pour provoquer des changements profonds chez les individus, par exemple. À cette étape de choix, il faut se référer au tableau 4.

La cible à rejoindre et le message à lui transmettre orientent également le choix de la technique. Une entreprise peut vouloir rejoindre une large partie de la population, lorsque son image est mise en cause, et lui expliquer son point de vue sans détour. Pour éviter que ce message ne soit pas traduit exactement comme elle le souhaite et pour s'assurer qu'il rejoindra le plus grand nombre de personnes, elle peut donc avoir recours à la publicité, même s'il s'agit d'une opération de relations publiques.

Selon le budget disponible, certaines techniques deviennent prohibitives. La télévision coûte cher, les envois directs aussi si la cible est très large. Les panneaux-réclames exigent un investissement important également. Par ailleurs, les relations publiques sont à la portée de tous. L'organisation de petits événements originaux dépendent de la créativité de chacun.

En prenant un à un les éléments constituant l'objectif, on élimine certaines techniques. Il faut ensuite mettre celles qui restent par ordre de priorité: laquelle est la mieux désignée pour accomplir la tâche? Avec une certaine expérience, on finit par mieux connaître les forces et les faiblesses de chacune de ces techniques, mais ce ne sont pas des forces et des faiblesses absolues. Elles dépendent de la cible.

Dans une stratégie de communication, il est possible d'utiliser différentes techniques pour atteindre les objectifs, chacune d'entre elles conservant sa spécificité et jouant un rôle particulier dans l'accomplissement du mandat. Mais il faut toujours avoir en tête que la technique en soi n'a pas de valeur, c'est en autant qu'elle est utile à la tâche et à la cible qu'elle prend sa véritable dimension.

2. LES MÉDIAS

Une fois la technique retenue, il faut trouver les médias les plus utiles pour rejoindre la cible. Toutes les techniques peuvent avoir recours à plusieurs médias, mais chacun de ceux-ci conserve sa spécificité et n'est donc pas interchangeable avec un autre. Il y a quatre grandes familles de médias traditionnels auxquelles viennent se greffer toute une gamme de médias non traditionnels.

Les médias de masse traditionnels ont l'avantage de permettre d'atteindre un grand nombre de personnes en même temps. Certaines émissions de télévision sont regardées par des millions de personnes, par exemple. De ce fait, le coût n'est pas très élevé pour atteindre chacune de ces personnes. Si, en relations publiques, le coût absolu est presque nul, car il suffit qu'une personnalité se présente à une émission d'affaires publiques ou à un *talk-show* pour rejoindre ce public, en publicité le coût absolu peut être très élevé, même s'il est minime par personne rejointe.

Par ailleurs, il faut se souvenir qu'il y a de plus en plus de médias, que le public se distingue de plus en plus dans ses choix d'information, que des milliers d'informations *circulent* chaque jour, qu'il est difficile de savoir si ces informations *atteignent* bien le public et si celui-ci les retient vraiment.

«Les médias ne sont pas une fin en soi, ils ne créent pas la vitalité d'un groupe ; ils servent de support à l'action d'un groupe qui a sa propre vitalité» (Saucier, 1996, p. 8).

Voyons ces différents médias.

2.1 Les médias écrits

Les médias écrits se répartissent en quotidiens, en hebdomadaires et en mensuels. Certains se présentent sous forme de journaux et d'autres de revues. Certains sont payants et d'autres gratuits. Certains s'adressent à un large public, comme les quotidiens et d'autres à des cibles bien particulières, comme les journaux spécialisés (*Allô Police* ou *La terre de chez nous*) ou revues thématiques (décoration, jardinage ou informatique). Certains sont nationaux, d'autres régionaux et d'autres locaux.

Certains sont clairement identifiés à une entreprise ou à une cause, comme autrefois la revue *Forces* (Hydro-Québec), ou la *Revue Notre-Dame* ou encore le *Bulletin paroissial*.

Dans ces médias, il y a des espaces publicitaires que l'on doit payer et des espaces rédactionnels que l'on peut obtenir gratuitement par des activités de relations publiques.

À l'intérieur des médias, il y a des rubriques générales et d'autres spécialisées tout comme il y a des journalistes attachés à certains secteurs d'activité : politique, culture, économie, sport.

Pour apprécier les forces et les limites des médias écrits, il serait bon de les diviser en deux – les journaux et les revues – car la forme et la périodicité des uns et des autres leur procurent des avantages distinctifs.

Les journaux

Les quotidiens et les hebdomadaires représentent pour les relationnistes et les annonceurs des outils intéressants de diffusion car ils témoignent de certaines caractéristiques qui leur sont propres.

◆ LA FLEXIBILITÉ DANS LE TEMPS

Contrairement aux revues qui exigent des semaines de préparation et de production, les quotidiens sont accessibles dans les 24 heures, sept jours par semaine.

◆ LA FLEXIBILITÉ DANS L'ESPACE

Le fait qu'ils n'ont pas de limite d'espace, comme la radio ou la télévision où les plages horaires sont fixes, et qu'ils peuvent chaque jour varier le nombre de pages leur permet d'accepter toute information pertinente en plus grande quantité.

◆ LA FLEXIBILITÉ DANS LES COÛTS

Sur le plan publicitaire, on peut fabriquer une annonce pour une seule opération, la remplacer tous les jours si nécessaire, alors qu'en télévision le coût élevé d'une annonce doit être compensé par sa longue durée et sa répétition.

◆ LA FLEXIBILITÉ RÉDACTIONNELLE

Dans un quotidien, il y a des pages, des chroniques, des cahiers spéciaux qui permettent d'isoler un message dans un environnement rédactionnel adéquat.

Ils offrent en fait la possibilité de parler à un groupe cible plus défini en réservant des sections spéciales telles que pages sportives, pages féminines, section des affaires, etc.

◆ LA FLEXIBILITÉ GÉOGRAPHIQUE

On peut adapter le message à chacune des régions que l'on désire atteindre, car en principe chaque quotidien couvre une aire géographique limitée.

◆ UN AUDITOIRE CAPTIF

Contrairement à la radio ou à la télévision que l'on peut regarder en faisant autre chose, que l'on peut zapper, le quotidien requiert toute l'attention du lecteur et le rend captif, car il ne peut y échapper. Le texte ne fuit pas pendant que le lecteur est occupé à d'autres activités, il l'attend...

Les médias écrits ont aussi un autre avantage sur les médias électroniques, c'est qu'ils restent présents devant la cible pendant tout le temps que celle-ci le souhaite. Lorsque vous ouvrez votre journal, vous pouvez prendre le temps que vous désirez pour lire un article ou regarder une publicité. Vous pouvez même découper l'article en question pour le conserver. À la radio et à la télévision, tout va très vite et tout semble éphémère. C'est pourquoi on favorise la répétition dans les médias électroniques. Les inconvénients des médias écrits, c'est qu'ils sont utilisés par un public plus restreint que celui de la télévision par exemple.

◆ UN EFFET VISUEL

En publicité, les journaux permettent de montrer les produits. La couleur impose un effet visuel plus fort et un taux de rappel intéressant. Elle augmente jusqu'à 50% la cote d'attention des lecteurs.

◆ UNE VALEUR DE CATALOGUE

Le journal a aussi une valeur de catalogue. Le consommateur peut retrouver la liste des magasins ou des points de vente, le prix des objets et services. Les petites annonces en sont la plus belle illustration.

Les revues

◆ DES CIBLES MIEUX CIRCONSCRITES

La grande majorité des revues s'adressent à un public cible bien précis. De ce fait, lorsque l'on a accès à ces revues, on sait que l'on va rejoindre un public qui s'intéresse *a priori* à un univers donné et qu'il est positivement disposé face à cet univers. Que ce soit la cuisine, le jardinage, le sport, l'électronique, l'agriculture, l'économie, les revues ne couvrent habituellement qu'un secteur circonscrit.

◆ UNE QUALITÉ DE PRODUCTION

L'utilisation des photos et des illustrations, la mise en page aérée, l'utilisation de la couleur donnent aux revues une dimension de qualité que n'ont pas les journaux. Elles donnent de ce fait aux sujets traités une certaine noblesse puisqu'ils sont présentés comme des phénomènes hors du commun, exceptionnels et originaux.

◆ UNE INFORMATION EN PROFONDEUR

Le quotidien traite de l'information immédiate. La revue aborde l'information avec plus de recul et de profondeur. Le temps plus long consacré à rédiger un article permet de vérifier plusieurs sources, de les mettre en perspective.

◆ UNE DURÉE DE VIE PLUS LONGUE

La durée de vie des revues est relativement longue. Non seulement on peut les conserver jusqu'au prochain numéro, mais souvent on les accumule pendant un certain temps. De ce fait, les revues bénéficient de plusieurs lecteurs secondaires qui permettent d'élargir la base du public atteint. On les retrouve ainsi dans toutes les salles d'attente.

◆ UN PUBLIC PLUS SCOLARISÉ

Les lecteurs de revues sont plus jeunes et plus scolarisés que la moyenne des Québécois. De ce fait, il est possible de rejoindre ainsi des leaders d'opinion capables d'élargir la diffusion du message.

2.2 La radio

La radio est un média un peu spécial. Sa particularité, qui en fait également sa faiblesse, c'est que chaque émission s'adresse en principe à un faible auditoire. Au Québec, seulement quelques villes possèdent un quotidien, mais plusieurs d'entre elles possèdent une ou des stations de radio qui deviennent par le fait même la principale source d'information du milieu.

Le public adopte habituellement une station qui devient sa préférée et pour laquelle il manifeste une certaine fidélité. Cette station peut changer selon les émissions de la journée. Ainsi, chaque matin, chacun syntonise la station avec laquelle il souhaite aborder les premières heures de sa journée. Mais ce n'est pas nécessairement la même qui aura les faveurs le reste de la journée. Si, à la télévision, on regarde une émission, à la radio on écoute une station.

Il existe un phénomène particulier à la radio et à la télévision que l'on ne retrouve pas dans les médias écrits, c'est le phénomène des recherchistes. Toutes les grandes émissions sont préparées par des personnes qui ont le mandat de rechercher la nouvelle et les interlocuteurs intéressants pour l'expliquer. Ce sont davantage ces personnes qui font le choix des invités, les animateurs vedettes intervenant ensuite pour animer le spectacle.

La radio et la télévision sont des médias de l'instantané, du spectacle et du temps réel. De ce fait, les médias électroniques constituent des outils puissants de diffusion de l'information. Considérant que chaque famille possède un minimum de cinq postes de radio, qu'on la retrouve dans la salle de bain le matin, dans la voiture ensuite, dans les ascenseurs, dans les couloirs des édifices, dans l'attente au téléphone, la radio est omniprésente et constitue une source d'information qu'utilisent toutes les catégories de citoyens.

Parmi ses principales caractéristiques, quoiqu'elle soit moins captive que la télévision, elle suit partout le citoyen/consommateur ; elle est plus personnelle, plus intime.

Contrairement aux journaux et à la télévision, les stations de radio s'adressent chacune à une couche bien définie de la population, particulièrement dans les villes où il existe plus d'une station. Il est donc possible de choisir un poste dont les auditeurs correspondent à la cible visée.

La radio fonctionnant 24 heures par jour, il est possible d'atteindre divers auditoires selon les heures d'écoute, le jour ou la nuit. De plus, c'est un média de fréquence.

C'est aussi un excellent média pour rejoindre les populations mobiles, particulièrement plus jeunes. Sa plus grande qualité, en effet, c'est qu'elle peut se déplacer. On peut rejoindre sa cible qu'il fasse beau ou mauvais, qu'on soit à la maison ou en voiture, dans un magasin ou au restaurant, partout ou presque. L'auditeur n'a pas à s'immobiliser à quelque part pour l'apprécier.

La flexibilité de la radio et sa rapidité de mise en onde par rapport aux médias écrits constituent d'autres avantages. C'est le média des grands événements, de l'immédiat.

2.3 La télévision

La télévision est un média spectaculaire qui a un pouvoir de séduction certain. Il marie l'image, le son, le mouvement, le texte, la musique. C'est un média complet qui, par le montage des images, peut provoquer des sentiments forts.

La télévision partage son temps entre différentes formes de contenus : information, cinéma, sport, divertissement, etc. Elle rejoint des masses d'individus en même temps, ce qui en fait le média de portée par excellence. Elle accapare quelque 25 heures d'écoute par semaine en moyenne par personne et constitue le principal outil d'information de la majorité des gens. Cela en fait donc un média puissant. Certaines émissions rejoignent d'un seul coup des millions de spectateurs.

La télévision est un média extrêmement recherché. Si vous faites des relations de presse ou des relations publiques, il faut savoir que la télévision aime les images. Il ne faut donc pas hésiter à les créer si elles n'existent pas et, si elles existent, à les montrer.

Ce média est également un excellent moyen de rappel et de notoriété. Quand on demande aux gens la provenance d'une information dont ils se souviennent, ils l'attribuent très spontanément à la télévision même si ce n'est pas toujours la source initiale.

Pour ses retombées et sa portée, la télévision représente le média numéro un pour rejoindre un certain public cible. La télévision est un média de prestige regardé par 99 % de la population. Elle a acquis une crédibilité certaine auprès de la population comme moyen d'information. Elle permet donc d'entrer facilement dans les foyers.

Il s'agit certes du plus important outil pour créer la notoriété d'une personnalité, d'un produit ou d'une cause.

2.4 L'affichage

On comprend par affichage toute forme de communication par... affiche. On retrouve donc ici les panneaux-réclames extérieurs, les panneaux sur et dans les autobus et le métro, les affiches que l'on pose dans les vitrines de magasins, dans les toilettes, sur les taxis, etc.

L'affichage peut être gratuit si vous posez vous-mêmes vos affiches ou payant si vous achetez des espaces dans les emplacements réservés à cette fin. Dans certaines circonstances, il arrive que, pour des activités sociales ou culturelles d'organismes à but non lucratif, de tels espaces puissent être obtenus gratuitement.

L'intérêt de l'affichage, c'est qu'il est presque impossible d'y échapper, car une fois posée l'affiche devient omniprésente. Son inconvénient, c'est que la mise en place de l'affichage est longue. Il faut réserver quelques semaines à l'avance et faire préparer le matériel également à l'avance.

Après la télévision, c'est un excellent outil de notoriété et de portée. Son effet visuel attire l'attention. Habituellement, l'affiche reste plusieurs jours au même endroit et constitue également un média de fréquence. Un panneau-réclame sur le chemin qu'un automobiliste emprunte chaque jour, sera vu... chaque jour.

L'affichage se différencie des autres approches que nous avons vues par le fait que souvent il propose une information brute, sans contexte éditorial et sans parasite. Un panneau-réclame sur une route, avec cinq mots, une image et rien autour envahit l'espace sans que l'attention soit dérivée de son objet. Un ballon gonflable dans les cieux affiche de façon irrésistible un message et l'œil n'est pas accaparé par d'autres éléments.

L'affiche peut se retrouver dans un site bien délimité, dans une région donnée ou faire l'objet d'une diffusion à l'échelle du Québec par des firmes spécialisées comme Mediacom, Omni ou Zoom qui possèdent des emplacements un peu partout.

L'affiche se présente en plusieurs formats, elle fait appel à la couleur, à la forme, à la lumière et parfois même au mouvement avec les panneaux Lumibus ou Claude Néon. L'affichage se déplace avec les autobus maquillés aux couleurs d'un produit ou d'une entreprise.

Si l'affichage commercial commande des dépenses importantes tant pour la création, la production et la réservation d'espace, l'affichage libre exige du temps et des énergies. Il faut se déplacer d'un endroit à l'autre, proposer l'affiche, l'apposer aux endroits appropriés et recommencer jusqu'à ce que toutes les affiches soient ainsi placées.

2.5 Les autres médias

Les autres médias concernent tout support publicitaire qui n'entre pas dans les quatre grandes familles de médias énoncées précédemment. En relations publiques, on regroupe ces éléments dans la catégorie des supports comme nous le verrons plus loin.

Les médias non traditionnels

Pour rejoindre un public de plus en plus dispersé et segmenté, tous les moyens inimaginables sont maintenant utilisés. Certains d'entre eux sont plus courants comme les pages jaunes ou les hommes-sandwichs ; d'autres plus novateurs comme la publicité sur les taxis, sur les paniers d'épicerie, sur les ballons gonflables, sur les œufs, sur les bancs publics, sur les parcomètres, sur les cartes postales. On utilise aussi de plus en plus des jumelages entre entreprises de nature différente. À titre d'exemple, avec un plein d'essence, on offre des rabais pour un produit en promotion dans un restaurant populaire.

Ce que recherche la source du message, c'est comment rejoindre une cible qui fuit les médias traditionnels.

Les médias informatiques

La popularité d'Internet, sa fréquentation de plus en plus active par de plus en plus de gens en font un nouveau média recherché. Les sites Web, les bandeaux au début des sites, les ventes par Internet constituent de nouvelles approches pour rejoindre une cible qui semble insaisissable.

Cette nouvelle voie est en phase de développement. Quelques déceptions ont marqué les élans trop enthousiastes de certains. Mais d'autres y ont trouvé un excellent débouché pour diffuser leurs produits, leurs services ou leurs idées.

2.6 Quel média choisir?

Chaque média possède sa personnalité et ses caractéristiques propres. Il faut donc choisir le média, non en ce qu'il est, mais en ce qu'il peut aider à l'atteinte des objectifs.

La publicité a permis de mieux connaître l'attrait de chacun des médias auprès de cibles différentes. Comme les espaces publicitaires sont vendus à des annonceurs en fonction de l'auditoire qu'ils atteignent, le profil des lecteurs, auditeurs ou spectateurs de chaque média, de chaque rubrique ou de chaque émission a été établi de façon précise.

Selon les habitudes d'écoute des médias, on connaît également les habitudes de consommation et de divertissement des différents publics.

On choisit donc le média en fonction de trois paramètres :

- dans quelle mesure un média atteint-il sa cible de façon plus adéquate que les autres ?
- dans quelle mesure le média est-il plus adapté à résoudre la tâche (AIDA) qui lui est demandée ?
- dans quelle mesure le média respecte-t-il les contingences budgétaires et de calendrier existantes ?

Selon la cible à rejoindre, certains médias sont plus indiqués que d'autres. Si la cible est jeune, on sait qu'elle lit peu les quotidiens et regarde relativement peu la télévision. Mais elle a constamment un baladeur sur les oreilles. La radio devient alors pour cette cible un bon média.

Pour être en mesure de bien connaître le média, la plage horaire et l'émission écoutée par la cible, il faut avoir recours à des outils spécialisés dans le profil des lecteurs, des auditeurs et des spectateurs. Ces outils sont toutefois réservés aux professionnels de la communication. Il s'agit pour les quotidiens du Newspaper Audience Data Bank (Nadbank), pour les revues du Print Measurement Bureau (PMB), pour les médias électroniques du Bureau of Broadcasting Measurement (BBM) et de Nielsen, pour les panneaux-réclames du Canadian Outdoor Measurement Bureau (COMB). À défaut de ces outils spécialisés, la lecture des chroniques spécialisées en communication dans les médias livre régulièrement des éléments de ces outils.

Pour le choix des médias, Saucier (1996) propose trois avenues :

— choisir les médias qui rejoignent le mieux la clientèle cible : la radio pour les adolescents, les revues pour une clientèle plus scolarisée, les médias ethniques, les pages économiques ou les revues économiques pour parler aux gens d'affaires ;

— choisir les médias qui s'intéressent au message diffusé ;

— choisir les médias en fonction de l'objectif de communication.

Ce qu'il faut retenir ici, c'est qu'il ne s'agit pas de faire une liste de médias intéressants, mais de déterminer lequel est le plus apte à atteindre l'objectif. Même si la télévision rejoint des millions de personnes, si vous souhaitez rejoindre une cible clairement circonscrite qui lit certaines revues d'un bout à l'autre, ces revues valent mieux pour la réalisation de l'objectif que toutes les émissions de télévision.

3. LES SUPPORTS

Après avoir choisi les techniques et les médias, nous allons maintenant penser au support. Il s'agit de tous les autres outils dont on pourra avoir besoin pour réaliser la campagne. Nous présentons une typologie de ces supports à titre indicatif, mais il faut savoir qu'ils sont, en fait, illimités.

3.1 Les supports écrits

L'écrit est probablement le type de support le plus utilisé. Il comprend les dépliants, les feuillets, les bulletins, le journal interne, le livret d'accueil, le rapport annuel, le calendrier, l'estampille à côte des timbres, le passeport promotionnel, en somme tout document écrit que l'on distribue gratuitement. Tout plan de communication utilise de tels supports parce qu'à quelque part on doit préciser dans un écrit les éléments d'information que l'on veut consigner dans un tout.

3.2 Les supports graphiques

Habituellement, les entreprises se dotent d'une politique d'identification visuelle, dans laquelle elles précisent leur sigle ou leur logo, les conditions d'utilisation, la couleur et les teintes retenues.

On peut tous aujourd'hui reconnaître le M de McDonald's, la coquille jaune de Shell, le graphisme de la première page du *National Geographic*.

En fait, les entreprises se donnent une personnalité visuelle. Dans un kiosque à journaux, on peut facilement différencier *La Presse*, *Le Devoir*, *Le Journal de Montréal* et *The Gazette*. La facture de la première page constitue une signature.

Lorsque l'on adopte une identification visuelle, on explique le sens du sigle, on justifie le choix de la couleur. Mais, dans certaines circonstances, ce n'est pas toujours facile. On ne connaît pas le sens du logo de Nike. C'est le même depuis le début, mais son créateur n'a pas laissé de justification.

La signature visuelle d'une entreprise se retrouve ensuite partout : sur le papier à lettres, sur les cartes de visite, sur les uniformes, sur les camions, sur le mur du siège social, dans la publicité, sur les emballages.

3.3 Les supports visuels

On comprend ici tout ce qui relève des images, soit les photos, les illustrations, les affiches, les banderoles, les diapositives, les bandes dessinées.

Ces supports montrent le produit, expliquent le service ou illustrent la cause. Ce sont des compléments visuels aux autres éléments de la campagne. Ils peuvent servir à décorer les lieux en certaines circonstances, à meubler le stand d'exposition s'il y a lieu, à servir de fond de scène lorsqu'il y a une conférence ou une rencontre de presse.

Ils peuvent être de petit format comme un timbre, d'un format standard comme une photo ou immense, comme une affiche géante. Habituellement, ces supports visuels sont complétés par des textes, des titres, des slogans.

3.4 Les supports audio

Les supports audio servent là où le son est nécessaire. Encore une fois, on les retrouve dans les expositions. On entend même aujourd'hui des messages qui nous sont livrés au téléphone pendant le temps d'attente. Lorsque l'on se promène dans certaines grandes surfaces, il y a une musique d'ambiance, judicieusement choisie pour faciliter la détente, donc la dépense.

Souvent, dans les ascenseurs, on entendra en permanence une station de radio. Mais on peut tout aussi bien la remplacer par une production audio maison.

Il en est de même dans certaines politiques de communication interne où l'on utilise des messages téléphoniques. Les employés peuvent composer tous les jours un numéro pour obtenir les dernières informations, le mot du président, les développements qui se structurent, etc.

3.5 Les supports vidéo

Nous retrouvons ici tous les vidéos qu'une entreprise réalise pour les fins d'une campagne. Certains vidéos sont envoyés directement à certaines cibles. C'est une technique nouvelle, peu utilisée, mais, lorsqu'il s'agit de montrer des objets qui ont un volume, le vidéo est très utile. C'est ainsi qu'à Montréal on a choisi le vidéo pour faire connaître la dernière collection d'un couturier.

On utilise le vidéo également dans des expositions. De plus en plus, les grandes entreprises font des vidéos qu'elles offrent dans les écoles, sur le câble et parfois même aux grandes chaînes de télévision.

Par ailleurs, de plus en plus de représentants transportent avec eux un vidéo pour faire la démonstration de leur produit. Lorsque l'on n'utilise pas le vidéo comme tel, on peut utiliser l'ordinateur grâce auquel il est possible de construire des programmes complexes avec des images et du son. De plus, l'ordinateur se transporte facilement.

3.6 Les supports objets

Souvent, les entreprises vont utiliser des objets pour faire connaître leur nom. Il existe des catalogues de ces objets sur lesquels une entreprise fait graver son nom pour ensuite les distribuer aux cibles qu'elle souhaite rejoindre. Les plus connus, bien sûr, ce sont les stylos, les tasses à café, les épinglettes et les casquettes. Mais on a vu aussi des balles de golf, des agendas, etc. Il n'y a que la limite de l'imagination pour faire le bilan de ces objets.

Ils attirent certes l'attention, mais il est très difficile d'en mesurer l'efficacité. Si, au cours d'une exposition, vous distribuez des milliers d'échantillons de votre produit, comment mesurer l'efficacité d'un tel geste? C'est pourquoi on utilise les objets comme outil de promotion lorsque l'on a une marge de manœuvre intéressante au-delà des techniques, des médias et des supports de base qu'il faut absolument utiliser.

3.7 Les supports tridimensionnels

Ce sont donc généralement des éléments d'exposition, mais il peut aussi s'agir d'une mascotte, d'un animal fétiche, d'un sigle en trois dimensions. Lorsque celui-ci est connu, il suffit de le placer en certains endroits pour qu'il soit immédiatement reconnu.

Ces supports sont utiles surtout lors des expositions. Mais, une fois qu'ils existent, on peut les utiliser en diverses circonstances, dans le hall d'entrée de l'entreprise, par exemple, lorsque celle-ci participe à certaines manifestations.

Ces supports intègrent parfois l'audiovisuel, l'image et l'écrit.

3.8 Quel support choisir ?

À cette étape, il est tentant de dresser une liste assez longue de supports et de moyens, car tout semble intéressant. Ce qu'il faut se demander, c'est ce qui est efficace. Il faut donc que chaque support soit mis en relation directe avec chaque objectif et chaque cible. Il faut aussi qu'il soit présenté par ordre prioritaire. Quel support choisirait-on si l'on ne pouvait en utiliser qu'un seul? Lequel serait le plus rentable pour arriver à faire avancer ses objectifs?

Ainsi, si l'on décide de faire un dépliant et que l'on s'adresse à une cible qui lit peu, on vient de faire un mauvais choix. Si la cible lit beaucoup et est très dispersée, il faut savoir comment la rejoindre. Si l'on utilise la poste, il faut comptabiliser le coût des timbres.

Donc, ce n'est pas l'intérêt du support qu'il faut regarder, mais son utilité. En présentant les supports en fonction des objectifs, l'incongruité de certains choix peut apparaître facilement. Il faut éviter d'avoir recours à des supports qui n'atteignent pas la cible visée. Les supports doivent être couplés avec chacun des objectifs.

Mais il faut savoir que «les outils trop ordinaires et prévisibles (dépliant, conférence de presse, etc.) produisent souvent un impact minime. Par contre, des outils novateurs (homme-sandwich, théâtre-animation, etc.) créent souvent un effet de surprise» (Collard et Chiasson, 1992, p. 49).

◆ LA MAGIE DU SUPPORT

Il ne faut pas donner aux supports des vertus qu'ils n'ont pas. Par exemple, dire qu'en produisant un dépliant votre cible pourra être au courant de toutes les facettes de votre problème, c'est présumer que, parce que vous faites un dépliant, votre cible va l'obtenir, va le lire et va adhérer à ses propos. Ce qui n'est jamais certain.

◆ LA MAGIE DU VERBE

Il faut éviter d'avoir trop confiance à la magie du verbe. On fait un dépliant, on crée un message, on écrit un article, on fait un vidéo et on crée ainsi par magie un sentiment d'appartenance. Or c'est l'action et le discours qui créent un tel sentiment. Le discours seul ne suffit pas.

4. LES MOYENS

Au-delà des techniques, des médias et des supports se greffent un certain nombre de moyens pouvant aider à la réalisation du plan. Ces moyens apportent une dimension nouvelle à la stratégie.

4.1 Un service de communications

Les entreprises qui se sont dotées d'un service de communication efficace possèdent un outil supplémentaire dans la réalisation du plan de communication. Elles possèdent ainsi une expertise qu'elles peuvent mettre à contribution tout au long du processus.

4.2 Un porte-parole

Avec un porte-parole attitré, un président d'honneur connu, l'entreprise dispose d'un atout intéressant. D'une part, celui-ci est habituellement prêt à aller au front dès que sa présence est requise ; d'autre part, sa notoriété lui permet d'avoir un accès facile aux médias. Le choix du porte-parole est important car il doit en plus représenter auprès du public les qualités de l'entreprise. Pour vendre du lait, il faut jouer de prudence si, par exemple, le nom d'un joueur de hockey est proposé car ce sport est plus facilement associé à la bière.

Certaines décisions prises par des célébrités pour leur propre personne ont eu une influence sur le comportement de la population américaine en matière de santé. C'est la conclusion d'une étude réalisée par des médecins de Chicago, qui prennent pour exemple le cas de Nancy Reagan, l'épouse de l'ancien président des États-Unis.

Quand Mme Reagan a préféré se faire enlever un sein plutôt que de subir l'ablation d'une tumeur mammaire, une opération nettement moins radicale, de très nombreuses femmes souffrant de ce type de cancer l'ont imitée dans les mois qui ont suivi. L'étude publiée dans le *Journal* de l'Association médicale américaine au début de 1998 démontre qu'il y a eu 25% de plus de cas d'ablation du sein. Au bout de six mois, l'effet avait perdu de sa force.

4.3 Les partenaires

Chaque entreprise possède des partenaires naturels et d'autres circonstanciés qui peuvent l'épauler dans la réalisation d'un plan de communication.

Que ce soit des regroupements professionnels, des entreprises qui ont intérêt à défendre une cause en commun, ou des partenaires qui affrontent une même concurrence désagréable, il y a toujours des tierces parties qui peuvent être intégrées dans une stratégie de communication.

Pour préserver leur image de bonne personne morale, des entreprises se lient à des mouvements écologistes, culturels ou sportifs. Les fabricants de tabac se sont associés aux petits dépanneurs. En fait, pour démultiplier son action, toute entreprise a intérêt à chercher dans la société des alliés qui sont prêts à prendre le bâton du pèlerin avec elle.

Ces partenaires viennent valider les valeurs que prône l'entreprise en s'y associant.

4.4 Les activités diverses

Une foule d'activités permettent à une entreprise de se faire valoir sur la scène publique.

L'idée d'une porte ouverte, par exemple, est toujours bonne mais encore faut-il avoir quelque chose d'original à montrer. Des bureaux sans originalité ne méritent pas qu'on amène les gens à se déplacer.

La célébration des journées ou des semaines thématiques de toutes natures qui se déroulent à longueur d'année constitue une occasion nouvelle de faire parler de soi et peut même devenir, pour certains, une locomotive pour avoir accès aux médias.

Des activités comme une pétition, une pièce de théâtre qui véhicule une thématique, sont autant de moyens d'occuper la scène publique et d'affirmer ses convictions. En somme, tous les événements que l'on peut créer constituent des activités de relations publiques susceptibles de mieux faire connaître le produit ou le service.

4.5 Les nouvelles technologies

Les nouvelles technologies procurent de nouveaux moyens de communiquer. Le télécopieur, le guichet unique, la boîte vocale, l'infographie viennent changer les façons de faire du relationniste et du public qui doit « subir » ces nouvelles technologies. Elles servent à faciliter la tâche du communicateur et celle du consommateur pour lui permettre d'avoir de meilleurs services.

5. LA PRÉSENTATION

Lorsque les techniques, les médias, les supports et les moyens sont bien arrêtés, ils doivent être présentés en fonction de chacun des objectifs.

Dans le chapitre précédent, nous avons également indiqué que les stratégies devaient coller aux objectifs. Pour présenter les techniques, médias, supports et moyens, il n'est pas nécessaire de faire un nouveau chapitre. Il suffit de compléter, pour chacun des objectifs, l'approche vue au chapitre précédent. Cela donnerait la présentation suivante :

« Pour réaliser l'objectif 1, nous recommandons d'utiliser la stratégie...

Pour les raisons suivantes : nous suggérons de recourir aux techniques de...

Cette technique se matérialisera à travers les médias suivants :...

Et les supports et les moyens suivants compléteront la stratégie retenue ».

Tout peut donc se présenter en peu d'espace. Ce qu'il faut faire, c'est reprendre les avantages des différentes techniques. Il ne faut pas oublier non plus que l'on peut marier plusieurs techniques, plusieurs médias et plusieurs supports dans une stratégie. Ce qu'il faut, c'est qu'ensemble ils forment un tout cohérent apte à atteindre l'objectif et à remplir le mandat poursuivi. Ce qui veut dire que le chapitre sur les stratégies et ce chapitre-ci peuvent être présentés en même temps, même s'ils donnent lieu à des réflexions différentes.

◆ LA PRIORITÉ DES MOYENS

Les techniques et les moyens sont utilisés pour atteindre les objectifs définis plus haut. Il est donc utile de les présenter en fonction de l'atteinte de l'un ou l'autre des objectifs. Il faut donc mettre en ordre de priorité les actions à entreprendre. On élimine ainsi des techniques intéressantes en soi, mais très secondaires en fonction des objectifs visés.

Il ne s'agit pas ici de faire une liste d'épicerie de tous les moyens possibles. Ces listes sont fastidieuses et ne donnent rien. Il s'agit de mettre par ordre de priorité les actions suggérées pour atteindre les objectifs.

Il y a des moyens intéressants, utiles, mais sont-ils prioritaires et essentiels ? Il faut également savoir différencier, si tel est le cas, des moyens internes et externes et proposer, s'il y a lieu, un programme à court et moyen terme.

◆ UN EXEMPLE

Un bel exemple de l'utilisation de l'ensemble de ces éléments fut le lancement de la série télévisée *Urgence*, en janvier 1996. Comme *moyen*, on organisa un événement, soit une collecte de sang sur le plateau d'*Urgence* lors de la campagne de promotion de la série. Comme *relations de presse*, la comédienne de la série participa, costumée en médecin, à la conférence de presse de la Croix-Rouge. Comme *partenaire*, deux jours avant le lancement de la série à Radio-Canada, le quotidien *La Presse* lançait aussi sa série de reportages sur les salles d'urgence de divers hôpitaux. La série de *La Presse* se nommait aussi *Urgence*. Sur le plan publicitaire, le quotidien avait retenu de la publicité à la radio pour annoncer ses reportages, encore là, avec le mot urgence scandé à gauche et à droite.

L'émission *Montréal ce soir* s'intéressait à la controverse autour de la série *Urgence* en donnant la parole à des infirmières mécontentes de la manière dont la série présentait leur rôle dans l'hôpital. Les auteurs

Fabienne Larouche et Réjean Tremblay étaient aussi invités à donner leur point de vue.

Pour la série *Jasmine*, on a convoqué les journalistes pour leur parler des problèmes de racisme à Montréal. *Le Match de la vie* a brossé le profil de la comédienne principale de Jasmine, Linda Malo qui est mulâtre comme le personnage qu'elle incarne.

6. QUELQUES CONSEILS

Éviter les moyens qui font plaisir à l'entreprise mais qui n'apportent rien au récepteur. Ainsi, on peut proposer la parution d'un numéro spécial d'un journal ou d'une revue qui comblera le président, mais est-ce intéressant pour le lecteur de cette revue ?

Éviter de penser qu'un support est en soi une réponse. Dire qu'on va faire un concours dans les écoles peut être une bonne idée en soi, mais comment fait-on pour s'assurer que cette idée trouvera preneur à l'intérieur de l'école, et comment va-t-on faire concrètement pour que le concours s'organise ? Il y a trop d'actions magiques : on lance un concours et on s'imagine que les élèves vont y participer, que de ce fait ils vont s'imprégner du problème, qu'ils vont en parler et convaincre leurs parents de qui on attend une action.

Proposer d'utiliser un stand d'information dans les centres commerciaux est une bonne idée. Mais qui va le monter, que va-t-on mettre dedans, qui va l'animer, qui va payer ? Et est-ce que le résultat attendu vaut toute l'énergie requise ?

Proposer un calendrier comme support est intéressant. Mais on présume trop souvent que les gens vont le consulter et suivre les recommandations indiquées chaque mois. Et on oublie de s'assurer du mode de distribution.

Éviter de penser qu'un président d'honneur est un magicien, qu'il va entraîner derrière la cause qu'il parraine l'ensemble de la population, qu'il dépensera sans compter temps et énergie.

Tenir une conférence constitue en soi un événement auquel vont assister des journalistes. Il s'ensuivra des articles et des entrevues. Mais, jusqu'ici, on ne sait rien de la façon dont le public visé va réagir à l'information et c'est ce qui importe. Tenir une conférence de presse sans suivi prive l'entreprise d'une rétroinformation utile.

Au niveau des moyens, brochures, plaquettes, lettres, il ne faut pas supposer que le récepteur va les lire du fait qu'il les a reçus. Ce sont d'abord des outils passifs. Chacun reçoit des tonnes de documents. Pour que le document perce le mur de l'indifférence, il faut qu'il soit conçu d'abord en fonction du récepteur et non des préoccupations de l'émetteur.

9

LE MESSAGE

Maintenant que nous savons quel média et quel support nous allons utiliser, nous pouvons préparer les messages pour chacun d'eux en se souvenant qu'ils doivent s'articuler autour de l'axe que nous avons défini précédemment.

Selon la technique retenue, le message ne se construira pas de la même façon. Le relationniste cherche un élément dans le produit, le service ou l'objet de la campagne qui a en soi une valeur de nouvelle. C'est cette nouvelle qui fera l'objet de communiqué ou de reportage dans les médias.

Le rédacteur publicitaire essaye de son côté de créer un message qui va produire le maximum d'intérêt et qui saura attirer l'attention parmi les autres publicités. Ainsi, lorsque Michael Jackson prête son nom à la publicité de Pepsi, il ne nous apprend rien sur la nature du produit, sinon que c'est une boisson pour les jeunes.

Le message est fait pour séduire, persuader, convaincre. Il n'est pas neutre. S'il livre une certaine information, c'est pour mieux faire connaître le produit, le service ou la cause, c'est pour provoquer un changement d'attitude ou de comportement.

Selon McGuire (1968), un message, pour atteindre sa véritable fin, doit suivre un certain nombre d'étapes :

— être exposé à la cible, ce qui veut dire qu'un bon message sur un média ou un support qui n'atteint pas la cible est un message sans effet;

— attirer l'attention, ce qui veut dire qu'une fois reçu, comme une annonce dans le quotidien reçu à la maison, le message va-t-il retenir l'intérêt? Des milliers de messages circulent chaque jour. Lequel va percer le mur de l'indifférence et de la perception sélective? Le message doit donc se distinguer;

— être compris: cela dépend du langage, du contenu, de l'attitude du récepteur;

— être accepté: un message peut être reçu et compris mais rejeté;

— être retenu: un message doit ensuite être absorbé par le récepteur;

— provoquer l'action, c'est ce que vise tout message ultimement, amener l'interlocuteur à se comporter selon les propositions de la source.

1. LES PRINCIPES

Pour nous orienter dans la rédaction du message, il y a un certain nombre de principes qu'il faut retenir. Le message doit être mobilisateur et non seulement descriptif. Décrire les différents services de l'entreprise, par exemple, n'est pas mobilisateur. Un message doit convaincre et non décrire.

◆ L'AXE

D'abord, il faut continuellement avoir présent à l'esprit l'axe de communication pour nous rappeler le thème qu'il faut développer. Il faut se souvenir que l'axe doit orienter tous les messages. Ceux-ci peuvent conjuguer l'axe de diverses façons, mais ils ne peuvent s'en éloigner.

◆ LA TECHNIQUE

Selon qu'il faut faire un message télévisé de 30 secondes ou un dépliant de six volets, la technique va conditionner la nature du message.

◆ LA CIBLE

Selon l'âge de la cible, l'approche sera différente. Nous ne parlons pas de la même façon à un jeune de 10 ans et à une personne de 70 ans, même si nous voulons leur livrer le même message. On n'utilisera pas nécessairement la même approche pour parler aux femmes et aux hommes. Le discours sera donc construit de façon différente selon la connaissance que nous avons de la cible visée, de son attitude face au produit ou au service.

◆ LA TÂCHE

Selon la tâche à accomplir (AIDA), on n'utilisera pas les mêmes approches. Ainsi, pour attirer l'attention, on aura recours à des messages qui jouent beaucoup sur la créativité. Pour faire changer d'attitude, on jouera sur la raison ou l'imagination. Pour faire changer de comportement, on jouera sur la facilitation ou la coercition. Le ton du message variera donc immanquablement d'une situation à l'autre. Si le changement d'attitude ou de comportement est profond, il faut compter sur la durée. Nous aurons alors à construire une argumentation fondée sur la raison ou sur les émotions, selon la qualité de nos cibles. Mais il ne faut pas oublier que les cibles intellectuelles sont aussi intuitives.

Il faut aussi se souvenir qu'en certaines circonstances une double tâche doit être poursuivie. Si vous voulez augmenter l'achalandage sur un traversier par exemple, vous devez d'une part persuader les clientèles cibles de l'utiliser et, d'autre part, leur transmettre des informations factuelles sur les horaires.

◆ LE PRODUIT

La nature du produit peut jouer sur le message. Les fruits et légumes se vendent mieux en les voyant qu'en les décrivant. Si le produit est peu différencié de celui de sa concurrence, qu'il exige peu d'engagement de la part de la cible, alors il faut mettre l'accent uniquement sur la créativité, car il faut se distinguer, se démarquer et piquer la curiosité des gens. Si, par ailleurs, le produit possède des caractéristiques intéressantes ou suscite des réserves particulières, alors il faut jouer sur ces moteurs ou ces freins.

2. LA TYPOLOGIE DES MESSAGES

Quelle que soit la technique retenue, les messages peuvent prendre diverses formes en fonction du mandat. Voici donc une certaine typologie des messages avec lesquels doit composer un relationniste. On ne procède pas de la même façon avec des messages d'ordre politique et d'ordre commercial même si on utilise en quelque sorte les mêmes approches.

2.1 Message d'ordre politique

On en retrouve de deux ordres, le message émis par le politique et le message destiné au politique. Ils visent l'un et l'autre le bien collectif mais, dans le premier cas, c'est l'élu qui parle au public et, dans le second, c'est celui-ci qui exprime ses doléances ou qui manifeste ses intentions.

Le message politique se retrouve partout où les autorités sont soumises à des élections, c'est-à-dire certes aux divers niveaux de gouvernement, mais aussi à tous les postes électifs dans le domaine public (maires, commissaires d'écoles, conseillers auprès de diverses instances publiques, recteurs d'université) et dans le domaine privé (présidents de centrales syndicales, présidents de clubs sociaux). Dans chacun de ces cas, les individus doivent démontrer par leur message qu'ils ont à cœur le bien collectif de l'organisation pour laquelle ils briguent les suffrages.

Dans son milieu, l'élu ou l'aspirant élu bénéficie d'une écoute attentive. Et, lorsque les enjeux sont de dimension publique, les médias accordent une attention presque démesurée à ces phénomènes électifs.

À côté de cette approche directe, il existe un certain nombre de techniques de relations publiques ou de propagande propres au message d'ordre politique. Il s'agit des fuites calculées, des ballons d'essai, de la désinformation, sans nier le mensonge également.

Ces messages peuvent être diffusés par l'élu lui-même ou par un relationniste, soit son attaché de presse, soit son directeur d'information ou de relations publiques.

Au-delà des élus et des candidats à l'élection, l'entreprise privée pratique aussi l'information politique. Elle n'hésite pas à faire connaître ses préférences ou ses résistances lors d'un référendum ou en guise d'appui à certaines mesures.

2.2 Message de prestige

Le message de prestige rehausse l'image de marque d'une entreprise, d'un produit, de l'État. Lorsqu'un président ou un premier ministre se déplace à l'étranger, il amène toujours avec lui des journalistes pour s'assurer d'une couverture de presse adéquate. Lorsqu'Hydro-Québec publiait la revue *Forces*, il s'agissait d'abord et avant tout d'information de prestige.

Lorsque les compagnies annoncent la nomination de certains de leurs membres dans les journaux, photos à l'appui, c'est de l'information de prestige. Lorsque les compagnies d'essence subventionnent l'opéra ou les orchestres symphoniques, c'est de l'information de prestige. Lorsque, dans les grands centres commerciaux, on fait une exposition de l'évolution des poupées Barbie et que les médias rendent compte de cette exposition, lorsque Coca Cola entre au Musée du Louvre, Camel au Musée de la publicité à Paris et Campbell promène ses soupières d'un musée à l'autre, il s'agit d'activités destinées à faire mousser l'image de marque de l'entreprise.

Le message de prestige ne livre pas nécessairement des informations sur l'entreprise. Il situe l'entreprise dans un environnement qui lui donne une valeur ajoutée.

2.3 Message de changement de comportement

Lorsque le ministère de la Santé nous incite à nous TENIR EN SANTÉ ; lorsque l'Environnement nous recommande de PRENDRE SOIN DE NOTRE MILIEU ; lorsque la Régie de l'assurance automobile nous incite à ATTACHER NOS CEINTURES, toutes ces activités visent à promouvoir un changement de comportement.

Certaines campagnes sociales apparemment neutres peuvent devenir politiques. Dire qu'ON S'ATTACHE AU QUÉBEC ; ou NON MERCI ÇA SE DIT BIEN en période référendaire, c'est jouer sur deux tableaux. On est loin du message sur le port de la ceinture et sur l'abus de l'alcool.

Les messages sur le comportement social se présentent sous deux formes. D'une part, l'État et certains groupes vont promouvoir des causes en lesquelles ils croient ; d'autre part, certains groupes et entreprises vont se greffer à ces causes pour témoigner de leur compassion ou pour se faire du capital de sympathie en utilisant ces causes. Lorsque certaines entreprises convertissent leur discours à la protection de l'environnement comme le fait l'industrie des pâtes et papiers, et en même temps exercent un lobby tenace pour retarder l'entrée en vigueur des normes antipollution, on comprend que, ce qui les intéresse, c'est le discours et non le comportement.

2.4 Message commercial

Pour faire connaître un produit, un service par d'autres moyens que la publicité, il faut savoir composer des approches et des messages originaux.

Lorsqu'un fabricant d'automobiles expose ses derniers modèles de voitures dans un centre commercial, lorsqu'il prête ses voitures lors de grands rassemblements populaires comme les festivals du jazz et d'été, il ne vend pas ses produits, il en fait la promotion. Lorsqu'un professionnel obtient sur les ondes d'une radio du temps d'antenne pour donner des conseils dans son champ d'expertise, il met de l'avant son entreprise.

Le message commercial peut donc prendre différentes facettes. Au cours des dernières années, les entreprises et les produits essaient de s'immiscer dans les films à grande diffusion. La boisson que consomme le héros n'est pas là par hasard...

2.5 Message de service

Toutes les entreprises doivent faire connaître les services qu'elles offrent à la population, que ce soit les heures d'ouverture, les conseils qu'elles peuvent prodiguer, la nature des services qu'elles proposent, la disponibilité de leur personnel... Les services offerts par les divers gouvernements sont légion.

Pour certains de ces services, les médias facilitent la circulation de l'information. Les quotidiens publient des rubriques intitulées «Où aller aujourd'hui», «Quoi faire aujourd'hui».

Il ne s'agit pas là de nouvelles proprement dites. Rarement ces services font l'objet de plan stratégique de communication, puisqu'ils font partie du banal quotidien. Mais ce sont des informations utiles au public et rentables pour l'entreprise. Si celle-ci met de tels services à la disposition du public, c'est pour qu'il s'en serve. Mais encore faut-il qu'il les connaisse.

Ces informations sont parfois difficiles à véhiculer parce qu'elles n'ont rien de spectaculaire. C'est avec l'imagination du communicateur qu'on peut mieux les faire connaître. Aujourd'hui par exemple, de plus en plus de commerce offrent des services de livraison aux personnes âgées ; des pharmacies recueillent les médicaments périmés ; la Croix-Rouge participe à la sécurité nautique.

Il faut donc savoir conjuguer ces messages plus spécifiques avec les grandes campagnes d'une entreprise.

2.6 Message de combat

Non seulement les entreprises doivent s'affirmer sur la place publique, mais elles ne peuvent échapper à la contestation de certains publics, aux attaques de leurs concurrents ou à la défense de certaines idées.

Les organisations vouées à la défense de certaines causes comme Green Peace et l'environnement, les syndicats et la défense des travailleurs auront recours à des messages de combat lors de luttes contre leurs adversaires. Il existe même une forme de publicité, appelée de plaidoyer, qui comprend toutes formes de prises de position lors d'une controverse.

Les entreprises ont compris que, dans le combat, le silence n'était plus une arme efficace. Il fallait rectifier le tir, affirmer son point de vue, démolir celui de l'autre. D'où le développement de ces messages de combat.

Cette typologie sommaire des messages permet de comprendre la variété des formes d'interventions auxquelles ont recours les entreprises sur la place publique. La structure du message doit donc s'adapter à chacune de ces situations.

3. LA CONCEPTION DU MESSAGE

Nous arrivons maintenant à la conception du message. Tout message, qu'il soit écrit, sonore, visuel ou tridimensionnel, commence par un écrit. Il faut donc savoir traduire ses idées en mots. La préparation d'un communiqué, par exemple, doit suivre certaines règles dont celle que l'on appelle la pyramide inversée. Les informations les plus denses et les plus importantes sont disposées au sommet de la pyramide, c'est-à-dire au début du texte. Puis on décline les faits secondaires.

Pour toute bande sonore, le texte est d'abord écrit avant d'être lu. Pour l'audiovisuel, que ce soit un documentaire ou un message publicitaire, on prépare d'abord un synopsis.

Habituellement, on demande à des spécialistes de ces différentes formes d'écriture de préparer les textes. On n'écrit pas un dépliant de la même façon qu'on rédige un discours car l'un sera lu et l'autre entendu. En publicité, un message est parfois une promesse de satisfaction pour les acheteurs et consommateurs.

Saucier (1996) donne les conseils suivants pour la préparation d'un message:

«Vous voulez informer les gens sur vos activités et vos services? Soignez l'exactitude de vos renseignements.

«Vous cherchez à provoquer un changement d'opinion, d'attitude, de décision? Soignez la solidité de votre argumentation? [...]

«Vous cherchez un appui dans le public? Soignez votre image publique».

«Adoptez un ton alerte pour un public d'adolescents, plus respectueux pour une clientèle âgée. Misez sur des chiffres pour convaincre les gens d'affaires, sur une argumentation plus savante pour séduire des gens scolarisés.»

Il n'y a pas une seule façon de préparer un message. Voici donc quelques éléments utiles dans la conception du message.

3.1 Le titre

Le titre annonce le sens du texte. On le retrouve en tête du communiqué, sur la page couverture d'un dépliant ou d'une brochure, sur la première page d'un discours.

C'est en quelque sorte la vitrine du texte. C'est le premier contact que l'on a avec le contenu. Il est habituellement écrit en caractères plus gros que le reste du texte. Il doit donc traduire de façon immédiate le sens du texte, orienter la perception du récepteur et mettre l'accent sur l'élément le plus pertinent du texte.

Il arrive souvent que l'on ne lise que les titres d'un journal ou d'un dépliant. Et une fois que l'on s'est fait une idée du sens du texte, on lui prête une attention plus soutenue, ou on le met de côté.

Il faut donc apporter un soin particulier à bien rédiger le titre de façon à s'assurer que le message à véhiculer sera perçu au premier coup d'œil.

3.2 Le texte

Écrire est une spécialité. Trouver le bon rythme adapté à chaque type d'écriture, connaître la longueur requise, construire l'ossature du texte demande une certaine expérience. Il faut également savoir y joindre le son et l'image. Dans tous les cas, il existe une grammaire et un style, qui font qu'un message est meilleur qu'un autre. Cette capacité de traduire une idée dans un style particulier n'est pas donnée à tout le monde. On ne s'improvise pas rédacteur. Savoir écrire est une chose, savoir rédiger des textes persuasifs, créatifs, imaginaires, fonctionnels demande un certain talent.

Au-delà de l'approche retenue, le texte doit être écrit dans une langue impeccable. C'est la réputation de l'entreprise qui est en jeu. La langue du texte doit aussi être adaptée au contexte.

Le contenu doit être présenté de façon à répondre aux différentes façons de penser du public. Un fait a plus d'effet qu'une incitation par exemple. Ainsi. pour parler d'un carrefour dangereux, mieux vaut appuyer son approche sur un fait comme : « 62 % d'augmentation d'accidents en un an » plutôt que de parler des dangers en général à tel carrefour.

« Soyez prudents », « Préservez votre santé » ne sont pas aussi convaincants que des conseils pratiques sur la prudence ou la santé. Un fort contraste par rapport à l'habituel quotidien attire l'attention. Et un message clair le rend plus efficace.

Le message peut être construit autour du témoignage d'une personne qui se prononce sur le produit, le service ou l'idée. Il s'agit alors de trouver une personne à laquelle s'identifiera facilement le public ou quelqu'un qui inspirera ce même public.

Ce témoin devient parfois le porte-parole officiel de l'entreprise. Cette personne est habituellement choisie en fonction de la crédibilité qu'elle apportera au discours. Cette crédibilité peut se construire de multiples façons, entre autres par le biais de savoir ou le biais de rapport.

Le biais de savoir se manifeste, par exemple, lorsqu'un spécialiste parle d'un autre sujet que celui dans lequel il est compétent. Il apporte alors dans son témoignage un biais de savoir. En fait, c'est parce qu'il est reconnu dans un domaine donné qu'on lui prête une expertise dans un autre. C'est le lot de toutes les vedettes qui du jour au lendemain se font les porte-parole de toutes sortes de causes.

Le biais de rapport s'exprime lorsqu'un individu s'adresse à un auditoire bien identifié à une idéologie et qu'il lui sert l'idéologie contraire pour montrer sa détermination. Lorsqu'un président américain choisit de s'adresser devant les anciens combattants pour annoncer qu'il va amnistier les déserteurs du Viêt-nam, il fait un biais de rapport. Ce qui accrédite et donne force à son message puisqu'il ose l'affirmer devant un auditoire peu sympathique à cette cause.

Les conditions d'efficacité d'un message peuvent donc dépendre de l'influence de la source. Selon sa crédibilité ou son attrait, on peut persuader un consommateur d'acheter un produit ou d'adhérer à une cause.

La forme du message consiste en la meilleure combinaison de mots, d'images et de sons qui transmettra efficacement l'idée à la cible visée.

3.3 La créativité

Un message s'enveloppe d'une ambiance : la conception graphique, sonore, visuelle, tridimensionnelle, ajoute aux mots. Même les cartes d'anniversaire aujourd'hui peuvent être musicales.

Le texte peut parler à la raison ou à l'imagination. Il peut jouer sur l'émotivité ou sur les pulsions profondes. L'image et le son peuvent également animer ces sentiments. Mais on entre ici dans le domaine de la conception et de la créativité pour lesquelles il n'y a pas de recettes. La créativité, c'est la complice par essence de toute stratégie réussie, car il y a un univers entre savoir ce que l'on veut dire et le dire de façon convaincante ou persuasive. Il n'y a pas de règles mathématiques pour faire l'adéquation entre une démarche rationnelle d'analyse et un message émotif de conviction.

Pour parler aux personnes âgées, la firme américaine Donnely Marketing suggérait de prendre des gens âgés actifs et non assis, parlant de façon ni trop optimiste ni trop rapidement. Elles devraient porter des couleurs bleu ou vert, et être représentées par des gens 10 ans plus jeunes que la cible visée et éviter les couleurs trop voyantes ou trop neutres (*This Week in Business*, 1989).

Dumas (1971, p. 154-155) précise que «la communication de masse est aujourd'hui un véritable marché où l'on doit attirer l'attention pour se faire entendre. Toutes choses étant égales, un son a d'autant plus de chance d'être entendu qu'il a une plus grande dimension. À travers la multitude de messages, l'attention sera également attirée davantage par le contraste, qu'il s'agisse du bruit dans le silence ou du noir au milieu du blanc. Un message sera également perçu davantage s'il fait appel aux besoins et aux motivations du récepteur ou à son rôle individuel dans la société».

3.4 Le ton

Selon le mandat à remplir, l'axe à satisfaire et la cible à atteindre, on aura recours à des tons différents dans le message. On a ainsi appris que la peur dans la publicité sociale, pour combattre le tabagisme par exemple, était excellente pour attirer l'attention sur les méfaits de la cigarette, mais très faible pour provoquer un changement de comportement. Outre le tabagisme, la peur a été utilisée pour combattre les accidents de la route, l'alcoolisme. Elle est mieux acceptée par les catégories sociales à bas revenus et par les enfants. Et les effets varient selon son intensité et selon les individus. Ils sont habituellement instantanés mais fugaces et peuvent même être négatifs et entraîner le rejet de l'information.

Faire appel à la peur :

- est justifié pour rechercher un effet immédiat. Attirer brusquement l'attention du public ou lui demander un changement d'attitude instantané ;
- nécessite que le caractère dramatique du message soit bien situé entre un seuil minimal et un niveau maximal, sinon l'information peut entraîner le rire ;
- exige une argumentation stricte, doit parler à la raison.

La peur est donc un moyen de persuasion délicat qui ne doit être utilisé qu'avec précaution.

L'humour réussit bien en certaines circonstances, surtout lorsque vient le temps d'attirer l'attention. Il est toutefois contre-indiquée pour parler de certains produits, si les gens les considèrent trop sérieux pour que l'on puisse se permettre d'en rire. Il faut également prendre garde car, en voulant faire rire, on risque de choquer une partie de la population. Quoiqu'ils soient bien appréciés par les communicateurs, les messages d'humour n'ont pas toujours l'efficacité de leurs répercussions. L'humour peut servir d'amorce en attirant le regard ou permettre une pause dans une séquence longue.

L'argumentation raisonnée est utile dans d'autres circonstances, mais le public n'a pas toujours des comportements qui s'appuient sur une démarche rationnelle. Il est souvent intuitif, impulsif et parfois incompréhensible ou irrationnel.

Si l'on veut donner de l'entreprise une impression sérieuse et compétente, on évitera les jeux de mots faciles, les calembours. Si, au contraire, on veut donner l'impression de familiarité, on tutoiera et on utilisera des expressions plus populaires. Il faut aussi éviter les messages au ton moralisateur.

Il existe des études plus nuancées sur chacune de ces approches mais on comprendra qu'elles ne peuvent être utilisées sans vérification particulière.

4. LA RÉALISATION DU MESSAGE

Après avoir rédigé le message, il faut maintenant le mettre en forme, c'est-à-dire lui assurer le support technique pour lequel il a été rédigé. Le texte écrit doit devenir dépliant, bande sonore ou production audiovisuelle. Le texte doit se transformer techniquement pour épouser le format auquel il était destiné.

◆ LA QUALITÉ

S'il s'agit d'imprimé, a-t-on pensé à mettre de la couleur, à insérer une photo ou une illustration pour rehausser le texte ? Il faut donc entreprendre un certain travail avec le graphiste qui va donner corps au texte. Il va donner au profil de chaque lettre une personnalité en choisissant le caractère typographique le plus approprié. Il va cadrer chaque photo pour lui permettre de livrer le message visuel adéquat. Enfin, il va choisir le format en fonction de la cible, car il existe des formats de prestige et des formats plus communs.

Pour un texte radio, il faut trouver la bonne voix pour le lire, voir avec quelle musique ou bruit de fond il sera présenté. Pour la télévision, il faut choisir les sites de tournage, les images et les personnages, la musique d'accompagnement, le texte dit.

Cette phase de la production du message nécessite des spécialistes qui connaissent chacune des étapes à suivre pour arriver à construire le produit fini.

◆ LA QUANTITÉ

Se pose ici tout le problème de la distribution. Combien d'exemplaires du dépliant seront nécessaires, à qui va-t-on les distribuer et comment va-t-on les distribuer ?

Tous ceux qui travaillent en communication savent qu'un jour ou l'autre il faut vider l'entrepôt de documents périmés qui n'ont pas été distribués. En fait, il arrive souvent que l'on imprime, copie et multiplie sans avoir prévu une distribution judicieuse de ces outils.

On devrait retenir ici le principe suivant : tout document reproduit doit pouvoir être distribué à 80 % dans les jours qui suivent sa sortie. En fait, on ne doit jamais conserver plus de 20 % de documents en réserve au cas où. Dans les entreprises, on a véritablement la peur du manque. On entrepose alors des documents que l'on doit ensuite envoyer au pilon parce que l'on avait surestimé nos besoins.

◆ LES PARTENAIRES

Pour réaliser toutes ces tâches, il faut engager des maisons de production. Comment choisir le graphiste, l'imprimeur, le réalisateur ? Nous avons abordé cette question au début de cet ouvrage. La solution est toujours la même. On se fie sur leur réputation ou sur l'amitié qu'on leur porte. Puis l'expérience, les facilités de travail et les liens de sympathie que l'on tisse avec quelques-uns d'entre eux nous aident à faire nos choix.

Les messages sont habituellement présentés dans un plan de communication sous forme d'esquisse, car c'est à la suite de leur approbation qu'ils sont réalisés. Il est alors utile de justifier ses choix. Ainsi, on peut écrire : « Compte tenu que la tâche à accomplir est d'attirer l'attention, compte tenu que la cible est jeune, le recours à la créativité sera privilégié ».

Ou encore : « Étant donné que le produit prend sa véritable dimension en le montrant, le recours à la télévision est fortement conseillé ». Ou « il faut développer des messages suffisamment dramatiques pour modifier l'attitude des gens ».

Parfois, ce seront des contraintes budgétaires qui justifieront certains choix. Parfois, ce sera la cible qui sera déterminante. Pour certaines cibles, on aura recours à la rhétorique de conviction : on présentera par exemple une voiture avec ses qualités techniques. Ou alors on choisira la rhétorique de la séduction : on présentera une voiture avec une jolie fille au volant. Mais chacune de ces approches doit être expliquée.

On précise ainsi les objectifs de la création. Dans le cas d'une campagne pour la prévention des incendies, on peut vouloir :
- convaincre de la nécessité de préparer un plan d'évacuation ;
- montrer comment préparer ce plan ;
- valoriser le rôle du pompier.

On peut aussi adapter la création aux différents médias utilisés ou à l'intérieur d'un même média. Le médicament contre la grippe Oscillo, un produit homéopathique, a été présenté dans les petites annonces : «Grippe à vendre ou à louer. Ou même à donner»; dans la section économique : «L'indice de la grippe est à la hausse». Boutot (1996) signale qu'il s'agit là d'une façon originale de s'approcher du contenu rédactionnel tout en gardant la distance publicitaire.

10

LE BUDGET ET LE CALENDRIER

1. LE BUDGET

Nous avons abordé dans le chapitre sur le mandat la question du budget en signalant qu'il fallait absolument avoir un ordre de grandeur des montants d'argent disponibles avant d'entreprendre la réalisation d'un plan de communication. Cet ordre permet, en effet, de déterminer l'ampleur de la campagne et, de ce fait, l'étendue des études à réaliser ainsi que le choix des techniques et des médias à privilégier.

On peut donc considérer qu'on commence habituellement un mandat avec un montant déterminé d'argent. À cette étape-ci du plan de communication, on explique plutôt comment on va dépenser cet argent de façon plus concrète et plus détaillée.

Dans certaines circonstances, il se peut que l'on ne sache pas combien pourrait coûter une campagne. Alors on travaille avec deux hypothèses. La première consiste à savoir ce que nous pouvons faire avec un budget fixe qui correspond à ce que l'on est prêt à dépenser. La deuxième consiste à savoir ce que l'on pourrait faire de plus si le montant était supérieur de 25 % par exemple. On construit alors un plan de communication avec, à chaque étape, deux avenues possibles. Dans certaines circonstances, le communicateur peut lui-même proposer deux voies : la première réalisée selon le budget soumis et la deuxième en prenant l'hypothèse que l'entreprise pourrait se faire commanditer certaines actions additionnelles.

1.1 Comment déterminer un budget

Un budget n'est jamais élastique. Et le communicateur n'a jamais carte blanche pour faire une campagne de communication. Une série de méthodes s'offrent à l'entreprise pour arrêter un budget.

◆ LES RESSOURCES DISPONIBLES

L'entreprise établit son budget de communication en se fondant sur ce qu'elle peut se permettre comme dépenses selon elle.

◆ LE POURCENTAGE DES VENTES

Le budget est basé sur un pourcentage déterminé du montant des ventes. Pour certains types de produits, on investit moins de 5 %. C'est le cas des voitures. Pour d'autres, on peut aller à plus de 25 %. C'est le cas des parfums. Certains contestent cette façon en alléguant que c'est en principe la publicité qui active les ventes et non les ventes qui déterminent la publicité.

Pour Collard et Chiasson (1992, p. 52), cette méthode a le désavantage d'enfermer l'entreprise dans un corridor limitatif, faute de données suffisantes, car il est difficile d'établir la pertinence de 2 %, ou 4 % par exemple.

◆ LA CONCURRENCE

L'entreprise s'aligne sur ce que font ses concurrents de façon à maintenir un bruit communicationnel égal aux autres.

◆ LES OBJECTIFS

Il s'agit pour l'entreprise de déterminer les crédits requis pour atteindre les nouveaux objectifs de communication qu'elle s'est donnés.

1.2 Les éléments du budget

Le contenu d'un budget de communication

Les budgets doivent être réalistes et toute dépense doit être comptabilisée. Il ne faut pas présumer que les montants viendront automatiquement parce que vous allez proposer un bon plan. Il faut s'assurer au début de la marge de manœuvre que l'on possède. Il faut ainsi éviter de préparer un plan si on ne vous fixe pas de montant, car trop souvent, lorsque le plan se structure et que l'on commence à avoir une idée des coûts, ceux-ci effraient parfois les autorités qui mettent fin au projet.

Voici, à titre d'exemple, différents éléments qui entrent dans la ventilation d'un budget.

◆ PRODUCTION ÉCRITE

(dépliant, bulletin, lettres, affiches, banderoles, etc.)
    Conception graphique
    Rédaction du texte
    Photographie ou illustration
    Mise en page
    Composition
    Maquette
    Séparation de couleurs
    Prêt à photographier
    Droit d'auteur
    Révision
    Impression (quantité)
    Distribution (frais de poste)
    Le coût de création d'un logo

◆ PRODUCTION AUDIOVISUELLE

    Scripteur
    Réalisateur
    Comédiens
    Tournage
    Montage
    Copie

◆ PUBLICITÉ

Conception
Réalisation
Placement dans les médias
Frais de recherches
Frais d'agences

◆ OBJETS

Macarons
Stylos promotionnels
Plaque gravée

◆ EXPOSITION

Location d'espace
Hôtes et hôtesses
Conception et réalisation du stand
Éléments d'exposition
Transport
Documentation
Assurances

◆ ORGANISATION D'UN ÉVÉNEMENT

(conférence de presse, lancement, inauguration, etc.)
Communiqué
Réservation d'une salle
Location de matériel audiovisuel
Documentation (pochette de presse)
Café
Personnel

◆ SECRÉTARIAT

Photocopie
Téléphone
Envoi par télécopieur
Papeterie

◆ ÉVALUATION

    Coût des études

◆ RÉSERVE

À ce chapitre, pour parer aux imprévus, on réserve un montant de 10 % du total de la campagne.

◆ REVENUS

Dans certaines circonstances, un budget peut aussi compter des revenus. Si vous vendez des macarons, des programmes, si vous louez des espaces à des tierces parties lors de votre manifestation, si vous obtenez des subventions ou des commandites, tous ces éléments constituent des revenus qu'il faut présenter dans un bilan financier.

1.3 Le coût des opérations

Comment mettre un montant d'argent sur chacun des éléments retenus ? Certes l'expérience peut aider, mais en fait, si vous devez faire un budget équilibré, il faut avoir le montant exact de chaque opération. Pour cela, il faut traiter directement avec les fournisseurs et obtenir des devis fermés du coût de chaque production désirée.

Il est toujours délicat de mettre un prix approximatif sur le coût des productions ou des réalisations d'un plan de communication, car chaque élément peut coûter du simple au centuple. Ainsi un dépliant, deux volets, en noir seulement, tiré à 1000 exemplaires peut coûter *à l'unité* le même prix qu'un autre dépliant, en trois volets, quatre couleurs, tiré à 20 000 exemplaires. Mais *en chiffres absolus*, le second coûtera 20 fois plus cher.

Une annonce publicitaire dans un téléroman coûte plus cher qu'une annonce dans une émission de fin de soirée, mais moins cher qu'une publicité aux émissions des Jeux olympiques.

Quelques questions dans un sondage omnibus coûtent moins cher qu'un sondage réalisé uniquement pour son entreprise.

Une conférence de presse tenue dans les propres locaux d'une entreprise ne coûte rien à organiser. À l'hôtel, il faut compter le coût des salles, le coût du café s'il y a lieu, le coût des photocopies si nécessaire.

Avant même de commencer la réalisation proprement dite d'un plan de communication, le budget doit être arrêté de façon très étroite. Puisque l'on sait maintenant quelle stratégie, quelle technique, quel média, quel moyen et quel support il nous faut, il est tout à fait conséquent de chiffrer chacun de ces éléments.

Ce budget doit contenir si possible des informations sur les besoins en ressources humaines, techniques et financières.

2. LE CALENDRIER

Il faut d'abord faire une distinction entre un échéancier et un calendrier. Le premier détermine l'échéance prévue d'une activité. Par exemple, la conférence de presse se tiendra à telle date, ou encore le dépliant sera distribué à telle exposition qui se tiendra de telle date à telle date. Le calendrier, de son côté, détermine les étapes requises et les dates où elles doivent être exécutées pour qu'à l'échéance le produit attendu soit prêt. C'est en quelque sorte la programmation des faits et gestes à réaliser pour que le plan soit prêt au moment désigné, soit à l'échéance.

Le calendrier doit être construit de façon à ce que l'on puisse avoir une vue d'ensemble des activités. Il doit être réaliste pour ne pas imposer un rythme infernal dans les derniers temps des préparatifs et pour éviter de devoir tout faire en urgence, ce qui oblige de sauter des étapes et ce qui entraîne souvent des coûts supplémentaires.

Le calendrier va donc dresser la liste des activités à réaliser et, pour chacune d'elles, proposer les dates charnières à respecter pour s'assurer que toutes les pièces du plan seront prêtes au moment opportun.

Ainsi, si un dépliant est prévu pour une activité qui va se dérouler dans deux mois, il faut faire un calendrier à rebours qui pourrait contenir les éléments suivants :

- rédaction du texte : 5 jours ;
- approbation du texte : 1 jour ;
- illustration ou photographie : 5 jours ;
- mise en page : 2 jours ;
- impression : 5 jours.

Avec un tel portrait, on a besoin de 18 jours ouvrables pour faire le dépliant, soit plus de trois semaines, si l'on compte les fins de semaine. Si l'on veut se donner une marge de manœuvre, on répartira sur deux mois les différentes étapes en sachant qu'il ne faut pas attendre au dernier moment pour se chercher un graphiste ou un imprimeur.

De ce fait, le calendrier ne comprendra pas uniquement les étapes de réalisation du dépliant, mais également les étapes de négociation. Ainsi, si la rédaction du dépliant prend cinq jours, qui en sera le rédacteur ? Un employé ? Un pigiste ? L'employé ou le pigiste pressenti sera-t-il en vacances la semaine où nous en aurons besoin ? Aura-t-il d'autres priorités ?

D'autres tâches viennent donc se greffer au premier calendrier. Ce sont les suivantes :
- choix et négociation avec le rédacteur ;
- choix et négociation avec le graphiste ;
- choix et négociation avec l'imprimeur.

Lorsque le travail est terminé, il faut également penser à la distribution du dépliant.

Le calendrier peut prendre diverses formes. Il en existe deux formes classiques. La première consigne dans un tableau chacune des tâches à accomplir, le nom du responsable, l'échéance et la date de remise réelle. On a donc un tableau qui se présente ainsi :

TÂCHES	RESPONSABLE	ÉCHÉANCE	DATE DE REMISE

Il est utile, dans les activités complexes, de toujours mettre le nom d'un responsable pour chaque tâche. Lorsque personne n'est responsable, chacun s'imagine que ce sera l'autre qui assumera la tâche.

Exemple 10

CALENDRIER: JOURNÉE INTERNATIONALE DES MUSÉES

ACTIVITÉS / SEMAINE	JANVIER				FÉVRIER				MARS				AVRIL				MAI			
	1	2	3	4	1	2	3	4	1	2	3	4	1	2	3	4	1	2	3	4
Recherche de partenaires	X	X	X																	
Recherche de commanditaires	X	X																		
Recherche d'un porte-parole	X	X	X																	
Sensibilisation des employés					X	X	X	X					X	X	X					
Dépliant: rédaction									X											
production											X	X								
distribution													X	X	X	X				
Affiche: conception									X											
production											X	X								
distribution													X	X	X	X				
Annonce de l'événement par voie de communiqué															X					
Réserver la salle pour la conférence de presse															X					
Contacter les recherchistes des différentes émissions															X					
Conférence de presse															X					
Campagne publicitaire																	X			
Cartes de Pâques aux principaux collaborateurs													X							
Défilé de mode sur le thème des arts																		X		
Journée internationale des musées																		X		
Sondage																				
Préparation du sondage															X					
Administration du sondage																				X
Post mortem																				X

La seconde consiste à présenter un calendrier avec les dates et à indiquer d'un trait le temps requis pour accomplir la tâche. Un tel calendrier est illustré par l'exemple 10.

Un calendrier doit donc comprendre l'ensemble des activités à réaliser avec l'ensemble des dates charnières où il faut poser des gestes. Le calendrier média est un outil de même nature où l'on note sur un calendrier les dates de parution ou de diffusion des annonces publicitaires.

11

L'ÉVALUATION

L'évaluation est nécessaire au renouvellement et à l'adaptation constante de la communication aux besoins de l'entreprise et aux changements de l'environnement.

Desaulniers (1987a, p. 187) rappelle justement qu'après avoir consacré efforts et ressources à la planification et à la mise en œuvre d'un programme ou d'une campagne de communication, il apparaît d'une sagesse élémentaire de se demander si tous ces investissements ont permis d'atteindre les objectifs qu'on s'était fixés. L'aspect recherche et analyse de données, avant, pendant et après un programme est un élément fondamental à l'efficacité et à la crédibilité d'une campagne (Brisoux et al., 1986).

L'efficacité de toute campagne ne peut être perçue qu'à travers une évaluation systématique de toutes les activités de communication. Sans évaluation, on ne pourra jamais savoir si la campagne a atteint les objectifs qu'elle s'était fixés et a rempli le mandat qui vous avait été confié.

L'évaluation, c'est le contrôle sur les moyens mis en œuvre et sur l'efficacité de la campagne.

Ce qu'il faut savoir, c'est que cette étape de l'évaluation s'inscrit dans un processus circulaire. Ce n'est pas le dernier chaînon de la campagne, mais l'un des éléments d'une boucle sans fin, car en évaluant la campagne on se donne des outils qui serviront dans la prochaine analyse de situation. On fait ainsi le point régulièrement pour pouvoir, après plusieurs campagnes, comprendre ce qui marche et ne marche pas, si les modifications ont produit des résultats positifs ou négatifs.

Trop souvent toutefois, les budgets des campagnes ne permettent pas de faire un sondage. Il faut donc essayer de mesurer autrement le succès ou l'échec de la campagne.

À vrai dire, la majorité des communicateurs produisent et diffusent sans évaluer ou mesurer l'efficacité de leur production ou de leur diffusion. Le communicateur invoque l'absence de moyens financiers suffisants pour mesurer adéquatement l'efficacité de milliers, de centaines de milliers, voire de millions de dollars dépensés pour réaliser une campagne globale de communication.

Pour Melançon (1987, p. 1), «le communicateur éteint constamment des "feux" sans jamais ou presque s'interroger sur la source ou la cause de l'incendie ou encore sur l'efficacité des gestes qu'il pose. Le feu éteint et la fumée estompée, une autre alerte sonne et on recommence. Tout au plus a-t-on le temps, comme les pompiers professionnels, d'astiquer ou de réparer les pièces d'équipement entre deux événements. Comme le pompier, le communicateur a peu de temps à consacrer à la prévention! À la surveillance des pyromanes... à la planification des incendies».

Par ailleurs, il existe des limites à l'évaluation. Celle-ci demeure encore un domaine imprécis où l'aléatoire impose ses règles. Pour Dumas (1971, p. 155), «on ne dispose que de bien peu de techniques scientifiques éprouvées qui permettraient d'évaluer avec assez de précision l'action passée». Si, en publicité, il y a des moyens très raffinés d'évaluer les campagnes, car elles impliquent l'investissement de parfois plusieurs millions de dollars, il en est tout autrement en relations publiques. En effet, compte tenu des mises de fonds souvent très légères, on se soucie moins de savoir si chacun des gestes que l'on pose en vaut la peine. Mais, de toute façon, faire des campagnes d'information coûte cher, sinon en argent, du moins en temps et en énergie. Il faut donc être convaincu de leur efficacité.

1. LES DIFFÉRENTES APPROCHES

Il est donc important, dès le départ, de préciser ce que l'on veut mesurer et de se donner des unités de mesure.

1.1 Du général au particulier

L'évaluation peut porter sur la campagne en général ou sur l'une ou l'autre de ses composantes. Toutes les dimensions d'une campagne peuvent s'évaluer, sa stratégie comme ses supports et ses moyens.

1.2 De l'exposition au comportement

Ce n'est pas le nombre d'articles, ni le nombre de passages à la radio ou à la télévision qui importe. C'est le résultat recherché. Ainsi des milliers de personnes peuvent être exposées à un message, mais l'ont-elles vraiment vu, l'ont-elles retenu et ont-elles adopté un comportement positif?

1.3 Les vraies variables

Le résultat recherché a peut-être été atteint sans qu'on puisse certifier que la cause en fut la campagne. Et dans d'autres circonstances une excellente campagne peut amener de piètres résultats. «Il faut savoir qu'en moyenne, un an après leur lancement, 86% des nouveaux produits n'ont pas atteint les objectifs de vente qu'on leur avait fixés» (Pierra, 1992).

Il n'y a pas qu'un seul élément qui influence le comportement du citoyen/consommateur. Le succès ou l'échec d'une campagne peut avoir d'autres causes que le contenu même de la campagne. Une tempête de neige le soir d'un grand gala vient anéantir tout espoir de grande participation.

«Dans le cas de la communication publicitaire de nature commerciale, le bruit de la caisse enregistreuse est souvent le signe le plus visible de l'efficacité d'une campagne. Le dollar encaissé constitue alors l'unité de mesure de l'efficacité» (Melançon, 1987, p. 1), mais il n'est pas certain que ce soit le seul critère à retenir.

Lazarsfeld et Herbert (1963) ont démontré qu'en périodes électorales les voteurs n'avaient retenu dans les informations auxquelles ils avaient été exposés que celles avec lesquelles ils étaient déjà d'accord. L'étude démontre également que ceux qui furent le plus exposés aux médias d'information furent aussi ceux qui en furent le moins influencés. Il faut donc se méfier des sondages qui, parce que le public affirme avoir vu une chose, concluent que celle-ci l'a influencé.

Les sondages d'opinion peuvent avoir des réponses contradictoires. On n'aime pas l'enseignement d'aujourd'hui, mais on adore le professeur de son enfant.

1.4 Quoi évaluer?

Tout peut s'évaluer, mais encore faut-il déterminer ce que l'on veut évaluer. Lorsque l'on combat le tabagisme, veut-on savoir si les jeunes consomment moins de tabac, ou veut-on voir diminuer les cancers du poumon chez les aînés? On n'évaluera pas la campagne de la même façon. La consommation du tabac se mesure immédiatement; la diminution du cancer du poumon peut prendre plus de temps à se matérialiser.

Souhaite-t-on que les automobilistes attachent leur ceinture ou veut-on diminuer les accidents d'automobiles? On a observé qu'avec le ballon gonflable, plus sécuritaire que la ceinture, les accidents étaient aussi violents. La raison: avec le ballon, les automobilistes se sentent plus en sécurité et sont plus imprudents.

Quels sont les indicateurs d'efficacité les plus appropriés: le degré de réceptivité de la cible visée? Le degré de perception de la campagne? Le degré de mémorisation de la campagne? Souhaite-t-on mesurer l'attitude que déclare avoir la cible ou veut-on plutôt se fier au comportement modifié? Quels ont été les effets de la campagne sur la cible?

Certaines entreprises n'hésitent pas à mesurer leur engagement social. General Motors publie un document intitulé *Report on Progress in Areas of Public Concern*; Celanese présente son *Corporate Responsibility Report*. Ce qui est visé, c'est de présenter son bilan social.

À la rigueur, on pourrait même évaluer la pertinence d'avoir fait une campagne de communication.

Toutes ces tâches d'évaluation sont délicates. C'est pour cette raison qu'il est préférable qu'elles soient confiées, dans la mesure du possible, à des spécialistes. Mais il faut aussi savoir qu'une enquête sommaire, avec peu de moyens, est plus utile que de ne rien faire.

2. L'ÉVALUATION DU PLAN DE COMMUNICATION

L'évaluation peut porter plus directement sur les différentes parties du plan lui-même.

◆ LE MANDAT

Le mandat a-t-il été bien posé? C'est souvent lorsque l'on fait l'évaluation finale que l'on se rend compte que le mandat n'était pas adéquat. Il arrive, en effet, qu'on ne possède pas beaucoup de données au départ et qu'on se fie à des intuitions pour construire une campagne. Avec les enquêtes et les sondages réalisés après la campagne, on peut apprendre que nos perceptions du début n'étaient pas justes. Ainsi, on peut souhaiter augmenter le nombre d'adhérents à sa cause en la faisant connaître à plus de gens possible, et apprendre après la campagne que la cause était suffisamment connue, mais mal perçue.

Mais mieux vaut l'apprendre après la première campagne que jamais. C'est tout le problème des entreprises ou des organisations qui ne font jamais d'évaluation. La première qui est effectuée vient souvent contredire ses perceptions premières.

◆ L'ENTREPRISE

Quelle est la perception de l'entreprise après la campagne? Meilleure, identique, indifférente? A-t-on gagné en capital sympathie après tous les efforts investis en communication? Sinon, pourquoi?

Il faut rappeler ici qu'une évaluation négative est tout aussi utile qu'une évaluation positive. La première nous apprend ce qu'il faut faire dorénavant, donc elle sert de stimulus; la seconde nous réconforte, nous rassure et en même temps peut nous endormir sous nos lauriers.

Dans un cas comme dans l'autre, on s'aperçoit qu'il est utile d'avoir un observatoire permanent de l'évolution de l'image de l'entreprise, une vigie constante, car c'est souvent trop tard qu'on se rend compte que l'image a dérapé...

◆ LE PRODUIT

Quelle est la perception du produit, du service ou de la cause après la campagne? Est-il mieux connu, mieux apprécié, utilisé plus souvent?

◆ LE PUBLIC

Le public visé en sait-il plus? A-t-il développé une attitude neutre, positive ou négative? A-t-il adopté un nouveau comportement? Comment se comporte le public hostile du départ? Cette évaluation permet de mesurer les changements de connaissance, d'attitude ou de comportement qu'a provoqués la campagne. Quel est l'état d'esprit du public interne? Est-il plus motivé?

◆ LES OBJECTIFS

Lorsque l'on veut établir l'évaluation des objectifs, on se rend compte parfois que, de la façon dont ils ont été formulés, ils échappent à tout contrôle. Il faut alors reformuler ceux-ci de façon à ce que l'on puisse savoir à la fin de la campagne s'ils ont été atteints ou non. Il faut donc pouvoir évaluer chacun des cinq éléments de l'objectif. Si les éléments quantitatifs sont relativement faciles à saisir, les qualitatifs demandent plus de soin.

Si l'on veut mesurer les tâches, il faut se poser les questions suivantes :

— Pour les connaissances, le public a-t-il vu, retenu et compris le message?

— Pour les attitudes, le public a-t-il une attitude positive, neutre ou négative face au produit?

— Pour le comportement, le public adopte-t-il le comportement souhaité?

◆ L'AXE

L'axe a-t-il été perçu par la cible? Sinon, le public a-t-il apprécié le sens qu'il donnait aux messages? Il arrive que le public ne voie pas l'axe, mais qu'il l'apprécie.

Les jeunes qui ont vu la publicité de Pepsi et Meunier n'ont peut-être par perçu l'axe du *défi*, mais ils ont apprécié et retenu le message.

◆ LA STRATÉGIE

La stratégie retenue fut-elle la bonne? A-t-on eu raison de choisir la persuasion plutôt que l'incitation? La communication personnalisée a-t-elle donné les résultats escomptés? Sinon, pourquoi a-t-elle engendré une certaine résistance?

La réponse à chacune de ces questions nous livre autant d'informations utiles sur la stratégie retenue que sur celle à venir. Ce n'est plus seulement une stratégie que l'on analyse, mais aussi un peu de l'âme humaine. Qu'est-ce qui fait vibrer les gens, qui les motive ou qui les incite à opter pour un comportement plutôt qu'un autre?

◆ LES TECHNIQUES

Lorsque l'on utilise plusieurs techniques, il est possible de savoir laquelle a donné le meilleur rendement en cherchant à évaluer l'efficacité de chacune d'elles. La participation à un *talk-show* a-t-elle eu plus de répercussions que la publicité que vous avez payée? La publicité dans les quotidiens a-t-elle eu plus de succès que celle de la radio?

Comment évaluer les commandites? Par l'étude de variables comme l'affluence, la présence du commanditaire sur le site (nombre d'affiches, présence du logo, mentions dans les programmes et les annonces), le rappel de cette présence chez les spectateurs et les retombées de presse.

◆ LES MÉDIAS

Avez-vous choisi les bons médias? Le média retenu a-t-il atteint les bonnes personnes? Les a-t-il influencées? L'article paru dans un quotidien a-t-il eu un effet bénéfique ou non? Le public cible a-t-il été plus sensible à votre annonce dans les journaux, à la radio ou à la télévision. Seul un sondage peut vous aider à poser un jugement sur les techniques.

◆ LES MOYENS ET LES SUPPORTS

A-t-on eu raison de produire un dépliant, de participer à une exposition? A-t-on ainsi rejoint le public avec le bon outil?

Quels sont les indicateurs que nous allons retenir pour savoir si l'affiche que l'on a fait produire a répondu aux attentes qu'on fondait sur elle?

◆ LE MESSAGE

Il y a plusieurs questions que l'on doit se poser autour du message. D'abord a-t-il été vu? Si oui, est-ce que le public l'a retenu et s'en souvient-il? Si oui, l'a-t-il aimé? Est-ce que le message tel qu'il était formulé a suscité l'attitude souhaitée ou a-t-il laissé le public indifférent? La réponse à ces questions nous en apprend autant sur le message que sur la perception du public cible à son endroit.

On peut évaluer le message selon différents paramètres. Respecte-t-il l'axe? Quelle est son efficacité psychologique? Est-il bien adapté aux différents médias et moyens utilisés? A-t-il été répété suffisamment? Est-il adapté au média ou non? Est-il trop chargé?

A-t-on transmis la bonne information? A-t-on obtenu les bons effets? Il ne suffit pas de savoir si le message a bien passé, il faut être certain qu'il a produit l'effet désiré.

Desaulniers (1985) fait état d'un certain nombre d'éléments que pose la qualité d'un message:

- sa capacité d'attirer l'attention;
- son intelligibilité, c'est-à-dire sa capacité de passer sans que le sens ne soit déformé;
- sa capacité d'intéresser ceux qu'il a attirés;
- sa crédibilité, soit son aptitude à être cru dans ce qu'il affirme;
- sa connotation, soit sa capacité de suggérer des associations d'idées favorables au produit;
- sa mémorisation, soit sa capacité à être retenu facilement;
- son incitation, soit sa capacité de convaincre et surtout son aptitude à déclencher le comportement souhaité.

C'est ce qu'il résume (Desaulniers, 1991) en parlant du degré d'attraction, de compréhension, de rétention et d'acceptation du message.

Et il faut savoir qu'un message même bien perçu et accepté ne laisse pas nécessairement des traces éternelles. Après un certain temps, s'instaure la perte de mémorisation des messages.

◆ LE BUDGET ET LE CALENDRIER

Le budget était-il suffisant? A-t-il été bien ventilé? Y a-t-il des activités qui auraient été mieux servies avec plus d'argent? Le calendrier était-il réaliste? La prochaine fois, devrions-nous consacrer plus de temps à la réalisation de certaines tâches?

◆ LE PLAN DE COMMUNICATION

Au-delà de chacun des éléments pris séparément, comment peut-on évaluer la campagne dans son ensemble? La revue *Infopresse* présente chaque mois la notoriété de certaines publicités. Il arrive que la publicité la plus remarquée est aussi celle qui est la moins aimée. Mais, si cette publicité demeure en ondes des mois durant, c'est qu'elle produit des effets positifs et que le public qui ne l'aime pas achète quand même le produit, ou n'est pas le public visé.

L'évaluation du plan doit donc être faite avec finesse. Nous répétons ici qu'une campagne qui ne fonctionne pas comme on l'avait prévu n'est pas nécessairement une mauvaise campagne. Ce sont parfois des éléments étrangers à la campagne qui la font déraper.

Une bonne enquête et une analyse fine des résultats permettent de nuancer les conclusions.

3. LES TECHNIQUES

Lorsque l'on a établi ce que nous voulions évaluer et que l'on sait ce que l'on recherche exactement, il s'agit ensuite de déterminer les techniques de recherche les plus appropriées. Nous avons déjà abordé cette préoccupation au point 7 du chapitre 3.

L'évaluation peut se faire en trois étapes : avant, pendant et après. *Avant,* on vérifie si nos hypothèses de travail sont pertinentes auprès d'un groupe témoin qui coïncide avec le groupe cible. *Pendant*, on essaye par une enquête de savoir si les tendances exprimées avant se concilient avec la réalité d'une campagne réelle. *Après*, on évalue les retombées mêmes de la campagne. On utilise les mêmes techniques, à des degrés divers, à chacune de ces étapes.

◆ LE RÉSULTAT DIRECT

Lorsqu'il est question de certains produits et services, il est relativement facile de vérifier si les ventes ont progressé, si l'utilisation du service a augmenté, si les dons se sont concrétisés. Mais, dès que le sujet touche la diffusion d'une idée ou d'une cause, les indicateurs de succès sont moins apparents.

◆ LES RENCONTRES

Pour connaître la valeur d'un message, on peut utiliser les rencontres face à face ou en petits groupes, l'entrevue dirigée ou semi-dirigée. Il s'agit de faire parler les gens en leur permettant d'avoir le plus de latitude possible dans l'expression de leurs réponses.

◆ LES TESTS EN LABORATOIRE

Parmi ceux-ci, on peut avoir recours à certains instruments qui permettent de vérifier les effets de l'exposition d'un message à des vitesses variables ou encore la trajectoire de l'œil lorsqu'il regarde une image.

◆ L'ENQUÊTE

L'enquête constitue un outil utile pour connaître la réaction du public à toutes les étapes d'un plan. L'enquête peut permettre l'analyse comparative des réactions de groupes ou de sous-groupes de personnes.

◆ LA DOUBLE VERSION

On a recours parfois à une double version d'un même message dans deux marchés différents, mais de même nature. Et on essaie ensuite de vérifier lequel a obtenu le plus d'effet et pourquoi.

◆ LE *STARCH*

Pour connaître la réaction du public à la lecture d'une revue par exemple, on utilisera la méthode Starch qui permet de savoir si un message a été vu, noté, identifié et lu.

◆ LE SONDAGE

Le sondage permet de recueillir des données quantitatives et très fiables. On estime toutefois que le sondage constitue une technique :
- excellente pour décrire des comportements ;
- bonne pour capter des jugements ;
- et faible pour évaluer des hypothèses.

Le sondage peut être confié à des firmes spécialisées ou se faire de façon plus artisanale directement par l'entreprise, soit par téléphone, soit en expédiant à ses clients un questionnaire, soit en sollicitant des commentaires à la sortie des magasins par exemple.

L'entreprise peut également participer à des sondages omnibus. Ce sont des sondages faits par des firmes spécialisées où plusieurs entreprises se regroupent à l'intérieur d'un même questionnaire, le coût du sondage étant partagé entre toutes les entreprises participantes.

◆ L'ANALYSE DES MÉDIAS

Parmi les moyens accessibles pour mesurer l'effet d'une campagne, on peut faire une analyse de presse, soit comptabiliser le nombre et analyser le contenu des articles parus sur l'entreprise six mois avant et six mois après la campagne, pour voir si l'on parle davantage d'elle et si l'on en parle davantage en bien, par exemple.

Toutefois, les revues de presse mesurent l'espace obtenu dans les médias, mais ne nous disent pas si notre cible l'a vu, retenu et assimilé.

L'analyse des emplacements, des titres et des photos des différents textes peut apporter un éclairage sur la façon dont sont traités l'entreprise et ses messages. Le codage des textes en positif et négatif permet de se faire une idée de la perception qui s'en dégage.

4. CONCLUSION

La collecte et l'analyse de toutes ces données servent à donner un aperçu du succès du plan de communication, mais aussi à se doter d'un point zéro très solide pour la prochaine campagne.

«L'évaluation doit pouvoir remettre en cause non seulement l'application du programme et les techniques utilisées, mais la valeur même du programme et des objectifs qui l'ont inspiré. C'est seulement si elle est menée en profondeur que l'évaluation pourra susciter un nouveau programme conduisant à une communication encore plus authentique» (Dumas, 1971, p. 157).

12

LA PRÉSENTATION

Lorsqu'une entreprise demande à sa direction des communications ou à une firme-conseil de préparer un plan de communication, elle souhaite habituellement suivre de près chacune des grandes étapes. Nous avons vu dans le chapitre 2 que le mandat reformulé devait être accepté par le client.

Il est souhaitable, dans la préparation d'un plan, de faire valider ses objectifs et ses cibles avant d'aller plus loin car il s'agit là d'un moment charnière du plan. Il est aussi essentiel que le plan dans son ensemble soit accepté avant de commencer à produire les messages et les divers outils utiles pour la campagne.

Cette étape-ci consiste donc à rencontrer les gens de l'entreprise et à leur présenter, pour approbation, l'ensemble de la campagne. Et lorsque celle-ci sera approuvée, s'il faut travailler avec des firmes extérieures, il ne faut pas hésiter à associer l'entreprise à la sélection de ces firmes.

Il faut donc obtenir l'assentiment de l'entreprise avant de commencer à imprimer les dépliants, à investir des sommes dans la publicité, à organiser des événements car, lorsque tout est complété, il est trop tard pour réagir. L'entreprise a toujours le choix de refuser ou d'accepter un produit qu'elle n'aime pas. Dans les deux cas, elle conservera de cette expérience un goût amer.

Dans le cas où l'entreprise a lancé un concours entre différentes agences, c'est lors d'une rencontre avec chacune des agences que la présentation du plan est proposée et que la sélection se fait. Chaque agence est appelée à présenter la façon dont elle a décidé de remplir le mandat qui lui a été proposé.

Dans les deux cas, l'approbation et la sélection, cette présentation doit s'organiser autour de deux grands principes : la rigueur et la séduction.

Il faut savoir qu'à cette étape l'entreprise n'a pas encore pris connaissance du plan que vous avez préparé. C'est au moment de la présentation ou quelques heures avant que l'on remet à l'entreprise le dossier complet du plan.

La présentation se fait donc verbalement et de façon concise. On demande en effet de résumer en une demi-heure ou une heure une recherche qui a nécessité parfois des semaines de travail. Puis on passe à une période de questions où les gens de l'entreprise interrogent les représentants de l'agence sur les éléments qu'elle a présentés et sur la façon dont elle compte s'y prendre pour remplir le mandat qui lui a été proposé.

◆ LA RIGUEUR

Il faut de la rigueur, car il ne suffit pas de présenter le résultat de la recherche, il faut aussi bien expliquer les raisons de vos choix. À cette étape, il est donc utile de faire état aussi des éléments que vous avez rejetés pour montrer que la seule avenue possible est celle que vous avez choisie. Ainsi, si vos concurrents ont choisi l'une des avenues que vous avez écartée, vous pourrez semer le doute sur cette avenue dans la tête des représentants de l'entreprise.

◆ LA SÉDUCTION

Comme tout se passe assez rapidement et qu'il s'agit d'un contact interpersonnel, la perception et les impressions que l'on laisse sont importantes. Il faut donc soigner son apparence, sa diction, maîtriser sa nervosité, savoir sourire au bon moment et ainsi gagner la confiance de ses interlocuteurs. Certes, le plan de communication déposé par chaque agence est étudié, mais l'effet que produit le premier contact peut faire pencher la balance d'un côté plutôt que de l'autre.

◆ UN RITUEL

La présentation est en quelque sorte un rituel. Les grandes firmes-conseils n'hésitent pas la veille à organiser une répétition de la présentation. Qui va parler le premier ? Pour dire quoi ? Qui va lui succéder ? Parlerons-nous debout ou assis ? Utiliserons-nous des transparents, le *power point* ?

L'exemple 6 donnait un aperçu de la dynamique qui entoure une présentation d'agence. Pour quelqu'un qui affronte pour la première fois ce rituel, il y a toujours quelque chose de mystérieux, car au bout d'une heure ou deux de présentation le sort d'investissements lourds en temps et en argent se scelle sans que les véritables raisons ne soient connues.

Après cette présentation et l'acceptation du projet, la réalisation proprement dite du plan va donc commencer. On quitte le domaine du discours pour se plonger dans l'action. Le plus difficile reste donc à faire car, tant que l'événement proposé ne s'est pas tenu, le dépliant suggéré imprimé, le message publicitaire rédigé, il y a toujours des possibilités que ce que l'on a conçu dans un plan sur papier soit très mal rendu dans les faits, ce qui peut résulter en de piètres résultats à la campagne.

13

LA CONCLUSION

Vous venez de passer en revue les étapes d'un plan de communication et vous avez probablement pris conscience de la complexité d'une telle tâche. Ce qu'il faut retenir, c'est la logique et la rigueur de la démarche combinées à la créativité et à l'imagination.

Si la méthode est infaillible en soi, son application est soumise à de multiples embûches. Parfois, on évalue mal le problème, même si l'on a fait toutes les études pertinentes. Parfois on saisit mal le public, ou encore il réagit de façon tout à fait opposée à ce que l'on prévoyait.

Il arrive que la firme qui aura conçu le dépliant, par exemple, n'ait pas réussi à lui donner l'âme qu'avait laissé deviner le plan, que le message publicitaire tombe à plat ou encore suscite une controverse que l'on n'avait pas vue venir.

La campagne parfaitement réussie est donc la rencontre du rationnel et du mystérieux, soit la rationalité de la démarche et le mystère de la nature humaine. Ce qui fait la richesse d'un plan, c'est que l'on ne travaille pas dans un milieu robotisé où toutes les théories s'appliquent de façon mécanique. Il y a une part importante d'intuition, de perception et de symbiose avec le milieu ambiant.

Si la démarche proposée dans ce livre ne vous permet pas de créer, du jour au lendemain, des plans de communication efficaces, tout au moins vous aura-t-elle fait comprendre qu'un tel plan s'articule autour de règles connues et qu'il se concrétise autour de la richesse souvent insaisissable de l'humain.

14

LES RECOMMANDATIONS
À L'ENTREPRISE

Lorsque l'on étudie une entreprise de l'extérieur, on se rend compte de tous les petits travers qu'elle transporte et on est souvent tenté de vouloir faire des recommandations qui ne concernent pas les communications, mais l'organisation elle-même. Nous avons signalé, à quelques reprises dans le texte, ce penchant toujours présent chez les communicateurs.

Rappelons que votre mandat n'est pas de refaire l'organisation, mais bien de partir de l'organisation comme elle est et de construire, avec ses forces et ses faiblesses, un plan de communication.

Il n'est pas interdit, toutefois, à la fin, dans un chapitre de recommandations, de proposer un certain nombre d'avenues pour corriger les lacunes que vous avez décelées. Mais ces propositions doivent être très constructives et être exprimées en termes positifs.

La première lacune que l'on constate concerne, bien sûr, les communications. On se rend compte que les entreprises qui sont supposées être des modèles de gestion gèrent très mal leur communication. Elles ne font que rarement des évaluations et investissent des sommes importantes en communication sans se soucier vraiment de leur efficacité.

Il est donc utile de consacrer un chapitre, à la fin du plan, pour consigner les améliorations que vous aimeriez proposer, améliorations touchant d'abord les communications, puis l'organisation. Pour le premier volet, on peut s'étonner que l'entreprise n'ait jamais nommé un responsable des communications, n'ait pas de politique de communication, etc. Pour le deuxième volet, on peut constater que le climat semble lourd à l'intérieur de l'entreprise, qu'il y règne une certaine insatisfaction, qu'il se dessine une absence inquiétante de collaboration entre différents services.

Mais, en même temps, il faut insister sur les points forts de l'entreprise si l'on ne veut pas que la réflexion ait l'air d'une démarche de démolition. Ainsi, on peut faire état d'un leadership efficace, d'une notoriété exceptionnelle, etc.

Ce dernier chapitre permet au communicateur de passer quelques messages à l'entreprise qui débordent le mandat qu'on lui avait confié.

Il faut toutefois savoir que, règle générale, les communicateurs résistent mal à la tentation de se vider le cœur en quelque sorte. Il leur faut donc pratiquer une réserve certaine à cet égard, de peur de s'aliéner la sympathie de l'entreprise.

Parfois, il est tentant de vouloir consigner un certain nombre de réflexions à la fin d'un plan de communication qui a permis à celui qui l'a réalisé de plonger dans le cœur même de l'entreprise, partageant ses secrets, ses malaises et ses faits d'armes.

BIBLIOGRAPHIE

AUCLAIR, Georges, 1970, *Le mana quotidien. Structures et fonctions de la chronique des faits divers*, Paris, Éditions Anthropos.

BEAUD, Michel et Daniel LATOUCHE, 1988, *L'art de la thèse*, Montréal, Boréal, 170 p.

BOIVIN, Dominique, 1984, *Le lobbying ou le pouvoir des groupes de pression*, Montréal, Éditions du Méridien, 241 p.

BOUTOT, Bruno, 1996, « À petites doses », *La Presse*, 10 janvier, p. D12.

BOYER, L. et N. EQUILBEY, 1986, *Le projet d'entreprise*, Paris, Éditions d'Organisation.

BRISOUX, Jacques E., René DARMON et Michel LAROCHE, 1986, *Gestion de la publicité*, Montréal, McGraw-Hill, 637 p.

BROCHAND, Bernard et Jacques LENDREVIE, 1985, *Le publicitor*, Paris, Dalloz, 574 p.

BURGELIN, Olivier, 1970, *La communication de masse*, Paris, S.G.P.P., collection Le point de la question, 304 p.

CHABAUD, Jean, 1987, « Nouvelles doctrines stratégiques, dans un monde multipolaire », *Note de la Fondation Saint-Simon*, n° 18, octobre.

CHAMOREL, André, Anny SAINT-PIERRE et Guy PAQUETTE, 1995, *Guide d'intervention communicationnelle*, Département d'information et de communication, Université Laval, 63 p.

CLICHE, Vincent, 1994, « Un Québécois sur quatre ne sait pas le nom de sa capitale », *Le Soleil*, 20 septembre, p. A-1.

COLLARD, André, 1990, *La politique et le plan de communication*. Guide technique à l'usage de toute entreprise pour la présentation de sa politique et de son plan de communication, Sherbrooke, Agence de communication ACM, 138 p., photocopié.

COLLARD, André et Marc CHIASSON, 1992, *Planification de la communication : comment concevoir un plan en 9 étapes faciles*, Sherbrooke, Gescom, 62 p.

COSSETTE, Claude, 1987, *La planification stratégique : un outil pour réussir ses projets*, École des arts visuels, Université Laval, 152 p.

COSSETTE Claude, 1988, *Comment faire sa publicité soi-même*, Montréal, Publications Transcontinental, 140 p.

COSSETTE Claude et René DÉRY, 1987, *La publicité en action : comment élaborer une campagne de publicité ou ce qui se passe derrière les murs d'une agence*, Québec, Les éditions Riguil internationales, 512 p.

COUPET, André, 1986, « Le défi marketing de l'entreprise culturelle : cibler davantage son auditoire », *Les Affaires*, 26 juillet, p. 17.

CUTLIP, Scott M. et Allen H. CENTER, 1985, *Effective Public Relations*, 6ᵉ édition, Englewood Cliffs, N.J. Prentice-Hall Inc., 670 p.

DAGENAIS, Bernard, 1991, « Les institutions et leur image publique », dans BEAUCHAMP Michel (sous la direction de), *Communication publique et société : repères pour la réflexion et l'action*, Montréal, Gaëtan Morin, p. 337-372.

DAGENAIS, Bernard, 1993, « À la recherche d'une image institutionnelle positive pour la police », *Communication et organisation*, numéro 3, mai, p. 225-265.

DAGENAIS, Bernard, 1995, « Benetton exploite l'ambiguïté de la publicité sociale », *Recherches en communication*, Louvain La Neuve, n° 4, DAG 1-49.

DAGENAIS, Bernard, 1996, *La conférence de presse ou l'art de faire parler les autres*, Québec, Presses de l'Université Laval, 2ᵉ tirage, 242 p.

DAGENAIS, Bernard, 1997, Le *communiqué ou l'art de faire parler de soi*, 2ᵉ édition, Québec, Presses de l'Université Laval.

DASTOT, Jean-Claude, 1973a, *La publicité, principes et méthodes*, Marabout service, Belgique : Gérard et Cie, 287 p.

DASTOT, Jean-Claude, 1973b, *La publicité, stratégie de l'entreprise*, Belgique : Gérard et Cie, 255 p.

DELAGE, Louis et Richard DUMAIS, 1994, *Mieux comprendre la communication*, Montréal, Barreau du Québec, 105 p.

DESAULNIERS, Pierre L., 1985, *Le marketing ou comment viser juste*, document polycopié, 126 p. + annexe.

DESAULNIERS, Pierre L., 1987a, *Les stratégies d'influence*, document polycopié, janvier, 193 p. + annexes.

DESAULNIERS, Pierre L., 1987b, *L'élaboration d'une campagne de communication*, novembre, 168 p.

DESAULNIERS, Pierre L., 1991, *L'élaboration d'une campagne de communication*, document polycopié, Sainte-Foy, 218 p.

DOIN, R. et D. LAMARRE, 1986, *Les relations publiques, Une nouvelle force de l'entreprise moderne*, Montréal, Les Éditions de l'Homme, 219 p.

DUCAS, Marie-Claude, 1995, « Les racines d'une identité », *Le Devoir*, 16 décembre, p. C2.

DUCAS, Marie-Claude, 1996, « Première neige pour Bombardier », *Infopresse*, janvier-février, p. 22.

DUCAS, Marie-Claude, 1998, « La mutation de Monsieur B », *Le Devoir*, 7-8 mars, p. C2.

DUMAS, Michel, 1971, « La méthode des relations publiques », dans Blouin *et al.*, *Communication et relations publiques*, Montréal, Éditions Commerce/Éditions Leméac, p. 144-157.

FESTINGER, L., 1957, *A Theory of Cognitive Dissonance*, Stanford, Stanford University Press.

GIRARD, Paul-A. Girard, 1986, « La campagne d'Hydro-Québec a visé à faire connaître une Société à buts commerciaux avant la Société d'État », *Les Affaires*, cahier spécial, 24 mai, p. S-18.

GLOVER Donald R., Steven W. HARTLEY et Charles H. PATTI, 1989, « How Advertising Message Strategies Are Set », *Industrial Marketing Management*, vol. 18, n° 1, p. 19-26.

GRAVEL, Robert J., 1989, « La planification stratégique dans les municipalités », revue *Municipalité*, novembre, p. 29-30.

JOANNIS, Henri, 1976, *De l'étude de la motivation à la création publicitaire et à la promotion des ventes*, Paris, Dunod.

JOWETT, Garth S. et Victoria O'DONNELL, 1992, *Propaganda and Persuasion*, Sage, 296 p.

KAPFERER, Jean-Noël, 1978, *Les chemins de la persuasion*, Paris, Bordas.

KATZ, E. et P.F. LAZARSFELD, 1955, *Personal Influence*, Glencoe (Ill.), Free Press.

KOTLER, Philip, 1988, *Marketing Management*, Prentice-Hall, Englewood-Cliffs, New Jersey, 776 p.

KOTLER, Philip et Bernard DUBOIS, 1986, « Le plan marketing », *Revue française du Marketing*, cahier 110, p. 5-18.

LAPERRIÈRE, Marc et André O. RODIER, 1990, « Bien planifier n'est plus un luxe », *Urba*, juillet-août, p. 17-18.

LAZARSFELD, Paul H. et Menzel HERBERT, 1963, « Mass Media and Personal influence », dans Wilbur SCHRAMM, Wilbur, *The Science of Human Communication*, New York, Basic Books, p. 94-155.

LEDUC, Robert, 1987, *La publicité, une force au service de l'entreprise*, Paris, Éditions Dunod.

LENDREVIE, Jacques (sous la direction de), 1994, *La communication efficace*, Paris, Dalloz.

LE NET, Michel, 1988, *La communication sociale*, Notes et études documentaires n° 4866, Paris, La Documentation française, 152 p.

LE NET, Michel, 1993, *La communication publique*, Notes et études documentaires n° 4977, Paris, La Documentation française, 186 p.

LINDON, D., 1976, *Marketing politique et social*, Paris, Dalloz, 248 p.

LOUGOVOY, Constantin et Denis HUISMAN, 1981, *Traité de relations publiques,* Paris, Presses universitaires de France, 646 p.

MARISSAL, Vincent, 1995, « Deux millions $ pour vendre la réforme Rochon », *Le Soleil,* 6 septembre, p. A8.

MARLINET, A.C., 1988, *La stratégie,* Vuibert, Paris.

MARSTON, John E., 1963, *The Nature of Public Relations,* N.Y. McGraw-Hill, p. 161-173.

McCLURE, Charles, 1978, « The planning process », *College and Research Libraries,* November, p. 456-466.

McCOMBS, M.E. et D.L. SHAW, 1972, « The Agenda-Setting Function of Mass Media », *Public Opinion Quarterly,* vol. 36, p. 176-187.

McGUIRE, William J., 1968, *Theory of the structure of human thought, in theories of cognitive consistency : a source book,* Rand McNally, Chicago.

MELANÇON, Jean, 1987, *La démarche de marketing : pour évaluer la communication institutionnelle,* travail de maîtrise pour le cours Stratégies de communication institutionnelle, 21 décembre, 29 p.

MERCER, Dick, 1994, « Tempest in a soup can », *Advertising Age,* 17 octobre, p. 25-29.

MORIN, Edgar, 1970, *L'homme et la mort,* Paris, Le Seuil.

MORIN, Edgar, 1985, *La Méthode 2, La Vie de la Vie,* Paris, Le Seuil, collection Points, Éditions de poche, 470 p.

NICAISE, Jean-Pierre, 1991, « Miser juste plutôt que ratisser large », *Le Devoir,* 9 février, p. B2.

NOËLLE-NEUMANN, E., 1974, « The Spiral of Silence : A Theory of Public Opinion », *Journal of Communication,* vol. 25, p. 43-51.

PAPALIA, Diane E. et Sally Wendkos OLDS, 1988, « L'apprentissage », dans *Introduction à la psychologie,* Montréal, McGraw-Hill, éditeurs, p. 167-204.

PELLETIER, Jean-François, 1977, *Une publicité en quête de qualité, Montréal,* Édition Publicité Pelletier.

PERETTI, J.M., 1991, *Ressources humaines,* collection Vuibert gestion.

PIERRA, Patrick, 1992, « De la publicité et des jeux », *Le Devoir,* 15 février, p. B-2.

PROST, Robert et Laval RIOUX, 1977, *La planification : éléments théoriques pour le fondement de la pratique,* Montréal, Presses de l'Université du Québec, 129 p.

RICE, Ronald E. et Charles K. ATKIN, 1989, *Public Communication Campaigns,* Sage, 416 p.

RIES, Al et Jack TROUT, 1987, *Le positionnement,* Paris, McGraw-Hill, 215 p.

ROGERS, Everett M., 1983, *Diffusion of Innovations,* N.Y. Free Press, 453 p.

ROGERS, Everett M. et J. Douglas STOREY, 1987, « Communication campaigns », dans Charles R. Berger et Steven H. Chaffee, *Handbook of Communication Science,* p. 817-846.

ROTHENBERG, Randall, *Where the suckers Moon — An advertising Story*, Knopf, 477 p.

SALMON, 1989, *Information Campaigns : Balancing Social Values and Social Change*, Sage.

SAMSON, Harland E., 1987, *Advertising : planning & techniques*, SW Pub.

SAUCIER J., 1996, *Guide d'utilisation des médias*, Québec, Les Publications du Québec, 110 p.

SCHWEBIG, Philippe, 1988, *Les communications de l'entreprise au-delà de l'image*, Paris, Éd. McGraw-Hill.

SERVICE D'INFORMATION ET DE DIFFUSION (SID), 1986, *Guide pratique de la communication publique*, Bureau du Premier ministre, France.

STEINER, George A., 1979, Strategic Planning : *what every manager must know*, Oxford, Ohio : Planning Executives Institute, 383 p.

STRAUSS, Marina, 1996, « Crunch time for Cadbury », *The Globe and Mail*, 29 février, p. B11.

SUPER, Kari E., 1986, « Hospital seek diagnosis for chronic targeting ills », *Advertising Age*, 15 décembre, p. S-3.

SURMANEK, J., 1985, *Media Planning. A Practical Guide*, Chicago, Crain Books.

TESSIER, Yves, 1981, La *planification stratégique en milieu universitaire : théorie et évaluation de l'opération plan directeur de l'Université Laval*, thèse de maîtrise, Québec, École nationale d'administration publique, 191 p.

THIS WEEK IN BUSINESS, 1989, « TV ads geared for over-50 market », 19 août, p. 16.

VAILLES, Francis, 1995, « Price Costo ajoute des boulangeries et des boucheries à ses magasins », *Les Affaires*, 2 sept., p. 14.

VALERY, Paul, 1973, *Cahiers 1*, Bibliothèque de la Pléiade, Paris, Gallimard, 1496 p.

VILLENEUVE, André, 1977, « Les relations publiques dans l'entreprise, un luxe ou une nécessité », *Commerce*, mai, 67-73.

WENTZ, Laurel, 1995, « Unilever's Power failure a wasteful use of haste », *Advertising Age*, 6 mars, p. 42.

WILLETT, Gilles (sous la direction de), 1992, *La communication modélisée : une introduction aux concepts, aux modèles et aux théories*, Ottawa, Éditions du Renouveau pédagogique, 646 p.

Liste des exemples

TABLE DES MATIÈRES

Marquis imprimeur inc.

Québec, Canada
2011